スポーツプロモーション論

監修／佐伯年詩雄
編集／菊　幸一
　　　仲澤　眞

明和出版

は　じ　め　に

　本書の刊行には，以下のような二つの理由がある。この理由を述べることで，本書の意図も理解されると思われるので，はじめにそれについて述べることにしよう。

　第一の理由は，これまでのスポーツ振興論は限界に達し，新しいパラダイムとフレームが求められていることにある。バブル破綻以後，日本のスポーツは，メディア界の空騒ぎを別にすれば，その成長を止め，停滞状況にある。たしかに，スポーツとの関わり方の多様化は注目すべきであるが，直接参加率や消費額から見ても，ここ10年の間，ほとんど伸びは見られないからである。しかも，ウォーキングや山歩きをする高齢者やメカ・フィットネスに勤しむ女性の姿は目立つが，外遊びする元気な子どもは，もうまったく希になった。また，ワールドカップ・サッカーには応援に出かけるが，地元のJリーグチームには関心がない。日本のスポーツは，きわめてアンバランスな状況と言える。ナノテクノロジーとIT革新に乗って，バーチャル世界が現実生活を凌駕する状況が間もなくやってこようとしているこの時代に，生命の現実経験の喜びを伝えるスポーツの重要性を考えるとき，停滞とアンバランスを越えて，日本のスポーツは新しいステージに向かわねばならない。

　この停滞とアンバランスは，これまでの日本スポーツの発展が，巨大な経済発展の波及効果の一つであり，それに支えられた自然成長に過ぎなかったことによる。つまり，これまでの日本スポーツの発展は，スポーツ世界に内在する成長のエネルギー，その文化的発展を望むパワーの展開によるものではない。だから，高度経済成長がもたらす豊かさの中で，人びとはスポーツの楽しさを知り，それが健康に役立ち，人との交流を促進することも理解した。しかしそれゆえにこそ，スポーツが人生における大切なこととなり，暮らしの中のかけがえのないものとなり，ライフスタイルの重要な内容となる，いわゆる生活の中での確固たる文化価値を確立するまでには至らなかったのである。

　こうした状況を越えて，日本スポーツが新しいステージに向かうためには，これまでのスポーツ振興のパラダイムとフレームを打破し，新しい視点でス

ポーツ振興を考え，捉えねばならない。また，振興方策立案の方法論も，環境と共生がグローバルなテーマとなる時代には，欧米先進国追従型から脱皮し，自らのスポーツビジョンに立つものでなければならない。だから，停滞の閉塞性を打破し，アンバランスな発展の歪みを是正するために，新しい風を生み出す魅力あるコンセプトが求められるのである。「スポーツプロモーション」という概念は，そのためのものである。スポーツ「振興」という概念は，「官」が旗を振り，民を「動員」するパラダイムを連想させるし，したがってその成果を「量」として求めるフレームにつながっている。これに対して「プロモーション」は，振興や奨励はもちろんであるが，「前進」や「昇格」をも意味する。日本スポーツが新しいステージに向かうためには，スポーツ発展の目標を量から質へと転換し，スポーツの文化的享受の質的向上を望むわけであるから，行政主導の手垢の付いた従来概念を離れて，ここにスポーツの主体性，内在的発展の力を強調する「スポーツプロモーション」を提唱するのである。

　第二の理由は研究成果の公開である。ここ10年間に多くの調査研究を行い，その都度報告書を出してきた。しかしそれは，必ずしも十分に公開されてきたわけではなかったので，公開の機会を考えていた。そんな折，はからずも「スポーツ振興に関する一連の社会学的研究」が評価され，第7回秩父宮記念スポーツ医・科学賞奨励賞をいただき，副賞として賞金も頂戴した。受賞の対象となった研究は，いずれも私を中心として行ったプロジェクトチームによるものであったから，研究補助として参加した大学院生を含めたグループ受賞とした。そこで副賞の使い方であるが，記念品のレプリカを作成してメンバー各位に配るとともに，授賞の趣旨も考えて，研究成果の一部を公開するための出版助成に使うことにした。そこで，賞と関わりの深い日本体育協会スポーツ医・科学研究委員会のプロジェクト研究「生涯スポーツの振興方策に関する調査研究」をベースにして本書を出版することになったのである。こうして本書はここに生まれた。関係する多くの人の温かい配慮の結果でもある。ここに記して，感謝申し上げたい。

　　平成18年2月

編著者代表　佐伯　年詩雄

スポーツプロモーション論・目次

第1章　スポーツプロモーションのビジョン　1

第1節　スポーツプロモーションビジョンの検討
　　　　—生涯スポーツ論の系譜とビジョン構想の方法論から考える ——— 2
1. 現代スポーツ論としての生涯スポーツ論 ……………………………… 2
   (1) 生涯スポーツ論—その背景をなす二つの思潮—／2
   (2) 現代スポーツ論としての「生涯スポーツ論」の重要性／4
   (3) 生涯スポーツ論検討の視点と課題／6
2. 21世紀スポーツビジョン構想の方法論と課題 ………………………… 9
   (1) スポーツプロモーションにおけるビジョンの重要性／9
   (2) スポーツビジョン構想の方法論／11
   (3) スポーツビジョン構想の課題／14

第2節　近代スポーツを超えて
　　　　—近代スポーツの可能性と限界から考える ——— 16
1. 近代スポーツの可能性と限界をとらえる視点 ………………………… 17
2. 近代社会と近代スポーツ—機能的な視点とその限界— ……………… 18
   (1) アイソモルフ（アイソモルヒズム）＝異次元相同（同型）としての
       近代社会と近代スポーツ／18
   (2) 近代社会と近代スポーツにおける関係「性」のもう一つの側面／20
   (3) 近代社会と近代スポーツの媒介性（境界／秩序）を形成するもの
       —言語ゲームの理論から—／22
   (4) 近代的自我（いわゆる「個人」）の二様相と近代スポーツ／24
3. 「近代の超克」からみた近代スポーツの限界と超克への視点
    —近代スポーツを超えて— ……………………………………………… 27

第3節　スポーツビジョンづくりの視点と展開 ──── 33
- 1．はじめに………………………………………………………………… 33
- 2．スポーツ計画の具体的事例から………………………………………… 33
  - (1) 大分県スポーツ計画「大分ネオ・スポルコロス21」1994年／34
  - (2) 日本体育協会「生涯スポーツ振興方策に関する調査研究（1999-2001）」／40
- 3．スポーツ計画やスポーツ振興政策を展開していくために
  ─スポーツ需要を顕在化する─ ……………………………………… 45
  - (1) 潜在需要を顕在化する仕掛けと仕組みの構築／45
  - (2) 多様なライフステージに対応するスポーツビジョンづくりにあたって／48

第2章　諸外国におけるスポーツライフスタイル　49

第1節　エコ・スポーツを中心としたニュージーランドの
スポーツライフスタイル ──── 50
- 1．はじめに ………………………………………………………………… 50
- 2．ニュージーランドにおけるスポーツ振興 ……………………………… 51
  - (1) SPARCの使命と活動／51
  - (2) SPARCの主な事業／51
  - (3) 地域スポーツトラスト／52
  - (4) 地域スポーツクラブ／53
  - (5) レジャーセンター（公共スポーツ施設）／53
  - (6) ニュージーランドのスポーツビジョン／54
- 3．エコロジカルスポーツを中心としたライフスタイルに関する
  インタビュー調査 ……………………………………………………… 56
  - (1) 調査の概要／56
  - (2) ダニーデン市／56
  - (3) クイーンズタウン／60
- 4．ニュージーランドにおけるスポーツライフスタイル ……………………… 64

第2節　英国における階級とライフスタイル ──── 67
- 1．はじめに─スポーツ発祥の地・英国─ ………………………………… 67
  - (1) 英国のレジャーとは／67

(2) 今は見えぬ英国の階級／68
　2. 最近の英国スポーツ行政とポリシーの概要 ……………………… 70
　　(1) 英国スポーツ組織の変化—ブレア政権以後／70
　　(2) 英国のスポーツとサービス／73
　3. 上流階級のスポーツライフスタイルをかいま見る ……………… 77
　　(1) 生活とレジャー／77
　　(2) 英国における階級とスポーツライフスタイル／80

第3節　ベルギー
　　　　―多様なスポーツクラブを中心としたスポーツライフスタイル― 83
　1. はじめに …………………………………………………………… 83
　2. ベルギーにおけるスポーツ振興 ………………………………… 84
　　(1) BLOSOの組織と財源／85
　　(2) BLOSOの主な事業／85
　　(3) ルーヴァン市のスポーツ行政／86
　3. 地域スポーツクラブにおけるスポーツライフスタイル ……… 87
　　◇地域スポーツクラブ事例調査／88
　4. 商業スポーツクラブにおけるスポーツ享受状況 ……………… 92
　　◇商業スポーツクラブ事例調査／93

第3章　スポーツの組織化をめぐる現状分析と課題　99

第1節　NFの組織化の現状と課題 ─────────── 100
　1. 競技団体の組織人口の現状と特徴（登録人口） ……………… 101
　2. 競技団体の組織化活動の現状と特徴 …………………………… 102
　　(1) 登録システム／102
　　(2) 登録メリットおよび登録推進活動／106
　　(3) 市町村競技団体と都道府県競技団体との関係／109
　3. 今後の課題と改革への提言 ……………………………………… 110
　　(1) 競技団体組織化の現状／110
　　(2) 今後の課題と提言／110
　4. スポーツプロモーションの視点をふまえて …………………… 112

第2節　レクリエーションスポーツ団体の組織化の現状と課題 ──── 115
1. はじめに……………………………………………………………………… 115
    (1) レクリエーションスポーツ団体／115
    (2) レクリエーションスポーツの参加人口／116
    (3) レクリエーションスポーツ団体調査の概要／116
2. レクリエーションスポーツ団体の組織化活動の現状と課題 …………… 118
    (1) 組織形態／118
    (2) 内部体制／119
    (3) 活動／122
    (4) 会員組織化活動／124
    (5) 今後の事業意欲／126
    (6) 組織化活動の課題／126
3. レクリエーションスポーツ団体の組織化戦略における現状と課題 …… 127
    (1) 組織化戦略のタイプと特徴／127
    (2) 組織化戦略の課題／127

第3節　商業スポーツ団体の組織化の現状と課題 ──── 129
1. はじめに……………………………………………………………………… 129
2. 商業スポーツ団体の組織人口およびその特徴 …………………………… 129
    (1) クラブ会員の構成と組織人口／130
    (2) クラブ会員の特性／131
3. 商業スポーツクラブにおける組織化活動の現状と特徴 ………………… 132
    (1) マーケティング活動／133
    (2) プロモーション活動／134
    (3) 他の組織との協力関係／134
    (4) スポーツ振興への展望／134
    (5) アンケート調査から抽出された課題／135
4. 商業スポーツ施設における組織化戦略の現状と課題 …………………… 136
    (1) 組織化戦略の現状と課題／136
    (2) 組織体制および運営の特徴と課題／136
    (3) 総括・連合組織化に関する見解の特徴と課題／137
5. 近年の動向 …………………………………………………………………… 137

(1) 立地および施設・設備／138
　(2) 会員・プログラム／138
　(3) プロモーション活動と会員の定着化／139
 6. まとめにかえて …………………………………………………… 140

第4章　多様なスポーツライフスタイルの構想　143

第1節　スポーツ組織論からみた総合型クラブモデルの現状と可能性 ── 144
 1. 生涯スポーツ振興のなかのスポーツ組織 ………………………… 144
 2. 総合型クラブモデル草創期の課題 ………………………………… 145
 3. 総合型クラブモデルのプロモーション …………………………… 147
 4. 総合型クラブの現状 ………………………………………………… 148
 5. 専門職とクラブ育成の課題 ………………………………………… 152
 6. 総合型クラブの可能性 ……………………………………………… 155

第2節　若者のスポーツライフの視点から ─────────── 157
 1. オールタナティブな若者スポーツとしてのスケートボーディング …… 157
 2. アレントと加藤の公共性概念 ……………………………………… 158
 3. 署名活動と県への陳情 ……………………………………………… 160
 4. 町との交渉と頓挫 …………………………………………………… 161
 5. 少年たちのスポーツ享受スタイル ………………………………… 163
 6. スケートボード協会 ………………………………………………… 165
 7. スケボー欲求から公共性へ ………………………………………… 167

第3節　バリアフリーの視点から ──────────────── 171
 1. はじめに ……………………………………………………………… 171
 2. 障害者のスポーツ享受の実態 ……………………………………… 172
　(1) 障害者スポーツの統計調査結果から／172
　(2) 障害者のスポーツライフスタイル事例／179
 3. 障害者がスポーツ参加していくための環境改善 ………………… 181
 4. 障害者のスポーツライフスタイル ………………………………… 182

第4節　「みるスポーツ」とスポーツプロモーション ──────── 184
 1. 広がる「みるスポーツ」 …………………………………………… 184

（1）ライブスポーツ観戦の現状／184
　　（2）テレビスポーツ観戦の現状／186
　2. みるスポーツの役割 ……………………………………………………………… 186
　　（1）娯楽としての「みるスポーツ」／186
　　（2）コミュニティ形成を担うものとしての「みるスポーツ」／188
　　（3）スポーツ文化としての「みるスポーツ」／189
　　（4）多様化するスポーツの文化的統合を担う「みるスポーツ」／189
　3.「みるスポーツ」とスポーツプロモーション ……………………………… 190
　　（1）「みるスポーツ」のプロモーション／190
　　（2）公共性・公益性に配慮した「みるスポーツ」／191
　　（3）ロールモデルとしてのアスリート／191

終　章　スポーツプロモーションのビジョンと課題　195

　1. スポーツ享受の現状とモデル開発の課題 ……………………………………… 196
　2. スポーツプロモーション施策構想の課題 ……………………………………… 198
　3. スポーツライフスタイル・モデル開発の課題 ………………………………… 201

第 1 章

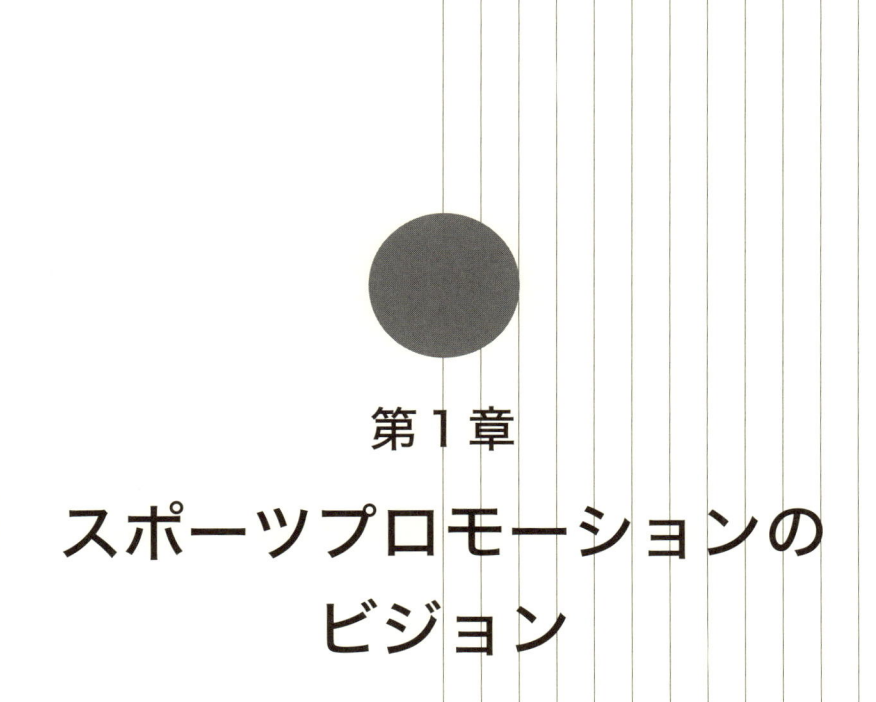

スポーツプロモーションの
ビジョン

第1節

スポーツプロモーション・ビジョンの検討
生涯スポーツ論の系譜とビジョン構想の方法論から考える

　19世紀の後半にイギリスで開発された近代スポーツは，20世紀前半に早くも国際化し，世紀の後半にはグローバルカルチャーとなった。その過程で，近代スポーツは著しく膨張し，アマチュアリズムはコマーシャリズムへ，個人主義は公益性重視へ，そしてクラブシステムは市場システムへと変貌した。しかもこの膨張は，スポーツ文化の内在的発展によるのではなく，政治および経済的エネルギーの侵入と扇動によるものであったから，著しい多様化を結果し，スポーツの文化的アイデンティティは危機に瀕することになった。隆盛をきわめる現代スポーツは，自らの図体の大きさに手をこまねいて滅亡した恐竜的状況にあるのである。

　こうしたことから，スポーツプロモーションのビジョンは，これまでのように，ただ憧れの欧米的スポーツライフを描き望むのではなく，このスポーツの危機を克服し，そのガバナンスをスポーツの手に奪還すべく，スポーツ発展の文化的論理を導く優れて現代的なスポーツ論として検討されることが求められよう。ここでは，こうした現代スポーツ論を検討するための最初の手がかりを「生涯スポーツ」に求め，次に，それを現代スポーツ論に洗練するための方法論について検討する。

1．現代スポーツ論としての生涯スポーツ論

(1) 生涯スポーツ論―その背景をなす二つの思潮―

　「生涯スポーツ」という言葉はわが国特有のものである。寡聞ではあるが，

欧米にはこれに対応する言葉はない。わが国でこの言葉が最初に使われたのは，1977年にプレスギムナチカ社から平澤薫・粂野豊によって刊行された『生涯スポーツ』という著書においてである。その後，1984年には共栄出版から森川貞夫による『生涯スポーツのすすめ』が出版されているから，この言葉は識者の間ではある程度認知されていたといえる。

しかし，この言葉が爆発的な流行を見せたのは，1990年に文部省（現文部科学省）が「生涯スポーツ・コンベンション」と銘打って，全国の自治体や体育・スポーツ関係諸団体を集めて，スポーツプロモーションの全国協議会を開催してからである。その後，このコンベンションが年次協議会となるに及んで，いちやく「生涯スポーツ」はそれまでの「みんなのスポーツ」に代わるスポーツプロモーションの新しいスローガンとなっていった。そして，この動向をさらに促進したのは，文部省体育局における「生涯スポーツ課」の設置であり，自治体・保健体育課の生涯スポーツ課への名称変更であった。こうして「生涯スポーツ」は，その意味内容が不明確なまま官製用語として多用され，1990年代のまさに一世を風靡する言葉となったのである。

こうした流れを，その社会的背景を含めて整理してみると，生涯スポーツには二つの基本的な思潮・視点があることがわかる。一つは「生涯教育論」であり，もう一つは「学習社会論」である。生涯教育論は，ユネスコの成人教育部長であったポール・ラングランが，技術革新によって生ずる急激な社会変化が継続する現代社会では，教育を学校期のみで終了することはできず，生涯にわたって行われる必要があることを説いたものである[1]。この主張は，わが国でも中央教育審議会の教育改革論議において重視されたが，その教育論調の不評から前面に出ることがなかった。他方の学習社会論は，アメリカの『グレート・ブックス』（真の教養となる偉大な古典書）の編纂で著名なロバート・M・ハッチンスが，人間の生涯は，個々人がその成熟を求める人間的可能性の開発の過程であり，社会はそのような学習をすべての人に可能とするように構成されるべきであるという主張である[2]。

わが国における生涯学習論の普及は，中曽根内閣の臨時教育審議会による教育改革答申の目玉として謳われたことを契機にした。この生涯学習論は，生涯教育論と学習社会論を統合した性格を持ち，文部省の生涯学習局の創設に始まる一連の機構改革を導き，その後の教育改革論議においても中核的な意味づけ

4　第1章　スポーツプロモーションのビジョン

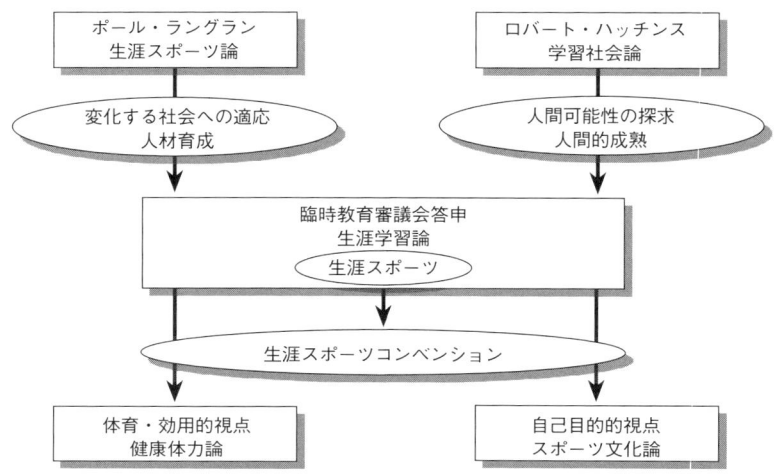

図1　生涯スポーツ論の思想的背景

をされるものとなった。それは，わが国が未曾有の経済発展を遂げたこと，急激な超高齢化社会・長寿化人生を迎えつつあること，技術革新・情報化が急速なテンポで展開することなどを背景にしており，したがって「生涯……」はある種の流行語とさえなったのである。しかし，生涯教育論が「必要」の視点を重視する人材開発論的傾向が強いのに対して，学習社会論は「可能」の視点を重視し，人間的成熟を探求する新しいライフスタイル論であることから，両者の間には基本的な思想の違いがある。したがって，前者から生涯スポーツを論ずる場合には，健康・体力的効用が重視され，後者では人間的可能性の開発が重視されることになるのである（図1）。

(2) 現代スポーツ論としての「生涯スポーツ論」の重要性

こうしてみると，「生涯スポーツ」という言葉が，21世紀初頭におけるスポーツプロモーションのスローガンとして広く認知されている事実にもかかわらず，そこには検討すべき重要な課題が潜んでいることがわかる。とりわけ，これからのスポーツビジョンを構想するためには，「生涯スポーツ」を単なる魅力的な言葉にとどめるのではなく，スポーツの新しい時代を拓くスポーツに関わる思想的な根拠によって裏づけることが必要なのである。なぜなら，現代スポーツは，新しい未来を探求するスポーツの文化的アイデンティティを失って

おり，今こそ，それを創り出すための新しいスポーツ論が求められるからである。

　近代スポーツモデルは，アマチュアリズムをその重要な思想的根拠としてきた。しかし周知のように，競技スポーツのトップを見るかぎり，アマチュアリズムは著しく衰退し，その思想的な力は失われた。そして，それに替わるべきプロフェッショナリズムはなお未成熟であり，むしろコマーシャリズムがスポーツ界を席巻している。また，スポーツ個人主義の理念も，スポーツの社会的影響力の増大とその公共的意義の向上から，もはや明らかに時代錯誤の考え方となった。

　スポーツ体制も大きく変容した。現代スポーツは，きわめて著しい高度化と広範囲な大衆化の二つの異なった方向に向かってめざましく発展した。この状況の中で，近代スポーツの社会組織モデルとされてきたクラブによる二つのベクトルの統合化はしだいに力を失い，高度化と大衆化はかろうじてメディアスポーツによって繋ぎ止められている。それゆえ，メディアのスポーツに対する影響力がきわめて大きなものとなっているのである。

　また一方では，科学技術の成果を積極的に導入するテクノロジカルスポーツが台頭し，サイバースペースにおけるバーチャルスポーツの出現を予測させる。他方では，近代スポーツのように自然の要素や環境に挑戦するのではなく，むしろそれと交流し，それとのコミュニケーションを享受するエコロジカルスポーツの台頭も著しい。また，人びとのスポーツとの関わりも行うことのみに限定されず，「見る・読む・語る・表す」スポーツ，そして「交わる・支える・関わる」スポーツなどのきわめて大きな多様化が見られるのである。

　しかし，こうした一見隆盛の極みにあるかのような現代スポーツは，その内部にきわめて大きな衰退の危機を内包している。たとえば，高度化においては過剰なコマーシャリズムとメディア支配による自立性の喪失やドーピングシンドロームに見られる自律性の欠如が，大衆化においては過剰なファッション化による自立性の衰弱，あるいは環境破壊に示される自律性の崩壊が指摘されるからである。つまり，現代スポーツの状況は，もはや近代スポーツモデルによっては整理できず，その思想・社会組織・享受スタイルのすべてにわたって新しいスポーツ論が必要となっているといえるのである。こうした状況の中で，スポーツを文化としてとらえなおし，再検討しようとする動きが生じている。

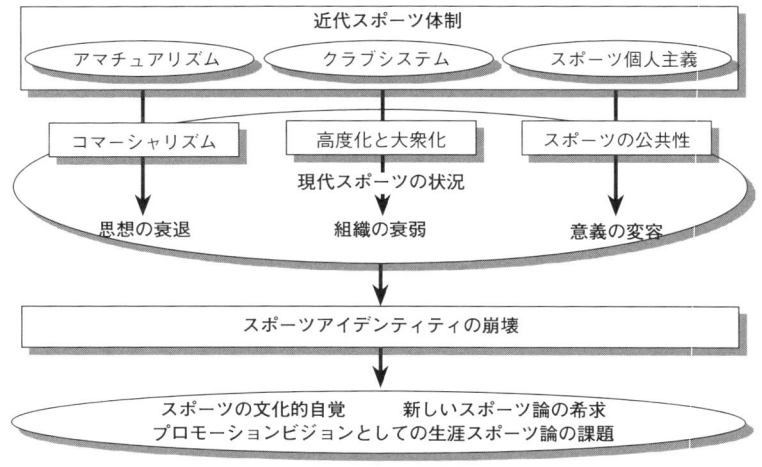

図2　スポーツプロモーション・ビジョンの課題性

いわば「スポーツの文化的な自覚化」が始まっているのである。したがって,「生涯スポーツ論」は,こうした現代スポーツの状況を直視し,このスポーツの「文化的自覚化」という新しいステージに立って,21世紀のスポーツをその理念においてリードする「現代スポーツ論」として検討されねばならない(図2)。

(3) 生涯スポーツ論検討の視点と課題

こうしてみると,21世紀のスポーツビジョンを思想的に支えるべき現代スポーツ論としての生涯スポーツ論は,スポーツの現代化というスポーツ発展の歴史・社会的脈絡において検討されねばならないことになる。

今世紀の後半から,スポーツはその大きな社会的意義により公共的な性格を持つようになった。そのため,スポーツのプロモーションは社会的課題となり,国も関連諸団体もそのための施策をつくり,大きな努力を払うようになる。わが国におけるこうした施策は,はじめ「社会体育」として展開され,次に「コミュニティ・スポーツ」,そして「みんなのスポーツ」に発展し,1990年代には「生涯スポーツ」となったのである。このようなスポーツプロモーション・スローガンの変化は,それぞれの歴史・社会的なプロモーション課題に対応するものであるから,生涯スポーツ論はこの変化の脈絡から,自らのプロモーション課題を明確にすることが求められよう。したがって,生涯スポーツ論では

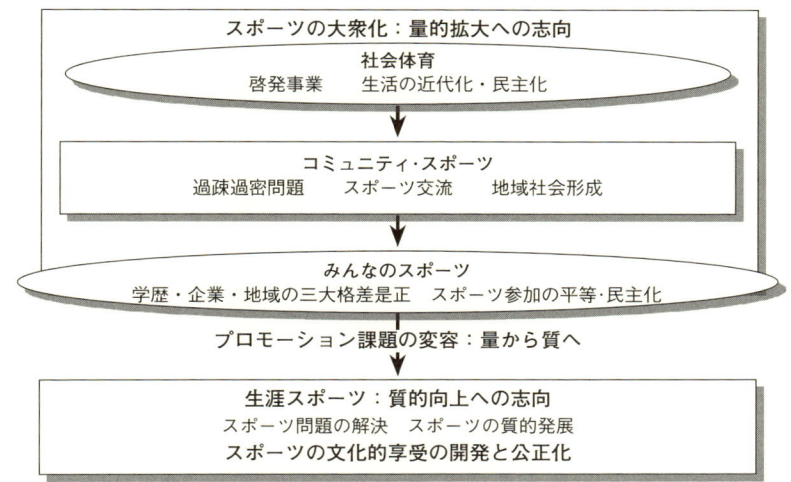

図3 スポーツプロモーション・スローガンの発展

「みんなのスポーツ」から「生涯スポーツ」への変化を求めるスポーツプロモーションの課題の変化を重視することが重要となる。

「みんなのスポーツ」は，スポーツの民主化・平等化を理念とし，社会的諸条件によるスポーツ享受の格差是正を目的とするものであった。それは，学歴・地域・企業間に見られた格差の縮小，さらに性的平等と公正，そしてバリアフリーへと発展し，なお不十分であるにしても，その基本的な目標は1980年代にほぼ達成されたと見ることができる。しかし，その成果が生み出した著しいスポーツの拡大は，その内部に解決されねばならない環境汚染やマナーの低下などの多くの問題を生じさせたのである。つまり，スポーツプロモーションの課題は，スポーツの「量的拡大」から「質的な充実と向上」に変化しているのである。こうしてみると，「生涯スポーツ」が担うべきプロモーション課題は，人びとの「スポーツ享受の質的発展」ということができよう（図3）。

ところで，この「スポーツ享受の質的発展」は，21世紀における市民生活の課題と関連して検討されねばならない。この場合きわめて重要なのは，ライフステージ論とライフスタイル論からの「スポーツの質」の検討である。つまり，生涯にわたるライフステージの多様化に対応する質，そして新しいライフスタイルの創造に対応する質が生涯スポーツに求められるのである。これまでのスポーツは，基本的に青少年期モデルとして開発された。しかし，これから

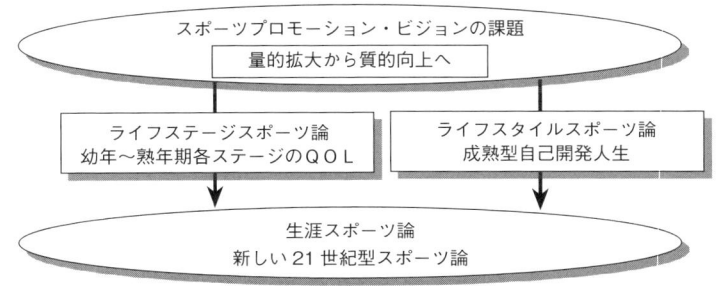

図4 プロモーションビジョンとしての生涯スポーツ論の検討視点

のスポーツは，幼児期〜熟年期までの6〜7のライフステージに対応することが求められる。それぞれのライフステージは，人の生理的・社会的・文化的特徴を持ち，それぞれのステージごとに人の生活課題は変化する。したがって「生涯スポーツ」は，それぞれのライフステージの生活課題に対応する豊かな質を持つことが望まれるのである。

また，これまでのスポーツは産業社会型のライフスタイルを基盤に開発された。しかし，これからのライフスタイルは，生涯学習を基盤にして自己の人間的成熟を探求する成熟型に向かうことが望まれている。年間労働時間が1,500時間前後に縮小する21世紀社会，そして平均余命80歳以上となる長寿化人生である。したがって80年人生は，それぞれ約7万時間の仕事と社会奉仕，そして21万時間の知的・感性的・身体的な人間的成熟の探求によってデザインされることになる。知的成熟を担う文化は学問であり，感性的成熟は芸術で，そして身体的成熟を担うものこそスポーツなのである。だから「生涯スポーツ」は，これからの人間的成熟に志向する新しいライフスタイルにおいては，平均的に見ても7万時間を請け負うものとなり，それに値する文化的な質を持つことが求められるのである（図4）。

こうしてみると，生涯スポーツ論はまさに21世紀の新しい生き方・暮らし方に対応するスポーツの「質」を創り出すスポーツ論ということになる。それには，生涯学習の内容に値し，身体的成熟に向かう歩みを思想的に支えるものであることが求められる。そしてその思想的・理念的根拠は，フィジカルハッピネス（自在な身体活動の喜び）を基盤にするフィジカルフリーダム（身体的自由）の探求として概念化されよう。つまり，人間的存在に自然に内在する自由な運

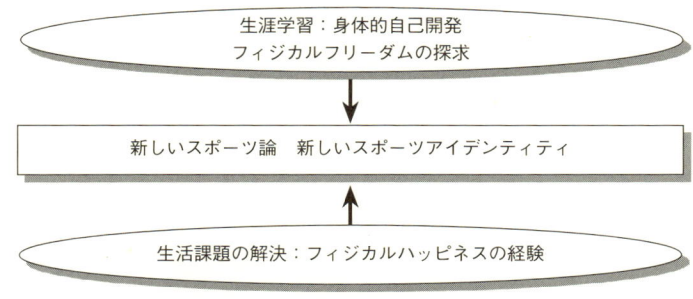

図5　新しい21世紀型スポーツ論のビジョン

動の喜びを基盤にして，その喜びの経験を通じて洗練し，すべての人びとによって共有されるものとしてのスポーツである。生涯スポーツ論は，そのようなスポーツ文化の発展を求めるものとして構想されよう（図5）。

しかしながらこれまでのところ，このような意味における生涯スポーツ論は皆無である。それは，わが国のスポーツプロモーションが先進国追従型であることによってオリジナルなビジョンを不必要にしてきたこと，それゆえスポーツビジョンを構想する方法論を持ち得ないことを意味する。したがって，生涯スポーツ論が，現代スポーツ論に求められるこのような思想性を培い，21世紀のスポーツを先導するビジョンとなるためには，次のようなビジョン構想の方法論を理解することが望まれるのである。

2．21世紀スポーツビジョン構想の方法論と課題

(1) スポーツプロモーションにおけるビジョンの重要性

日本におけるこれまでのスポーツプロモーション計画の立案は，主として即時で現実的な必要に対応する形でなされてきた。その中心施策はスポーツ施設整備であったが，たとえばそこでは，大規模な競技大会を開催するために，開催条件を満たす施設整備が何よりも優先されたり，住民のスポーツ需要調査を基にして「声の大きなもの」を推進することが少なくなかった。そのためプロモーション施策は，非常に短期的な見通しに立つ即効的なものとなり，したがってその有効性は，きわめて限定的なものとなっていた。

その典型的なケースが「後施設活用問題」である。「後施設活用問題」とは、ビッグイベント用に建設されたスタジアムやアリーナなどのスポーツ施設が、イベント終了後にはほとんど活用されないという、まさにこれまでのスポーツプロモーション施策の弱点と問題点を表しているものである。この問題に典型的に示されているのは、そのようなスポーツプロモーション施策は、将来の豊かな市民生活づくりのプランの中にスポーツを明確に位置づけた長期ビジョンを持っておらず、たとえ位置づけられることがあったにしても、あまり重視されないか、スポーツの将来的発展の見通しを欠いたものであることが少なくない。また、よく指摘されるスポーツプロモーション施策展開上の問題点として、「受け皿不足」がある。市民生活におけるスポーツがなお未成熟なわが国では、地域にスポーツ組織が育っていないことから、プロモーション施策の対象が一部に固定化されたり、また逆にきわめて流動的であったりすることによって、プロモーション施策の効果が積み重ねられず、同種のプロモーション施策が繰り返し行われることを結果しているのである。

　また、限られた予算の中で創られる短期的なプロモーション施策は、種々の即時的で具体的な要求に対応せねばならないことから、施策が個別化し、プロモーションに必要な施設・環境、プログラム・情報、指導者・仲間などの有用資源がバラバラに構成されることが起こる。しかし、生活におけるスポーツ享受を活性化するためには、必要資源の統合的で整合性ある構成が重要であり、必要条件の一つを欠くだけですべてのプロモーション施策が機能しなくなるというような、きわめて非生産的な事態が生ずるのである。

　こうしたスポーツプロモーション施策立案と展開をめぐる問題点は、なによりもその短期性と個別性から生まれるものである。したがって、これからのスポーツプロモーション施策を構想するためには、即時的なスポーツ要求に対応する施策ではなく、望まれるスポーツ享受から見た市民生活の将来構想を持ち、それを市民生活の諸課題と有機的に結びつけ、他の市民生活充実の諸施策と連動させうるような長期的・統合的な視点が求められるのである。

　このような、これからのスポーツプロモーション施策に求められる長期的・統合的視点は、社会変化の中におけるスポーツの発展を見通しながら、その望ましいあり方を展望し、その実現のための戦略を構想する「スポーツビジョン」によって創られる。こうしたスポーツビジョンにもとづくことによって、スポ

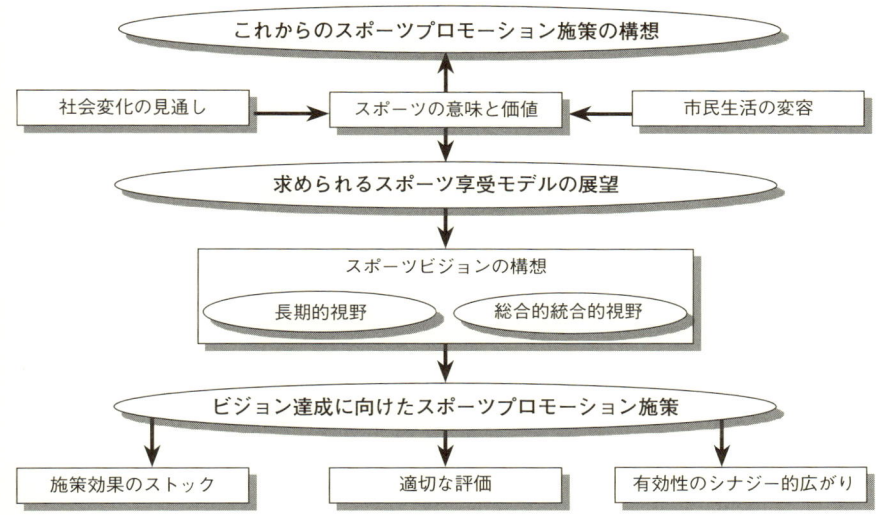

図6　スポーツプロモーション施策構想におけるビジョンの重要性

ーツプロモーション施策は長期的な視点と統合的な視野をはじめて持つことができ，つねに施策の有効性を評価しながらその効果を持続させ，市民生活の中にスポーツ資源を蓄積させていくことができるのである。スポーツビジョンは，いわば施策の理念であり，目的であり，その基本方針を決定するものだからである。それは，これまでの現状対応型施策の壁を越え，求められている現状改革・理念実現型の施策を生み出す。21世紀の成熟社会は世界中に既存のモデルのない社会であり，それゆえにこそ，新しいビジョンに導かれる創造的な施策が構想されねばならないのである（図6）。

(2) スポーツビジョン構想の方法論

さて，それでは，長期的視点を持ち統合的な視野に立ったスポーツプロモーション施策を立案する上で，その最も重要な中核的位置を占め，その方針を決定することになる「スポーツビジョン」は，どのような考え方で構想されるのであろうか。それを考えてみよう。

スポーツビジョンはプロモーション施策が実現すべきスポーツ発展の展望であるから，その構想においては，なによりもそれが求める人間とスポーツの関係の望ましいイメージを基調にする。

この望ましい人間とスポーツの関係のイメージを，ここでは「スポーツ享受モデル」と呼ぼう。つまり「スポーツ享受モデル」とは，人びとが，それぞれの暮らしと人生を豊かに生きるために，スポーツとどのように関わり，どのように楽しみ，どのように味わい，スポーツの意味・価値をそれぞれの暮らしと人生の全体においてどのように位置づけ，その可能性を活かすかということのモデルなのである。その意味でスポーツ享受モデルは，求めるべきスポーツ発展の理想を，人びとの生活の次元でモデル化するものなのである。

　こうしたモデルが，観念的なレベルに終始するのではなく，具体的なプロモーション施策の理念としてビジョン構成における具体的なリーダーシップを発揮するためには，その構想は，これからの市民生活の変容と人生の歩みに対応して生ずる生活や暮らしの課題，そして人間的生の充実との関わりから導かれるスポーツの文化的意義と結びつけて検討されねばならない。また同時に，社会変化の中におけるスポーツ発展の客観的な見通しにも裏づけられねばならない。この二つの視点から，これからの暮らしと人生におけるスポーツの豊かな可能性が見い出され，その意味と価値が明確にされるからである。ここに「スポーツ享受モデル」構想の基盤が創られる。

　市民生活の変容と人生の歩みに対応する生活課題や人間的成熟におけるスポーツの可能性の視点からは，産業型社会から成熟型社会への転換を背景にして，たとえば超高齢化社会・長寿化人生，あるいは情報化，テクノ化，国際化，グローバル化などの急速な社会変化の中で生ずる生活課題があり，あるいは幼児期〜熟年期にいたる多段階化するライフステージ，競争から共生への価値観の変化に対応する新しいライフスタイルの創造などの課題が上げられる。

　スポーツ享受モデルの構想は，これからのスポーツがこうした市民生活における生活課題の解決に「どのように貢献できるのか」，そしてそれぞれの人間的完成に向かう成熟型人生において「どのような文化的可能性を持ち得るのか」という，21世紀スポーツの意味・価値論を基盤にするのである。

　また，社会変化の中におけるスポーツ発展の見通しは，高度化と大衆化という膨張を背景にしながら，たとえばテクノロジカルスポーツの出現であり，エコロジカルスポーツの台頭である。あるいは「見る・読む・表す」，また「支える・交わる・関わる」などへのスポーツ参与の広がりであり，チームやクラブだけでなく，サークルやグループ，さらにネットによる一時的仲間や非組織的愛好

者層の拡張などでもある。スポーツ享受モデルの構想は，こうしたスポーツの多様化として認知されている自然成長的なスポーツ発展の見通しの中から，それが生み出すスポーツの課題を踏まえその解決を視野に入れるとともに，これからのスポーツの意味・価値論から導かれるスポーツの文化的・公共的意義に立つスポーツ発展の政策的・戦略的視点にも立脚しなければならないのである。

　つまりスポーツ享受ビジョンは，これからの市民社会における生活課題の解決への貢献と，人間的成熟への文化的可能性にもとづくスポーツの意味・価値・理念を基盤とし，社会変化の中で見通される自然成長的なスポーツの発展をその文化的・公共的意義によって政策的・戦略的に制御する目的として構想されねばならないのである。このようなスポーツ享受モデルの構想から，それを達成するための意図的・計画的・組織的なプロモーション施策が長期的・総合的なものとしてデザイン可能となるのである。

　このようなスポーツ享受モデル構想の基本コンセプトは，先に述べた自在な運動の喜びにもとづく「フィジカルハッピネス（身体的幸福）」の享受であり，その体験の日常的な累積がもたらす「フィジカルフリーダム（身体的自由）」の探求であり，その結果として生ずる生涯にわたるスポーツ享受による「人間的可能性の開発」である。スポーツビジョンは，こうした基本コンセプトを有するスポーツ体験を，すべての人びとがその市民生活において享受するスポーツ享受モデルを理念として構想されるのである。

　スポーツビジョンの構想において，次に重要な方法論は，こうして構想されるスポーツ享受モデルを，市民生活におけるより具体的なスポーツ実践としてイメージ化することである。このスポーツ享受モデルの具体的な実践イメージは，スポーツ享受モデルの視点から，市民生活における生き方・暮らし方をライフステージに対応してデザインするスポーツライフスタイル・モデルとして構想される。

　つまり，このスポーツライフスタイル・モデルの構想は，生涯にわたる人間的可能性の開発に向けて歩む成熟型社会におけるライフスタイルをベースにして，それぞれのライフステージごとに生ずる生活課題と対応しながら，それぞれのステージごとのフィジカルハッピネス（身体的幸福）の享受とフィジカルフリーダム（身体的自由）の探求とを最大限に可能にするスポーツ実践をモデル化することによって描かれるのである。

(3) スポーツビジョン構想の課題

こうしたスポーツビジョン構想の方法論にしたがうならば，生涯スポーツプロモーション施策の理念と骨格を構成するスポーツビジョン構想において検討されるべき具体的な課題は，以下のようにとらえることができよう。

❶スポーツ享受モデルの構想をめぐって

社会変化の中の市民生活における基本的な課題は，産業社会型消耗・消費型生活から循環・共生型生活への移行である。だからスポーツ享受モデルは循環・共生型生活の脈絡で構想されることになる。

周知のように，産業社会を基盤に発展してきた近代スポーツのみを基盤にスポーツ享受モデルを構想することには明らかに限界がある。したがって，スポーツ享受モデルの構想は，循環・共生型生活の視点から，まず近代スポーツの可能性と限界を検討し，可能性を活かし限界を克服するスポーツ論を課題とすることになるのである。

こうした課題は，スポーツ発展の見通しからもうかがうことができる。台頭するエコロジカルスポーツには，「対決から交流へ」というコンテクストの変化が生じており，そこに新しい可能性が見られるからである。しかし同時に，それが自然成長的であるがゆえに，この分野に最も深刻な環境問題が派生している。したがって，スポーツ享受モデルの構想は，出現する新しいスポーツを制御するスポーツ論の思想的洗練を課題とすることになる。

❷スポーツライフスタイルの構想をめぐって

スポーツライフスタイルを構想する上で最も大きな課題は，「スポーツからライフスタイルをデザインする」ということである。すでに見たように，80年人生におけるスポーツは，デザイン可能な生涯時間の5分の1，7万時間を請け負うことになる。したがって，スポーツライフスタイル構想は，多様なライフステージのそれぞれにおいて，スポーツ享受はどのような生活課題の解決に貢献し，どのような人間的可能性の開発を担うのかという視点からのスポーツライフ・デザインを課題とすることになる。

このスポーツライフ・デザインは人生の時間軸と生活の空間軸を柱に構想される。21世紀の市民生活は，産業社会型定住生活圏を離れて，文明・他者・自然と交流する新しい遊牧型生活として特徴づけられるからである。したがっ

て，スポーツライフ・デザインは，ライフステージと同時に，都市・地域・自然の三つの生活空間に対応することが求められる。

　こうして構想されるスポーツビジョンの実現を求めて，プロモーション施策の基本的な政策・戦略が立てられることになり，実現に必要なスポーツ資源が査定されることになる。そして，既存資源と不足資源が査定され，不足資源の充足・整備計画がつくられるのである。

（佐伯年詩雄）

【引用・参考文献】
1) ポール・ラングラン著：波多野完治訳, 1971.『生涯教育入門』, 全日本社会教育連合会.
2) R. M. Hutchins, 1900. *The Learning Society*, Greenwood Publishing Group.

第2節

近代スポーツを超えて
近代スポーツの可能性と限界から考える

　すでに第1節で論じられたように，近代スポーツの思想であるアマチュアリズムや個人主義などは少なくともトップレベルの競技スポーツを見るかぎり，すでに崩壊していることは明らかであろう。しかし，この崩壊は，高度化した競技スポーツがその体制を維持・発展させるために自然成長的に要求する変化であり，アマチュアリズムや個人主義といった思想や考え方に代わる新たな内容，たとえばプロフェッショナリズムや公共的意義にもとづく市民主義といったものに先導された近代スポーツを超えるビジョンによって意図的，計画的，組織的にプロモーションされた変化ではない。いわば，「なし崩し的」な性格を持った崩壊といってよい。その証拠に，経済的に肥大化した高度競技スポーツの世界には，無節操で無秩序な拝金主義やコマーシャリズムが蔓延し，その方向を新たな社会の思想的モデルに導くようなスポーツ界全体のプロモーションは未だに見られないのである。

　そこで本節では，このような近代スポーツの現状をその可能性と限界というフレームでとらえるために，まず「可能性と限界」をとらえる視点を近代社会と近代スポーツの関係それ自体における機能的な従属関係に求め，その視点の有効性と限界性を論じる。そして，この限界を克服する可能性を「近代の超克」という視点から，すなわち近代という秩序や規範性が持つ構造的問題点を脱構造的に克服しようとする視点から，おもにスポーツ体験それ自体から出発する超社会化の論理が近代スポーツの論理をどのように超える可能性を持つのかについて論じようと試みる。

1．近代スポーツの可能性と限界をとらえる視点

　近代スポーツは，近代社会の成立と発展において身体運動に関わる文化領域として発展し，発展させられてきた。したがって，ここで近代スポーツの「可能性」を問うことは，近代社会の成立と発展の「可能性」を問うことと同義として取り扱われることになり，その「限界」も同様な思考の枠組みによって論じられることになろう。

　しかし，このような近代社会との関係における近代スポーツに対する取り扱いや思考の枠組みは，近代スポーツの側からみるとその限界を社会環境の変化によって要求される内容からのズレによってのみ，その不適合性だけから不当に評価される結果を生み出すことになる。それは，近代スポーツそれ自体の限界をどのような視点から論じているのかをあいまいにすると同時に，これからのスポーツプロモーションにおいて近代スポーツをどのように乗り越えていくべきなのかという，新たなスポーツビジョン構想に対する批判的検討を行うための基盤や土台，あるいは出発点を見失わせてしまう結果をもたらすことにもなる。すなわち，階級的ブルジョア・スポーツの限界を有する近代スポーツがむしろ，なぜこれほどまでに人びとの生活の中に浸透し，その命脈を維持することができたのか，そしてそれ自体が限界に達しているとすればその秩序の内部的メカニズムとどのように関連しているのか，等々について検討する余地がなければ，スポーツの側から新たな人びとの暮らしや生き方を構想し，それらに適合するライフスタイルをデザインすることは不可能なのである。

　さて，以上のような「近代スポーツの可能性と限界」を評価する現状への批判を踏まえて，改めて近代スポーツ存立の社会構造からその特徴を論じるとすれば「近代社会」のそれに行きつくことになろう。これからのスポーツプロモーションを考える上での基本的視角は，まず近代社会と近代スポーツの関係それ自体の特徴がどのように考えられてきたのかを戦略的に「問う」ことから始められなければならない。その上で，なぜこれまでのスポーツ＝近代スポーツに対する認識の限界を盛んに指摘されながらも，その論理を超越する認識や考え方を持つことができないでいるのかを「近代」に付与された秩序性や規範性の特徴に即して明らかにする必要がある。なぜなら，「近代」における秩序性

や規範性の特徴を認識論的になかば原理的に暴き出す作業は，近代的自我の成立と近代スポーツとの関係における日本とヨーロッパの違いを比較する共通な分析の枠組みを与えてくれるからである。また同時に，21世紀のわが国におけるスポーツプロモーションにおいて，近代スポーツが現代スポーツの課題を克服していくために，どのように自らの課題を乗り越えていく必要があるのかを示唆してくれるはずだからである。

2．近代社会と近代スポーツ—機能的な視点とその限界—

(1) アイソモルフ（アイソモルヒズム）＝異次元相同（同型）としての近代社会と近代スポーツ

　冒頭で述べた近代社会と近代スポーツとの関係は，形式的には一組の要素と他の要素の間に1対1の関係が存在し，一組の要素間のすべての関係に他の要素間に対応している関係が存在している二組の要素間の関係様式ということができる。もっとも，図1にみられるように，近代社会と近代スポーツは「近代」という要素において同型的構造を示すが，各々「社会」と「スポーツ」という異なる次元の領域を示していることは明らかであろう。したがって，このような関係は，異次元相同（同型）という意味においてアイソモルフの関係，あるいはアイソモルヒズムと呼ばれる（直井，1993：2）。

　たとえば，かつて中村（1977a，1977b：67-165）が指摘した近代スポーツの特徴である自由競争やそれにともなう疎外状況の発生，資本主義社会における富裕階級の発生（ブルジョア階級の誕生）によるスポーツの文化的享受の独占と

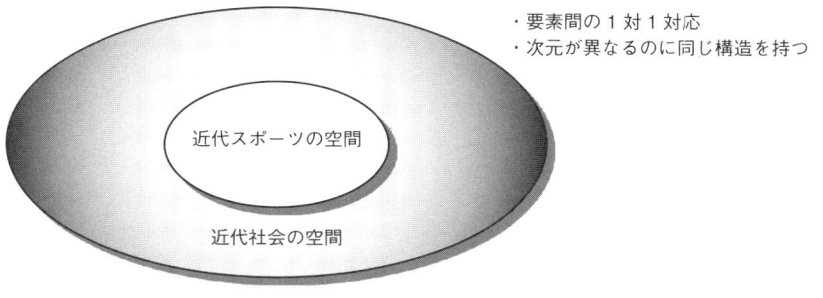

図1　アイソモルフとしての近代社会と近代スポーツ

それにともなう不平等の広がりなどは，近代合理主義思想の諸要素と密接に対応しており，その反映としてとらえることができる。また，グートマン（1981）が，マックス・ウェーバーの近代化論に即して展開した近代スポーツの7つの指標——世俗化・平等化・専門化・合理化・官僚的組織化・数量化・記録万能主義——は，そのまま近代社会の発展の特徴を示すものであり，むしろ両者の要素間における1対1の対応関係を表しているといえよう。

　このように，近代社会の諸要素の特徴が近代スポーツの諸要素の特徴と1対1の関係に対応させられるのは，それらの諸要素間の対応が1対1の原因と結果をともなう働き（因果的な機能関係）としてとらえられているからであって，社会からスポーツへの影響を素朴経験的にみようとしているからに他ならない（菊，1999a：300-320）。このような機能的視点は，近代スポーツの可能性と限界をとらえる場合においても近代社会のそれらとつねにパラレルな関係を想定するため，結果的には近代社会に対する近代スポーツの機能的な従属関係を浮き彫りにすることになる。それは「スポーツとは社会の縮図である」という一般的な言い方によく示されているように，われわれのスポーツに対するとらえ方を無意識のうちに受動的で従属的なものに導いていくことになる。たとえばわれわれは，近代国民国家を形成する上でナショナリズムの高揚を促すオリンピック大会に代表されるような近代スポーツ・イベントが，たしかに具体的な場面において今日でも1人ひとりの個別的な感情を国民国家という内部的な枠組みに昇華させ，感情的・精神的接合による国民＝国家形成の有力な装置として機能している（坂上，1998）と認識している。また，わが国における近代スポーツの導入が日本人の近代的な身体や精神の馴致（国民化＝皇民化）に大きな役割を果たしたこと（伊藤，1998：184）は，一般的な見方としてすでに定着しているといってよいだろう。すなわち，機能的視点からみれば，近代スポーツは国民国家の形成を強化し，国家相互の間＝境界を文化的に喚起して，自らの地位＝役割を領土化することによって近代国民国家から承認されてきたのである。

　その結果，近代スポーツは近代社会の諸問題や諸矛盾を単に相同的，相補的に示す存在として道具的に説明されはするものの，近代スポーツ自体が近代社会の諸問題や諸矛盾を自立的に乗り越えていく認識とその方向性や可能性は示されないままに終わってしまうのである（菊，1999b：189）。

(2) 近代社会と近代スポーツにおける関係「性」のもう一つの側面

　ところが，21世紀を迎えた今日のスポーツ状況は，これまで述べてきたような単純な社会とスポーツの機能的視点からはとらえきれない複雑な様相を呈し始めている。1998年に開催されたサッカー・ワールドカップでは，少なくともサッカーという近代スポーツの一領域において，これまで述べてきたような近代国家の概念をむしろ近代スポーツが象徴的に瓦解し，解体にすら導くような動きがあり，そのような動向は高度競技スポーツの世界ではなかば常識化され始めている。たとえば，1998年ワールドカップで優勝した地元開催国のフランスチームの主要メンバーがフランス以外の出自であったことに象徴されるように，日本のJリーグや他国のリーグにおいても主要選手の越境はもはや「助っ人」という発想でとらえることは不可能で，サッカーイベント自体が激しい民族交通のトポス（場）と化している。今やサッカーこそが，通信・交通手段が高度に発達した現代社会における「ディアスポラ」（民族離散，ユダヤ人の2,000年を超える離散と放浪の歴史を意味する言葉）を見事に体現している最前線（今福，1998）の文化現象とさえいえるのである。したがって，サッカーを例にとれば，近代スポーツは近代社会との関係において先に述べた近代的ナショナリズムの高揚という機能的な相補関係から脱して，まさに近代スポーツの側から19世紀以来形成されてきた「国民国家」の近代的性格，すなわち近代が制度化してきた多民族による共同「幻想」としての国家的枠組み＝国民の近代的発見を，その起点である幻想自体に気づかせるように導くことによって解体し，無化していることになるのである（今福，1997：189）。

　このように，近代スポーツの現場には従来の出自としての国家的な枠組み（境界）をアイソモルヒズム的な機能関係において，これを従属的に強化しようとする動きとは別に，この出自を超越してその内部から自己の政治的出自を解体しようとする逆説的な関係が同時にみられる。だから，このような現象は従来の機能的な従属関係からだけでは説明できず，近代スポーツの可能性と限界を説明する新たな視点をわれわれに要求していると考えることができるのだ。いわば，近代スポーツにおける競争の勝敗に対する社会的意味の強化が，従来の近代国家＝チームによる競争という国家間の勝敗に対する社会的意味それ自体を逆説的に問い始める方向（「近代国家とは何か」という基本的な問い）に導き，

脱近代国家の枠組みによるグローバルなチームによる勝敗それ自体から新たな社会的意味を構築するよう方向づける側面をもち始めているのである。

　また，これと同様な現象は，近代スポーツの強固な内部的倫理であり，その規範の準拠点ともいうべき「フェアプレイ」の精神をめぐっても生起しつつある。それは，フェアプレイの意味がそもそも歴史的な語源の上では「公正」ではなく「不正」と解釈されていたこと（平野，1995：161-178）が指摘され，だからこそ「不正」を隠蔽しつつ「公正」を守る禁欲的態度自体がフェアプレイの精神に対して何らの批判をも許さない神話的な自明化をもたらすこと（菊，1997）によって，結果的に近代スポーツの機能的正当化に果たす役割が大きかったことが理解され始めているからである。たしかに，近代スポーツの担い手であったブルジョアジーにとってフェアプレイの社会的前提は，あくまでその階級の枠内に限定されており，それを守る禁欲的態度こそにブルジョアジー的な品位を社会的に顕示する意味があった。しかし，この社会的前提＝限定は，当然のことながら労働者階級の排除というアンフェアな基盤の上に成立しているので，これを隠蔽するためには近代スポーツがこれを労働として専門に行うことを排除するアマチュア精神（アマチュアリズム）を強調する必要があり，さらにそのようなイデオロギー的性格（ブルジョアジーの優位性を保持するという階級的イデオロギー性）を隠蔽するためにはフェアプレイの絶対性や自明性が倫理的性格を持つものとして社会的に機能させる必要があったのだ。ところが，だからこそこのような自明性は，その結果として現在では権力の集中と独占にともなうさまざまな社会問題（たとえば，ゼネコン問題や政治的腐敗状況にみられる社会的不正）を引き起こし，逆説的にフェアプレイへの夢を無残にも打ち砕いているのである。

　さらに，近代スポーツにおける結果至上主義の下での激しい競争は，その勝敗の社会的意味において集団的・個人的利害に影響を及ぼす程度が高くなれば，なかば必然的にドーピングというアンフェアな問題を引き起こす。この問題に対するアンチ・ドーピングの意味作用は，前述したフェアプレイの堅持という自明性，すなわちその所与性ゆえに，なぜドーピングがいけないのかというラディカルな文化的思考を停止させてしまう結果として，その最大目的の一つであるフェアネスの保障を突き抜けて，逆説的な意味で社会における近代スポーツが持つ本来の不平等性を可視化させてしまうという（海老原，1998：

199-208)。たとえば，それは年々精巧化するドーピング技術に対する対策費用の高騰化が，結果的に各国におけるドーピング対策の不平等化を招くことにも現れていよう。

すなわち，近代資本主義社会の矛盾は，その社会変化とともに近代スポーツがこの社会とアイソモルヒズムな機能的従属関係にあるがゆえに，むしろその矛盾をいち早く露呈する具体的モデルとなることによって，前提となる競争それ自体の意味を自ら問い始める契機に反転し始めるのである。それは「だれのための，何のための」競争なのかを問うことによって，今日におけるスポーツの大衆化と高度化という分裂現象を引き起こしており，もはやこのような分裂現象からみたスポーツは「近代スポーツ」の論理や視点では納まりきれなくなっているというのが現状なのである。

このように，近代社会と近代スポーツの関係「性」に現れるもう一つの側面は，近代社会が築き上げてきた機能的な視点を支える規範性それ自体の限界を示しているとも考えられる。そして，この規範性に対する認識の限界が，この認識の枠内で近代スポーツの諸問題をテーマ化していくことの限界の要因になっているとすれば，その規範性それ自体の性格を本格的に問う必要性が出てこよう。そのためには，近代社会と近代スポーツとの関係（境界）を構成する秩序，あるいはその媒介性（メディア性）の「質」それ自体をラディカルに考察する現代スポーツ論の起点が必要になってくるのである。

(3) 近代社会と近代スポーツの媒介性（境界／秩序）を形成するもの
　　―言語ゲームの理論から―

われわれの行為は，それが私的であれ，社会的であれ，すべて何らかの意味で規則，規範にしたがっていると理解することができるパフォーマンスのすべてをさしている。行為には，それが生起する状況に関わって妥当／非妥当の区別を与える規則が存在していると考えられる。しかし，どんな行為も規則や規範とセットになっているという理由だけで，必然的に規則の存在が行為を決定できるということなのではない。むしろ，規則は行為を決定できない。なぜなら，いかなる行為の仕方もその規則と「一致させられる」からなのだ。ヴィトゲンシュタインは，前述したように規則が正しい行為とそうでない行為を区別すると考えるのは錯覚であり，どのような行為も規則と一致していると「言い

くるめる」ことが可能なのであるから，結局のところ規則は正しい行為とそうでない行為を区別することができなくなってしまうという。すなわち，それは「規則が存在しない」ということと等しくなるのである（橋爪，1985）。

では，なぜわれわれは経験的に，自分たちが規則にしたがって行為していると直感することができるのであろうか。規則と行為の関係は，一般的に「もしAがRという規則にしたがっているならば，Pという行為をする」という構造になっている。しかし，先にヴィトゲンシュタインが示した結論は，実際に行われているのはこの命題の対偶，すなわち「Pという行為をしないならば，AはRにしたがっていない」という構造なのである。この二つは論理的には同じであるが，その解釈は異なる。なぜなら，前者はAの心の中にあるRがPという行為を指令するということになるが，後者はAがPを行ったとき，Aが規則Rにしたがっていると「A以外の人物」＝他者，たとえばBが承認するという形式になるからだ。逆にいえば，AがPを行わなかったとき，他者Bの拒絶を通じてはじめて規則Rにしたがっていなかったということが理解できる。つまり，規則とは行為を承認したり，拒絶したりする外部＝他者によって生じる仮の姿，言い換えれば「仮象＝錯覚」のようなものでしかないということになる。他者のいる世界の中でしか規則や行為は有意味に存在することができないのだ（大澤，1993：28-44）。

したがって，われわれの行為，すなわち規則にしたがっているという事態は，たとえそれがどんなに個人的に行われたとしても，潜在的には必ず他者の承認に志向しているということ，すなわち一種のコミュニケーションなのであり，本源的に「社会性」を帯びていることになる。また，そうであるならば，承認を得ようとする他者は得ようとする側にとって一般的な存在ではなく，「権威」を持った他者でなければならず，他方自らがその他者として機能する場合もあり得る。前者の権威を持った他者を「遠い他者」，後者の自己や自己の周囲において身近に現れる他者を「近い他者」と呼ぶことができるが，いずれにしても権威を持った承認を第三人称的に付与するという意味で，このような他者は「第三者の審級」と呼ぶべき存在であるといえよう（大澤，1990：61-67）。

ひるがえって，このような視点から近代社会と近代スポーツとの関係（秩序）を考えてみると，社会やスポーツを近代の枠組みの中でとらえ，それを承認する「第三者の審級」の性格それ自体の変化，すなわち近代スポーツを支えてき

たブルジョアジー的性格から大衆やメディアによる新たな社会的性格への変化がどのようなものであり，なぜそのように形成されてきたのかを問う視点が重要になってくるように思われる。たとえば，これまでわれわれは，近代社会成立の主役であるブルジョアジーによる近代スポーツに対する「第三者の審級」の性格や特徴を述べてきた（第1節参照）わけであるが，そのような性格や特徴が自らその限界性を露呈したとき，これをどのようなメディア（媒介）による第三者の審級＝コミュニケーションによって超越することが可能なのかが課題となってくるのである。それは，大衆化と高度化に分裂した近代スポーツの変化＝現代スポーツへの移行をつなぎとめているメディアによるコミュニケーションのあり方やその諸課題に典型的に現れてくると考えられよう。

そこで次に，そのような諸課題が，あくまで近代スポーツによって形成されてきた「界」の内部にとどまる構造や秩序として現れるのか，あるいは近代的な社会秩序を支えるしくみ＝構造を超越するような力（フォース），たとえばスポーツする身体自身から発信される新たな「界」の形成に向かう力として現れてくるのかを近代的自我の形成という観点から考察してみよう。

(4) 近代的自我（いわゆる「個人」）の二様相と近代スポーツ

前近代における共同体は，互いにその出自や性格，生き方や互いの関係を顕にする複数の「開かれた人」たちどうしによる，直接的な相互依存性が比較的高く，他者の多少の迷惑な振る舞いや暴力「的」な行為に対して許容度の水準が比較的高い関係によって成立していた。これをデュルケーム（1971：72-111）は「機械的連帯」と呼び，アウトサイダー（部外者）に対して部内者が結束し，互いに狭く密着した環節的な境界を設定することから「環節的社会」をイメージした。しかし，近代社会の成立とそれにともなう産業社会の進展は，これまでの共同体の有り様とは対極にあるような人工的，作為的な集合体を機能的に要求する。これが，近代産業社会における「都市」である。ここでの人間の集合は，前近代の共同体における人間関係の前提を破壊し，いやおうなく他者に対してこれまで以上に配慮することを強いるような，自律した単数形である「閉じられた人」として自らを位置づけることを要求される（エリアス，1994：119-159）。ここに近代的自我の拠点としての「個人」が一方で析出され，他方では近代国家を単位とする新たな秩序やルールの再構築＝国家的公共性とこ

れらを学ぶ機能的な教育機会の提供＝公立学校が要求されることになるのである。前出のデュルケームが，近代社会における人びとの無秩序やカオス（混沌）を憂い，社会事実としてのアノミーや疎外状況を予言せざるをえなかった背景には，「前近代」と「近代」の狭間で，「共同体」と近代的自我＝「個」の間に存在するあまりにも大きな秩序の性格の違いやその乖離によるモラルハザードに慄き，その課題を社会学的に追求したからに他ならない。

　このような社会学的観点から考えれば，近代社会が共同体（世界）とアトム化した個を媒介する中間集団を形成することによって，さまざまな秩序形成の機能的要求に対する調停役を内包してきたことは容易に理解できよう。前述した近代国民国家の誕生や近代学校の成立，あるいは近代的クラブの誕生はその一例にすぎない。特に，わが国のような近代後進国は，これまで述べてきた近代社会と近代スポーツのアイソモルヒズム的な関係が，近代的自我の成立を意図的・計画的に促進する教育的機会の提供＝近代体育という制度に，いち早く集約される傾向を持つ。それに対して近代スポーツ発祥の地イギリスでは，体育の必修化が他のヨーロッパ諸国に比べて遅かった（たとえば，デンマーク1814年，ドイツ1842年に対してイギリスは1870年）ことにみられるように，近代社会と近代スポーツのアイソモルヒズム的な関係がパブリックスクールでのあくまで自由な課外活動の中に直接的に展開される傾向を持つのである。

　ところで，これまでの議論は，近代社会の成立という観点からみて，それが「個」を出発点とした契約的な秩序付与によってどのように成立するのかというものであった。この秩序付与の契約性は，「第三者の審級」の性格に及ぶきわめて西欧近代的な特徴を示すものと考えられる。それは，西欧キリスト教の伝統を背景とし，一見遠くに存在する唯一「神」が最も身近な他者として，自らを律するように働きかけるという「遠くて近い他者」としての「第三者の審級」の性格を有しているからである。だから，フーコー（1977）によれば，西欧近代の歴史とは近代的秩序がいかに自己規律的に成立せざるをえなかったのか，そのための「しくみ」と「しかけ」の歴史であるともいえるのだ。当然のことながら，そのような「しくみ」と「しかけ」を機能的に宿命づけられた近代スポーツは，西欧近代の自我モデルを最も体現し，意識させる現象として立ち上げられる。そして，この西欧近代モデルにおけるスポーツは，プレイとしての偶然性を完全に排除することが不可能であることから，むしろつねに「未

完の近代」を演出することによって，その都度現時点における完全なる近代社会の実現への位置を明確に示す指標となる可能性を持っている。したがって，近代スポーツは，永遠に実現することがないかもしれない「完全なる」近代社会の実現に向けた飽くなき動機づけを近代的自我に対して喚起することによって，その限界の永遠性が逆説的に近代スポーツの可能性として追求しつづけられ，結果として未だにその命脈を保ちつづけていられるのかもしれないのである。

　他方，わが国における第三者の審級は，「世間」という形式をともなって出現することが多い。これは比較的身近な人間関係においても，この関係を「世間」という一見近そうで遠い審級に身を委ねる状況を示している。このようなトポスでは，前述した西欧近代の自律的な関係とは対照的に，他律的な関係を保障する遠い存在として第三者の審級が「世間」として機能するのであり，それは「近くて遠い他者」としての性格を有することになろう。しかし，ややもするとこの世間の拘束力は西欧近代の自我モデルにみられるような自己規律的な自我意識に働くというよりは，それを媒介にして第三者の審級としての他者（＝世間）をむしろ後景に退かせ，かえって前近代のような相互依存関係の緊密さを生み出す。それは，あくまで「世間」なるものが絶対的な権威を有するような神との契約ではなく，人と人との関係によって幻想された，きわめてあいまいな性格を持った権威だからである。その結果，第三者の審級としての世間は，その範囲を「間人」的なレベルにまで極端に圧縮していくことによって，「近くて近い他者」として他律的な同調関係，すなわち「同じ釜の飯」や日本的な集団主義と呼ばれるような関係を生み出していく（多々納，1997：149-167）。わが国において，近代スポーツ導入の初期の段階から学校運動部が，一見「前近代的」な人間関係の下に「近代」スポーツを受け入れ，これを伝統化して近代スポーツを今日まで集団的・組織的に支えている背景には，このような第三者の審級の性格が大きく作用していると考えられる。そして，ここでも「未完の近代」としての近代スポーツという位置づけ，すなわち前近代的性格を有するスポーツ的基盤のゆえに，その限界性を「完全なる近代」という幻想に対する欠乏や不足という観点からとらえて近代スポーツの機能的可能性を追求することから抜け出すことができない保守的位置づけが，近代スポーツの限界を指摘しつつも生活の実感や課題とストレートに結びつくような近代

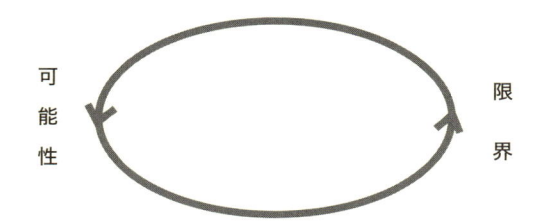

図2 「未完の近代」からみた可能性と限界の循環構造

スポーツを超える視点を生み出さない要因となっているのである。このような阻害状況は，図2に示されるような近代スポーツの可能性と限界をめぐる強固な循環構造からもたらされているとみることができよう。

3.「近代の超克」からみた近代スポーツの限界と超克への視点
　　―近代スポーツを超えて―

　これまで述べてきたような近代スポーツの認識論的な限界が，生涯スポーツの新たな可能性としてビジョン化されるためには，近代社会と近代スポーツとの構造的なアイソモルフを切断し，まったく異なる視点からその可能性を考えてみることが必要になってこよう。

　そもそもこのアイソモルフな関係は，近代社会と近代スポーツとを同一構造内に位置づけることを前提としていることから，ベイトソンが述べた自己言及のパラドックス，すなわちダブル・バインド状況をつねに生起させる契機を持っていると考えられる(作田，1986:59-64)。一般に自己言及のパラドックスとは，たとえば「私は嘘を言っている」としたときに，この言葉それ自体の真偽の確定が不可能な場合や「あなたはもっと自発的にあるべきだ」としたときの命令と自発の二律背反的状況をさす（加野・矢野，1994：3-28)。同様に近代スポーツの限界を近代社会の論理で課題化することは，すなわち近代スポーツの論理で課題化することであるから近代スポーツの限界を同語反復的に繰り返す，それこそ「限界」に陥ってしまうというダブル・バインド状況を生み出すだけだということになる。

　だとすれば，このような構造から逃れる手立てとしては，浅田（1983）が指摘するようにその循環的な連鎖構造から離れたまま（この論理はそのままに

したまま）別の論理を平行して構想するか，あるいはベルクソンが指摘するようにそれを切断して構造の外から超越的に相対化する論理を構想する（市川，1991：300-366）しか他にない。前者の視点からの試みは，たとえば近代スポーツの論理はそのままにして，ルールを変更することによってその限界を克服しようとしたニュースポーツの開発に典型的にみられるが，結局のところ近代スポーツの思想や考え方を超えることができなければ，かえって近代スポーツの限界をそのままか，あるいはさらに抱え込む結果となろう（菊，1998：17-21，2005：95-96）。これは，障害者スポーツにおいても同様にみられる傾向である（菊，2003a：335-337）。

　これに対して後者の視点は，さらに二つのアプローチに分けることができる。一つは現代スポーツの現状を近代スポーツ批判に焦点化させながら，そのズレをあくまで現代スポーツが求める論理から課題化しようとするアプローチであり，第1節で展開されたアマチュアリズムや個人主義に代わる現代スポーツ思想の開発の可能性への指摘はその一例となるように思われる。それはまた，近代スポーツの高度化と大衆化の進展と二極化という現代スポーツの現象が，近代スポーツの構造を超える新たな現代スポーツの構造からのアプローチを必要としているという考え方から展開されていると考えることもできよう。もう一つのアプローチは，このような現象からのアプローチというよりは身体からのアプローチであり，亀山（1999）や作田（1999：3-32）らが近年展開している超社会化の論理に代表される。この論理は，図3に示されるように社会構造とは異なる次元における生命体としての人間の超越論的な力（フォース）を起点として近代スポーツの構造を超えようとする視点を持つ。亀山（1998：254-277）によれば，現代社会におけるスポーツは，近代社会の構造に沿う形で身体を分

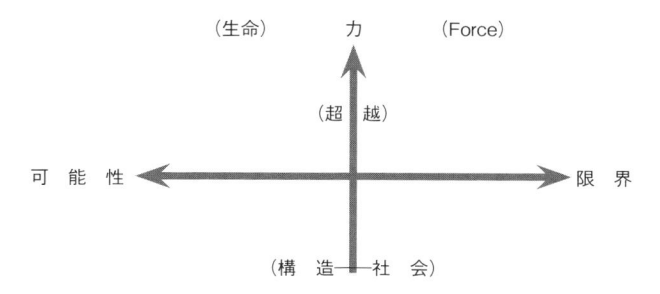

図2　「近代の超克」からみた構造とその超越としての力

業化，分節化し，そのような構造と最も親和性を持った身体的パターンを要求するゲーム型スポーツを中心に展開している。その身体的パターンとは技術・技能であり，制度化されたルールに則った再現性を要求する制度的身体にもとづくものに他ならない。

しかし，表1にみられるように，最近の種目別参加率の傾向は若者を中心にして徐々にではあるが従来のようなⅠ，Ⅱ群に類別されるゲーム型スポーツからⅢ群に類別されるような自然との関係から直接伝わってくる運動感覚重視の，いわばパフォーマンス型スポーツへ移行しているようにも思われる。もちろん，このような傾向は量的にみて未だに取るに足らないようにみられるかもしれないが，これとよく似た現象は中高年の登山が従来のような山頂を征服することをめざすのでなく，むしろ川のせせらぎや森林の自然と直接触れ合うことを目的として行われていることにも現れている（佐藤，2002：36-38）。これをこれまでのような右肩上がりの課題と技能の一致からみたフロー体験としてとらえるのでなく，フロー体験の解釈学的な広がりとしてとらえることも可能であり，少なくとも生涯スポーツのレベルではそのような現象が先行しているとみるべきなのであろう（菊，2003b：106-108）。

表1 カテゴリー別にみたスポーツ参加率の推移

種別	年度	1979	1982	1986	1990	1994	1998	2002
Ⅰ群	野球（キャッチボール）	28.2	25.2	23.9	19.2	16.7	14.8	16.0
	サッカー	4.9	4.2	5.2	4.7	7.7	5.7	7.8
	バレーボール	17.9	14.4	13.1	10.3	9.0	7.6	7.3
	卓球	22.9	18.9	15.4	9.7	13.3	10.0	10.9
Ⅱ群	テニス	13.6	15.2	14.1	12.8	12.4	8.7	8.3
	ゴルフ（コース）	12.7	12.3	10.5	13.4	13.8	11.8	9.5
Ⅲ群	スキー	9.8	11.3	12.5	13.8	16.4	16.7	14.9
	サーフィン							
	ヨット	1.7	2.3	2.9	3.1	3.8	4.2	3.1
	ダイビング							

注1）亀山（1998）p.257の表1をもとに，『レジャー白書』2002年度版，2005年度版のデータを加えて作成した。
注2）参加率とは，ある余暇活動を1年間に1回以上行った人の割合である。
注3）1998年以降のスキー参加率には，スノーボードの参加率が含まれている。

亀山は，このような現象をとらえて，前述した制度的身体（パターン）を一時的に破壊して身体それ自体のパターンを錯綜させ（「錯綜身体」の出現），たとえば「滑る」身体にみられるような既存構造からの飛躍，ないしは超越的な運動感覚に浸りきる状況が生起していると考えている（「超個体性身体」の出現）。このような自然や対外的な対象との相互交通は，もはやアイソモルフな関係における構造の枠内にとどまらない超越的現象としてとらえられ，「構造化された近代」（あるいはその規範の循環構造，図2参照）それ自体の超克を視野に入れた議論を展開していくことになろう。その可能性は，第1節で述べられたようなスポーツからのライフスタイルのデザインとして，それぞれ文明・他者・自然に対する新たな交流のスタイルとして具体的に現れてくることになる。

　本節では，新たな交流のスタイルの起点として最終的には「秩序としての身体」の有り様に注目し，それがどのように変化していく可能性があるのか，またその具体的プロセスを考えていく基本的な認識の前提や枠組みについて論じてみた。21世紀における生涯スポーツのビジョンは，まず近代スポーツの有り様を評価する視点を「未完の近代」か，あるいは「近代の超克」か，という二つの認識論から相対化してみることが重要である。その上で，生涯スポーツ論におけるライフスタイル論やライフステージ論は，スポーツ・カテゴリーとして近代スポーツをどのように乗り越えようとしているのかが評価され，査定されることになるだろう。その意味で，これからのスポーツプロモーションのビジョンは，近代スポーツをどのように評価し，乗り越えようとしているのかに対する自覚と議論を抜きにしては語れないということなのである。

　しかし，それにしてもこれまでの生涯スポーツ論は，近代スポーツの有り様をあまりにも自明の概念として受容しすぎてきたこともまた事実である。近代スポーツ論の可能性と限界を問う視点を相対化することの意義は，第一にそのこと自体を明らかにすることに求められるだろう。その意味で，「近代の超克」という視点からみた脱近代スポーツ論の可能性は，人びとの身体レベルの感覚や感性の有り様の変化という観点から今後さらに事実として調査され，インセンティブなテーマ設定の下で分析される必要があると思われる。

（菊　幸一）

[付記] 本節は，平成11年度日本体育協会スポーツ医・科学研究報告「No.Ⅵ生涯スポーツの振興方策に関する調査研究」における菊担当箇所「2-2 近代スポーツの可能性と限界」(pp. 11-18) を大幅に加筆・修正したものである。

<引用・参考文献>
1) 浅田彰，1983.『構造と力』，勁草書房.
2) 伊藤公雄，1998.「近代国民国家とスポーツ」，日本スポーツ社会学会編『変容する現代社会とスポーツ』，pp.182-186, 世界思想社.
3) 市川浩，1991.『ベルクソン』，講談社（学術文庫）.
4) 今福龍太，1997.『スポーツの汀』，紀伊国屋書店.
5) 今福龍太，1998.「ディアスポラの最前線」，朝日新聞夕刊三版，5月7日付.
6) 海老原修，1998.「ドーピング」，池田勝・守能信次編『スポーツの社会学』，pp.199-208, 杏林書院.
7) エリアス，N.：德安彰訳，1994.『社会学とは何か』，法政大学出版局.
8) 大澤真幸，1990.『身体の比較社会学Ⅰ』，勁草書房.
9) 大澤真幸，1993.「『社会秩序はいかにして可能か』は社会学の基本的な問いである」，『別冊宝島』Vol.176, pp.28-44.
10) 加野芳正・矢野智司編，1994.『教育のパラドックス／パラドックスの教育』，東信堂.
11) 亀山佳明，1998.「スポーツと日常生活にみる滑走感覚」，井上俊編『新版現代文化を学ぶ人のために』，pp.254-277, 世界思想社.
12) 亀山佳明，1999.「滑走感覚と癒し」，日本スポーツ社会学会第8回シンポジウム資料，3月26日配布.
13) 菊幸一，1997.「スポーツが社会を変える①」，毎日新聞夕刊四版，5月2日付.
14) 菊幸一，1998.「スポーツ社会学・スポーツ文化」，(財)日本レクリエーション協会編・発行『レクリエーション・コーディネーター共通テキスト②』，pp.17-21.
15) 菊幸一，1999a.「スポーツ文化研究の方法と成果／理論的アプローチ」，井上俊・亀山佳明編『スポーツ文化を学ぶ人のために』，pp.300-320, 世界思想社.
16) 菊幸一，1999b.「近代的身体の境界と越境」，中村敏雄編『境界を越えるスポーツ』，pp.185-224, 創文企画.
17) 菊幸一，2003a.「文化としてのスポーツとかかわり方」，大修館書店編集部『現代保健体育・教授用参考資料』，pp.330-337, 大修館書店.
18) 菊幸一，2003b.「スポーツ行動論としてのフロー理論の可能性」，今村浩明・浅川希洋志編『フロー理論の展開』，pp.88-110, 世界思想社.
19) グートマン，A.：清水哲男訳，1981.『スポーツと現代アメリカ』，TBSブリタニカ.
20) 坂上康博，1998.『権力装置としてのスポーツ』，講談社（選書メチエ）.
21) 作田啓一・井上俊編，1986.『命題コレクション社会学』，筑摩書房.
22) 作田啓一，1999.「超社会化の存在論的基礎」，『Becoming』Vol.3, pp.3-32.
23) 佐藤修史，2002.「頂上を目指さない中高年，川へ」，『アエラ』Vol.769, pp. 36-38.

24) 多々納秀雄，1997．『スポーツ社会学の理論と調査』，不昧堂出版．
25) デュルケーム，E．：田原音和訳，1971．『社会分業論』，青木書店．
26) 直井優，1993．「アイソモルヒズム」，森岡清美・塩原勉・本間康平編『新社会学辞典』，p.3，有斐閣．
27) 中村敏雄，1977a．『近代スポーツ批判』，三省堂．
28) 中村敏雄，1977b．「近代スポーツの論理」，影山健・川口智久・中村敏雄・成田十次郎『現代スポーツ論序説』，pp.67-165，大修館書店．
29) 橋爪大三郎，1985．『言語ゲームと社会理論』，勁草書房．
30) 平野秀秋，1995．「フェアプレーの夢」，井上俊ほか編『仕事と遊びの社会学』，pp.161-178，岩波書店．
31) フーコー，M．：田村俶訳，1977．『監獄の誕生』，新潮社．

第3節

スポーツビジョンづくりの視点と展開

1. はじめに

　スポーツビジョン（計画）を創るというのは，意外にむずかしい。現在の運動欲求に単純に応じて施設や用具に資金を注ぐ計画を創るものではないからだ。スポーツビジョンは，1人ひとりの生活がスポーツによって"楽しい・嬉しい"と感じる近い将来の計画にとどまらず，長期的な立場から，人間像全体としての豊かな生活感覚をスポーツとともに醸成していくことをイメージしながら，それを達成するために必要な計画を創っていくことである。スポーツが地域や産業の活性化に密接につながり，グローバル化する世界とのコミュニケーションも豊かにしていくワールドワイドなスポーツの懐深さが表現できる（達成できる）ビジョンであることが求められるのである。

　ここでは，過去に手がけた大分県スポーツ計画「大分ネオ・スポルコロス21」1994年と，㈶日本体育協会「生涯スポーツ振興方策に関する調査研究（1999－2001）」のスポーツビジョンおよびスポーツ計画の作成の視点とその方法を紹介し，次世代のスポーツビジョンづくりの助けとなることを望む。

2. スポーツ計画の具体的事例から

　過去のスポーツ計画の具体的事例として，大分県のスポーツ計画「大分ネオ・スポルコロス21（1994年）」と日本体育協会の「生涯スポーツ振興方策に関する調査研究（1999－2001年）」を取り上げ，スポーツ計画の策定のすじ道をたどる。

(1) 大分県スポーツ計画「大分ネオ・スポルコロス 21」1994 年

❶スポーツ計画づくりの考え方

大分県で 1994 年に手がけた「ネオ・スポルコロス 21」は，"新しい"を示す「ネオ」，ギリシャ語でスポーツを表す「スポルσπορ」，そしてギリシャ語で"集う・唱和する"といった言葉である「コロスχορο s」を造語し，21 世紀に向けた新しいスポーツプランのコンセプトを表現する名称を名づけた大分県のスポーツ推進計画である。

1）Stage1：計画立案の理念―これから求められるスポーツ享受イメージ

第一段階では，計画を立案する上での基本的理念を創る。この計画立案の出発は，「21 世紀は，余暇時間の延長や社会的な価値の多様化によって，個人の生活にさまざまなスポーツとの関わりが求められる時代であり，これからのスポーツ享受はいっそう豊かにデザインされることが望まれる」ということである。レジャーの享受と生涯学習生活の確立が求められる社会を計画立案の前提として，「変わる社会・変わる暮らし」の方向性を想定し，近未来社会にとってのスポーツ享受の新しい意義として「豊かな交流」「健やかな生」「伸びやかな自己開発」とし，それを求めることがクオリティライフの実現につながるという"計画の達成すべき全体像"を描く（図1）。

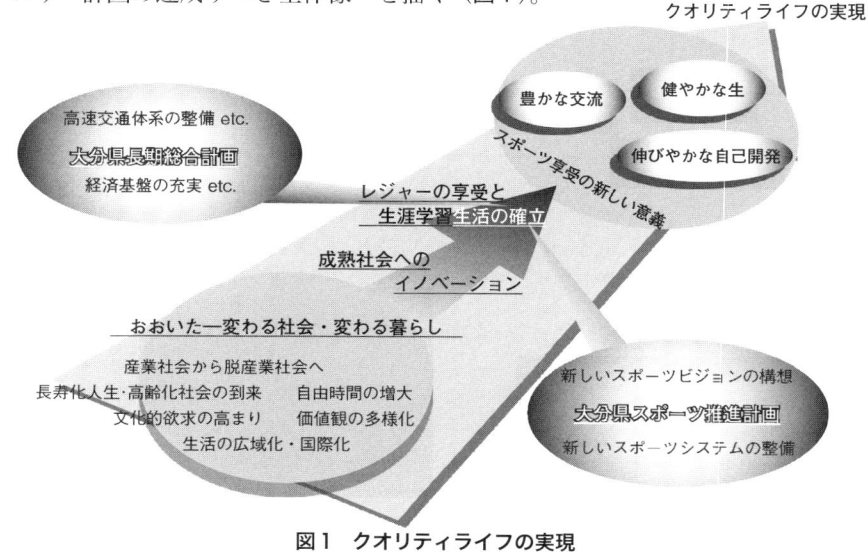

図1　クオリティライフの実現

2) Stage2：スポーツ計画によって達成されるべき人間像
―具体的に何を達成するのか？

　第二段階では，新しいクオリティライフが実現される社会ではどのような人間像が理想的かを検討する。これまでの高度経済成長期のライフスタイルでは，「何を獲得するか（to have）」が主たる生活感覚であったかと思う。しかし，経済成長もある一定のレベルに達し引きつづくバブル崩壊後にあっては，"成長"概念の価値観の見直しが次世代に求められる。そこでは，いかに生きるか（to be）が重要な生活の価値観となり，スポーツ享受の内容は，それまで「身体的能力」の発展が重視されていた視点から，「知的能力」「感性的能力」を含めたトータルな人間的側面への視点を加えることによって，クオリティライフの実現が達成されると考える。トータルヒューマニティ（全体人間像）を醸成する営みとして「知的能力の開発と享受」「感性的能力の開発と享受」「身体的能力の開発と享受」の三側面の充実を具体的実現の機会・場に展開する。

　トータルヒューマニティをスポーツ享受から実現する機会・場を，生活文化の重要な要素である「地域（人と人）」「文明（知財・情報）」「自然（山・川・海など）」の三つのシーンに展開する。「地域との関わり」では，地域を中心として人びととスポーツに親しむ局面（コミュニティ・スポーツ）を刺激し深め，「文明との関わり」では，科学技術の開発によって支えられているスポーツ享受の局面（テクノロジカル・スポーツ）を刺激し深め，「自然との関わり」では，豊かな自然とふれあっていく局面（エコロジカル・スポーツ）を刺激し深めるトータルスポーツビジョンを計画の中核コンセプトとする（図2）。

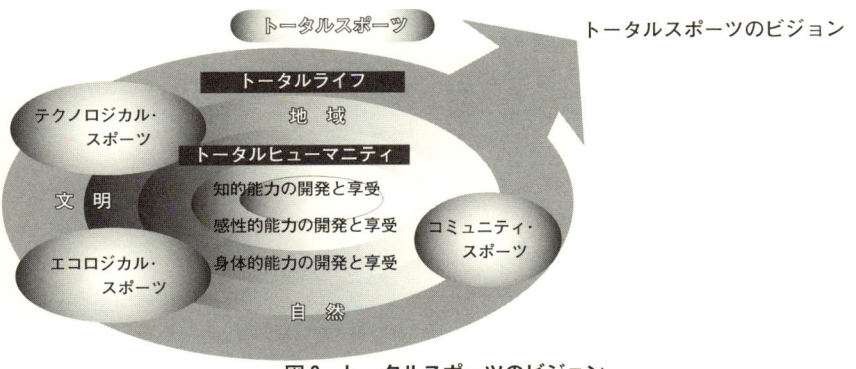

図2　トータルスポーツのビジョン

3) Stage3：豊かなスポーツ享受を支えるトータルシステムの構築イメージづくり

　第三段階では，前述のトータルスポーツ享受の実現に当たって，「コミュニティ・スポーツ」「エコロジカル・スポーツ」「テクノロジカル・スポーツ」の三つのスポーツ局面を1人ひとりがリズムよく享受するライフスタイルを体現できる環境（システム）の構築を検討する。1人ひとりの快適なスポーツ享受を支援するシステムとして，「人びとの交流を享受するコミュニティ・スポーツを支援するシステム（コミュニティ・スポルコロス）」，「自然の恩恵を享受するエコロジカル・スポーツを支援するシステム（エコ・スポルコロス）」，文明の成果を享受するテクノロジカル・スポーツを支援するシステム（テクノ・スポルコロス）」を提示し，スポーツ展開の全体システムとしてネオ・スポルコロス21をデザインする（図3）。

4) Stage4：具体的な三つのシステムの具体的展開デザインづくり

　第四段階では，これらの三つのシステムが多様で豊かなスポーツライフを支えていくために，スポーツプログラム，人，場所，情報などの提供される内容を管理・運営する"マネジメントするシステム"と，提供する内容を管理・運営する"サービス・システム"の構築を試みる。前者は，スポーツ享受支援シ

図3　ネオ・スポルコロス21のシステム

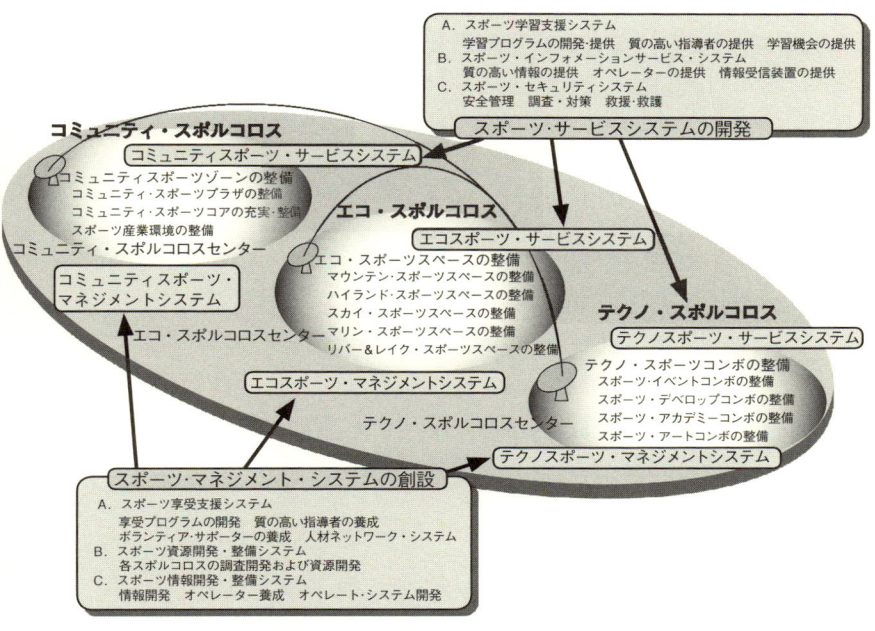

図4 ネオ・スポルコロス 21 のデザイン

コミュニティ・スポルコロス
コミュニティスポーツ・サービスシステム
- コミュニティスポーツゾーンの整備
- コミュニティ・スポーツプラザの整備
- コミュニティ・スポーツコアの充実・整備
- スポーツ産業環境の整備

コミュニティ・スポルコロスセンター
コミュニティスポーツ・マネジメントシステム

エコ・スポルコロス
エコスポーツ・サービスシステム
- エコ・スポーツスペースの整備
- マウンテン・スポーツスペースの整備
- ハイランド・スポーツスペースの整備
- スカイ・スポーツスペースの整備
- マリン・スポーツスペースの整備
- リバー&レイク・スポーツスペースの整備

エコ・スポルコロスセンター
エコスポーツ・マネジメントシステム

テクノ・スポルコロス
テクノスポーツ・サービスシステム
- テクノ・スポーツコンボの整備
- スポーツ・イベントコンボの整備
- スポーツ・デベロップコンボの整備
- スポーツ・アカデミーコンボの整備
- スポーツ・アートコンボの整備

テクノ・スポルコロスセンター
テクノスポーツ・マネジメントシステム

スポーツ・サービスシステムの開発
A. スポーツ学習支援システム
　学習プログラムの開発・提供　質の高い指導者の提供　学習機会の提供
B. スポーツ・インフォメーションサービス・システム
　質の高い情報の提供　オペレーターの提供　情報受信装置の提供
C. スポーツ・セキュリティシステム
　安全管理　調査・対策　救援・救護

スポーツ・マネジメント・システムの創設
A. スポーツ享受支援システム
　享受プログラムの開発　質の高い指導者の養成
　ボランティア・サポーターの養成　人材ネットワーク・システム
B. スポーツ資源開発・整備システム
　各スポルコロスの調査開発および資源開発
C. スポーツ情報開発・整備システム
　情報開発　オペレーター養成　オペレート・システム開発

ステム，スポーツ資源開発・整備システム，スポーツ情報開発・整備システムなどから構成され，後者は，スポーツの学習支援システム，スポーツ情報サービスシステム，スポーツ・セキュリティシステムなどから構成される。多様なニーズを持った人びとや環境に柔軟に対応できる「スポーツ・マネジメントシステムの創設」と，「スポーツ・サービスシステムの開発」の二側面が相互のネットワークの中で潤滑に運営されるような構造が理想となる（図4）。

5) Stage5：トータル・ビジョンの実現に向けた具体的な展開
　　　　―関連組織・イベントなどと重ねながら―

　最後の段階では，トータル・ビジョン達成に向けての人・組織，イベントなどの社会全体を巻き込んだムーブメントのしくみに対して言及する。このムーブメントは，地域の活性化の方策と合わせながら，地域住民の理解とともに達成される。トータルスポーツビジョンの実現のためには，地域特性をふまえた上で，長期にわたり総合的に取り組んでいける体制，つまり個人，民間組織，行政組織，ボランティア組織を取り組んでいく大きな波が必要となってくる。「ネオ・スポルコロス21」では，2002年のワールドカップ・サッカー招致や二

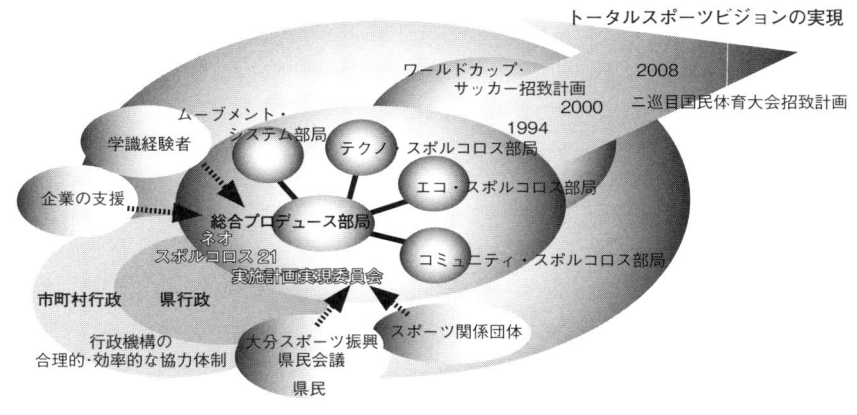

図5 トータルスポーツビジョンの実現

巡目国体などのきっかけをシステムづくりに有効に活用できる可能性をふまえて，市民，行政，企業，スポーツ団体，学識経験者などのネットワーク組織によってスポーツ振興のムーブメントをつくっていくようにデザインされる（図5）。

以上のように，大分県スポーツ推進計画「ネオ・スポルコロス21」の作成には，「計画策定の基本理念（なぜ計画が求められているのか）」と「そこで達成されるべき人間像・生活」を設定し，達成に必要な環境要因を含めた「全体像」を創り，その達成に必要な「サービスとマネジメントシステム」の全体構造を描き，そして，「具体的展開に必要なムーブメントを含めた長期展開図」を描くという5段階の手順を骨組みとした。

❷ **「ネオ・スポルコロス21」の計画書作成の全体構成と計画実施への課題**

「ネオ・スポルコロス21」の中核のスポーツビジョンは，"人びとは，レジャー（スポーツ）を人生の重要な内容としてとらえ，文化的営みの充実によってそれを享受する新しい暮らしを求める。つまり人びとは，レジャー（スポーツ）における文化的活動を通じて，発展する文明・テクノロジーを享受し，歴史・伝統・他者との豊かな出会い・交流を楽しみ，生命の故郷としての自然と触れ合い，人間的可能性の開発を享受する"というものである。このような考え方を実現するために，「ネオ・スポルコロス21」では，「スポーツの豊かな人間的可能性を賛歌し，すべての人びとをスポーツの喜びの輪に集い，21世紀大分の新しい暮らしを創造するスポーツ・イノベーションのシステム」を開発す

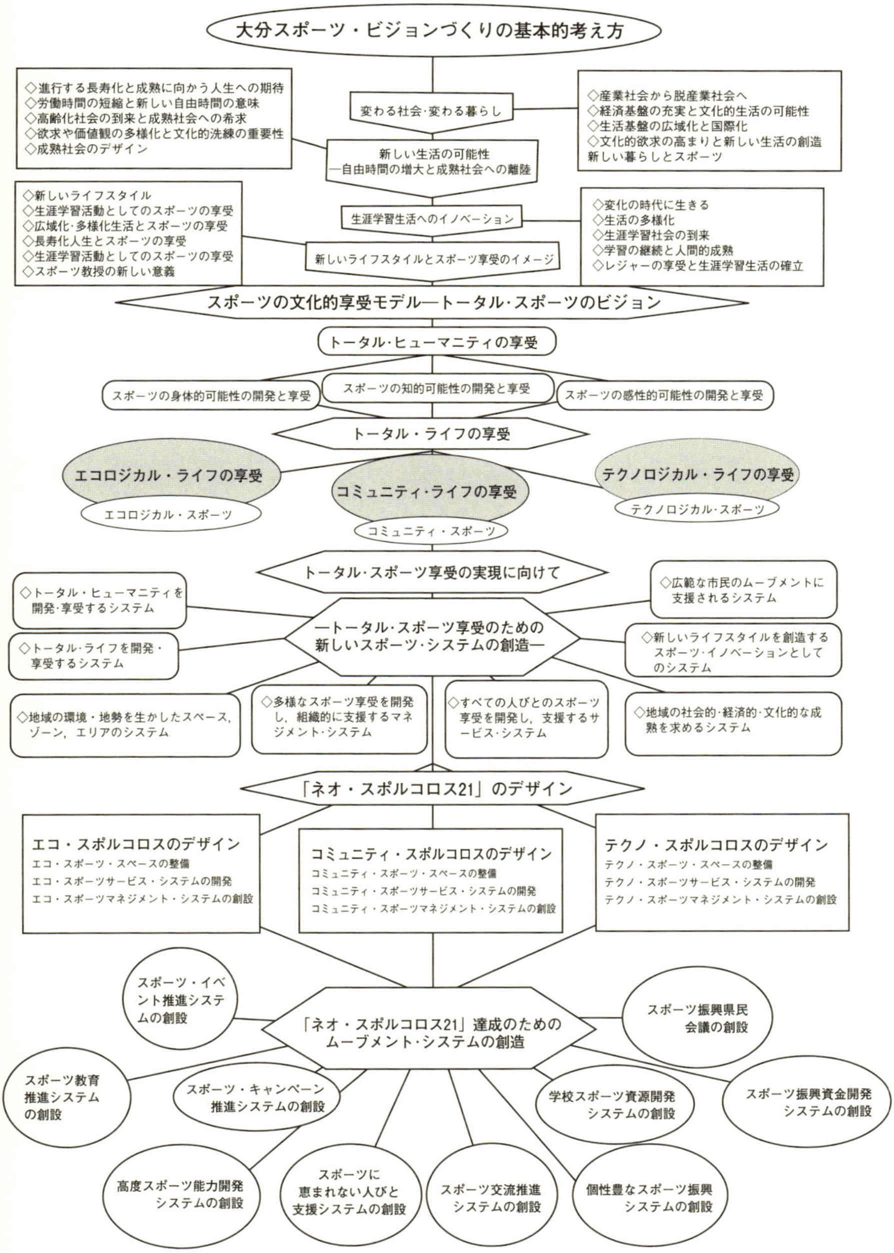

第3節 スポーツビジョンづくりの視点と展開

大分スポーツ・ビジョンづくりの基本的考え方

- ◇進行する長寿化と成熟に向かう人生への期待
- ◇労働時間の短縮と新しい自由時間の意味
- ◇高齢化社会の到来と成熟社会への希求
- ◇欲求や価値観の多様化と文化的洗練の重要性
- ◇成熟社会のデザイン

変わる社会・変わる暮らし

- ◇産業社会から脱産業社会へ
- ◇経済基盤の充実と文化的生活の可能性
- ◇生活基盤の広域化と国際化
- ◇文化的欲求の高まりと新しい生活の創造 新しい暮らしとスポーツ

新しい生活の可能性
―自由時間の増大と成熟社会への離陸

- ◇新しいライフスタイル
- ◇生涯学習活動としてのスポーツの享受
- ◇広域化・多様化生活とスポーツの享受
- ◇長寿化人生とスポーツの享受
- ◇生涯学習活動としてのスポーツの享受
- ◇スポーツ教授の新しい意義

生涯学習生活へのイノベーション

新しいライフスタイルとスポーツ享受のイメージ

- ◇変化の時代に生きる
- ◇生活の多様化
- ◇生涯学習社会の到来
- ◇学習の継続と人間的成熟
- ◇レジャーの享受と生涯学習生活の確立

スポーツの文化的享受モデル―トータル・スポーツのビジョン

トータル・ヒューマニティの享受

- スポーツの身体的可能性の開発と享受
- スポーツの知的可能性の開発と享受
- スポーツの感性的可能性の開発と享受

トータル・ライフの享受

- エコロジカル・ライフの享受 ― エコロジカル・スポーツ
- コミュニティ・ライフの享受 ― コミュニティ・スポーツ
- テクノロジカル・ライフの享受 ― テクノロジカル・スポーツ

トータル・スポーツ享受の実現に向けて
―トータル・スポーツ享受のための新しいスポーツ・システムの創造―

- ◇トータル・ヒューマニティを開発・享受するシステム
- ◇トータル・ライフを開発・享受するシステム
- ◇広範な市民のムーブメントに支援されるシステム
- ◇新しいライフスタイルを創造するスポーツ・イノベーションとしてのシステム
- ◇地域の環境・地勢を生かしたスペース,ゾーン,エリアのシステム
- ◇多様なスポーツ享受を開発し,組織的に支援するマネジメント・システム
- ◇すべての人びとのスポーツ享受を開発し,支援するサービス・システム
- ◇地域の社会的・経済的・文化的な成熟を求めるシステム

「ネオ・スポルコロス21」のデザイン

エコ・スポルコロスのデザイン
- エコ・スポーツ・スペースの整備
- エコ・スポーツサービス・システムの開発
- エコ・スポーツマネジメント・システムの創設

コミュニティ・スポルコロスのデザイン
- コミュニティ・スポーツ・スペースの整備
- コミュニティ・スポーツサービス・システムの開発
- コミュニティ・スポーツマネジメント・システムの創設

テクノ・スポルコロスのデザイン
- テクノ・スポーツ・スペースの整備
- テクノ・スポーツサービス・システムの開発
- テクノ・スポーツマネジメント・システムの創設

「ネオ・スポルコロス21」達成のためのムーブメント・システムの創造

- スポーツ・イベント推進システムの創設
- スポーツ振興県民会議の創設
- スポーツ教育推進システムの創設
- スポーツ・キャンペーン推進システムの創設
- 学校スポーツ資源開発システムの創設
- スポーツ振興資金開発システムの創設
- 高度スポーツ能力開発システムの創設
- スポーツに恵まれない人びと支援システムの創設
- スポーツ交流推進システムの創設
- 個性豊なスポーツ振興システムの創設

図6 新しいスポーツビジョンを提案するネオ・スポルコロス21計画の構造

ることの重要性が指摘されている。報告書の全体構造が図6である。

「ネオ・スポルコロス21」の最終章では，ビジョンを達成するためムーブメント・システムとして10の課題が提示され，具体的な取り組みの提言がなされている。表1は10の課題一覧である。

(2) 日本体育協会「生涯スポーツ振興方策に関する調査研究（1999–2001）」

次に日本体育協会「生涯スポーツ振興方策に関する調査研究」を紹介する。

❶スポーツ振興方策の研究方法

この調査研究は，㈶日本体育協会のスポーツ医・科学研究委員会のプロジェクトとして，1999年から2001年の3年間にわたって，21世紀の生涯学習社会におけるスポーツ振興に関する基本施策を制定するために着手された。スポーツ振興の理念や考え方を含めた資料を収集し，そこから政策課題を設定し，その解決課題の戦略的展開を見通す長期的・総合的なものとして構想・立案するというものである。研究調査の骨格は，スポーツ享受理念としての「スポーツライフスタイル・ビジョンの構成（スポーツ享受モデルの開発）」を掲げ，「国民のスポーツ享受の現状分析」を通じる中で，「スポーツ享受をめぐる課題の抽出」を行い「望まれ求められる対応施策の検討・立案」である。

手順としては，日本国内の県，市，スポーツクラブ，高齢者，クラブ活動やスポーツ少年団そして障害者などのスポーツ実践者へアンケートや既存の報告からスポーツ享受スタイルの現状認識を行い，併行しながら先進諸外国のスポーツ享受スタイル調査を実施することによって，日本の国民が将来享受すべきスポーツ享受スタイルを導き出す。

❷現状分析方法

1）社会変化とライフスタイルの変遷を概観する

1945年以後，"生きるための生活（To survive）"の時代を経て，その後，経済成長の波ともに1960年代はテレビの普及に象徴される"消費は美徳（To Have）"のマス消費の時代を迎え，個人のライフスタイルにレジャーの言葉が飾り始める。1970年代には差別化消費が登場し，ママさんバレーやゴルフなどのレジャーが普及し，マス消費から個性化消費時代に入る。1980年代には自己演出のための消費が出現し，ローラースケート，ディズニーランド，健康ブームが到来し，"いかに生きるか？（To Be）"が生活のキーワードとして注

第3節 スポーツビジョンづくりの視点と展開 **41**

表1 「ネオ・スポルコロス21」計画書の最終章で掲げた10のムーブメント・システムの課題

\<「ネオ・スポルコロス21」達成のためのムーブメント・システムの創造		
10の課題	具 体 的 内 容	必要な組織,関連活動
1. スポーツ・イベント推進システムの創設	新しいライフスタイルを創造するイノベーション装置としてのスポーツ・イベントは,なによりも21世紀のスポーツの文化的享受モデルとしてのトータル・スポーツ享受の集約された姿を人びとに発信する仕掛である。 「ネオ・スポルコロス21」達成のムーブメント装置であるスポーツ・ビッグ・イベントの具体的で効果的なものとして,「二巡目国体」と「ワールドカップ・サッカー」などの開催が構想される。	→「スポーツ・イベント推進室」の必要性
2. スポーツ教育推進システムの創設	これからのスポーツ学習は,苦学辛習のイメージを払拭し,遊学楽習の性格を持ち,個々人のスポーツへの興味・関心・意欲を尊重し,能力に応じてスポーツの魅力・よさに触れ,だれもが楽しみを深め・広げられるよう,工夫されることが望まれる。	→「スポーツ教育推進室」の必要性
3. スポーツ・キャンペーン推進システムの創設	急激な社会と暮らしの変化の中で,スポーツ享受はすべての人びとに重要な意味と価値を持つようになった。もはやスポーツは,青年男性の特権ではなく,高齢者,女性,子ども,障害を持つ人など,すべての人びとにその豊かな文化的可能性が開かれねばならない。	→「スポーツ・キャンペーン推進室」の必要性
4. 高度スポーツ能力開発システムの創設	文化的資源としての高度スポーツ能力の開発は,身体的欲望を文化的に洗練するものであり,スポーツの身体的・知的・感性的享受の崇高なモデルの開発であることが求められる。高度なスポーツ身体的能力の開発はもちろん,高度なスポーツ知的能力の開発,高度なスポーツ感性的能力の開発をも含むことが求められる。	→「高度スポーツ能力開発室」の必要性
5. スポーツに恵まれない人びとの支援システムの創設	大分に生まれ,大分に育ち,大分に住まい,大分に生きるすべての人びとが,等しく,それぞれの可能性に応じてスポーツを豊かに享受することは,「ネオ・スポルコロス21」の基本的な目的である。スポーツに恵まれない人びとのスポーツ参与を支援することは,「ネオ・スポルコロス21」達成の基本的な条件であり,最も積極的な取り組みが望まれるものの一つである。	→「スポーツ享受支援室」の必要性
6. スポーツ交流推進システムの創設	交流メディアとしてのスポーツの可能性を開発し,推進することは,それぞれのスポーツ享受の可能性を広げ・深めるとともに,人間への信頼,人びとの相互理解を促進し,親善と友好を育み,企まざる平和の実現に寄与するきわめて重要な意義を有する。	→「スポーツ交流推進室」の必要性
7. 個性豊かなスポーツ振興システムの創設	個人の個性,それぞれの意欲・資質と可能性に応じた個性的なスポーツ享受を推進するとともに,地域や集団の個性に応じた特色あるスポーツを振興することは,大きな意義を有する。	→「個性的スポーツ振興室」の必要性
8. 学校スポーツ資源開発システムの創設	学校スポーツ資源は,スポーツ資源を集積し,生活との絆を持ち,組織的な体制を有する学校は,きわめて重要なスポーツ享受の拠点となりうる可能性を有しており,したがって,スポーツ振興の最も大切な要となりうる重要な位置を占めている。	→「学校スポーツ資源開発室」の必要性
9. スポーツ振興資金開発システムの創設	スポーツ振興資金は,スポーツに恵まれない人びとの支援に関わる資金,高度スポーツ能力開発に関わる資金,優れた指導者やスポーツ集団の育成に関わる資金,スポーツ享受を広げ・深めるシステム開発に関わる資金,スポーツ診療・保健に関わる資金,各種調査研究開発に関わる資金,スポーツ・キャンペーンなどの多様なスポーツ市民サービスに関する資金などの豊かな内容を持ち,県,市町村,各種スポーツ団体のそれぞれの立場において充実することが望まれる。	→「スポーツ振興資金開発室」の必要性
10. 大分スポーツ振興県民会議の創設	「ネオ・スポルコロス21」の達成のためには,民・官・企業・学の連帯を組織し,スポーツ・イノベーションの大きなムーブメントを市民社会に喚起することが求められる。スポーツ振興の民・官協力体制は,一面において県および市町村の各水準における民・官の各種諸集団・機関の組織体として構成されるが,多面において広く多様な市民個々人の会員ネットワークとして構成されることが望まれる。このような複合的性格を有するスポーツ振興民・官協力体制を長期的,継続的,発展的に構成するためには,そのビジョンとポリシーを確立し,長期的戦略を立て具体的な施策を展開するシステム,たとえば「おおいたスポーツ振興県民会議」の創設が求められる。	「スポーツ振興県民会議」などの創設

目され始める。1990年代には，自然派志向のアウトドアブーム，都市型テーマパークの出現など，そして1994年にはJリーグ開幕，『ケイコとマナブ』の雑誌刊行に象徴される習いごとマーケットの拡大，および精神世界・自己啓発ブームが訪れる。1990年代後半では，インラインスケートやスノーボードなどの輸入レジャーの多様化が進んでいる。2000年以降は，IT産業の発展に後押しされて，コンピュータネットワークでの遊びや，携帯電話を使ったフットワークよいコミュニケーションで遊ぶ傾向が顕著となる。一方で，K1やプライドに象徴されるように，アナログ的な表現メディアとしての肉体をぶつからせる格闘技のひそかなブームがある。

　1990年後半からのわれわれのライフスタイルでは，都市型志向＆アウトドア志向，サービスされるアミューズメントの希求（ディズニーランド，レッスン型のお稽古ごと）＆自分ペースのスローライフ，勝ち組＆負け組，デジタルツール＆アナログな肉体というように二極的な言葉がキーワードとなっている。人びとの活動は，意図的に生産される遊びやデジタル化した情報遊びと，半面，自然で体に優しい自分スケールの遊びの二面的に分化してきている（表2）。

2）スポーツ関係団体・協会の現場の状況を知る

　このようにライフスタイルも価値観も時代とともに大きく動いている。日本体育協会の「21世紀における生涯スポーツの振興施策」の調査では，スポーツの維持，発展，提供に携わっているスポーツ団体（日本体育協会加盟団体と市町村体育協会など）が，「生涯スポーツ事業」や「普及・振興事業」をどのように行っているかについて，質問紙法によるアンケート調査を行いその状況をとらえた。質問の骨子は，

(1) 生涯スポーツに関する施策・事業活動に関することがら
　　A) 生涯スポーツや普及・振興のための具体的な施策と事業活動について
　　B) 施策や事業活動における工夫や条件の整備について
　　C) 成果の評価や課題について
(2) 団体の運営と管理に関することがら
　　A) 役割分担のしくみについて
　　B) 将来計画やビジョンについて
　　C) 普及や振興に必要な条件や財源に関して
(3) 組織体制に関することがら
　　A) 団体のしくみと事務局の体制に関して

表2 日本のライフスタイルの変遷（概要）

年	時代にとっての消費の意味	余暇生活関連	特徴
1945	生活保護のための消費	アメリカ文化の流入・性風俗の解放	輸入文化
1948	生活向上のための消費	ラジオ番組の多様化，パチンコ人気	
1951	米マネ消費による豊かさの実感	テレビの登場，ビリヤード，ジャズブーム	To Survive (生きながらえる)
1954	生活を彩る消費	歌声喫茶，美容体操の人気	
1957	大量消費のはじまり	アメリカのテレビドラマ，テニスブーム，週刊誌	
1960	消費は美徳	レジャーブーム，テレビの普及，第一次ボウリングブーム，ツイスト人気	
1964	流行消費の出現	海外旅行の自由化，国内旅行の増加，モンキーダンス，ゴーゴー	国内旅行
1966	若者消費文化の萌芽	休日の増加，マイカーの拡大，若者の溜まり場の枝分かれ	To Have (持ちたいものを持つ)
1970	差別化消費の登場	レジャーの普及	
1972	消費の多様化	第二次ボウリングブーム，ママさんバレーの人気，ゴルフブーム，パンダ人気	個人型スポーツ，レジャー
1974	消費より節約《石油危機》	ジョギングブーム，カラオケ始まり	
1976	ライフスタイル消費の創出	健康機器ブーム	
1978	大学生が消費リーダーとして台頭	ウォークマン登場，ゲームセンター・ブーム，ディスコ	海外旅行
1980	自己演出のための消費	ジャズダンスブーム，ローラースケートブーム，フルムーン流行人気	To Be (いかにあるか考える)
1982	カタログ的消費の拡大	東京ディズニーランド登場，エアロビクスダンスブーム，ストレス解消への関心，ホームカラオケ	アウトドア
1984	感性消費のはじまり	「マル金」なすごし方，ファミコンの大衆化	形式化した都市型アミューズメント
1986	モノからコト消費の始まり	スポーツジム人気，ディスコフィーバー，プールバー人気	
1988	使い捨て消費のはじまり	ショッピングのレジャー化，海外旅行ブーム，カウチポテト族	
1990	節約・無駄排除意識のはじまり	おやじギャルブーム，カラオケボックスのヒット	輸入文化
1992	実質価値消費	アウトドアブーム，都市型テーマパークの出現，フリーマーケットの人気	デジタル文化
1994	使いこなしに意義あり	Jリーグ開幕，習いごとマーケットの拡大，精神世界・自己啓発ブーム	
1996	自分磨きのための消費	輸入レジャーの多様化《スノーボード，インラインスケートなど》X（エクストリーム）ゲームの紹介，アミューズメント施設の増加	二面化・二層化
2000～	ネットワーク社会へ	K1やプライドなどの格闘技ブームの兆し インターネットのゲームで遊ぶ 携帯電話で遊ぶ	
2004	スローな生き方	スローライフ，スローフード，勝ち組・負け組，上流社会・下流社会	

B) 関連団体と会員登録の状況に関して
C) 生涯スポーツや普及・振興に関わる規定などについて

　これらの調査から見えてくる課題[2]では，地域体育協会の生涯スポーツ振興事業の中核が，地域行政との連携による競技会やイベントの開催やスポーツ教室の運営が主なものであり，それらが毎年の事業計画になるために，協会の限られた人的・財政的資源では，地域社会や一般市民のニーズを掘り起こし，時代に求められるスポーツライフスタイルづくりのムーブメントを手がけていくことが困難である現状が明らかになった。また，高齢者や障害者などの「スポーツ弱者」に対応した施設設備や器具・用具などのハード資源の整備が行き届いていないこと，そして，IT時代に即した広報やコミュニケーション活動も取り組んではいるものの，使う側にとって利便性の高い情報提供やコミュニケーションには到達する環境ではないなどが浮き彫りになっている。地域のスポーツ団体が，新しい時代のライフスタイルにテンポよく対応するとともに，スポーツ・ライフスタイル提供者としての認識にたった組織体制と運営方法の再検討が望まれている。

3) 導き出された課題

　「生涯スポーツ振興方策に関する調査研究」では，障害者やスポーツ少年団などの各世代，各グループのインタビューやヒアリングと，スポーツ享受の先進国と考えられるドイツ，北欧，オーストラリア，ベルギー，ニュージーランドなどの実地調査を踏まえて，21世紀における生涯スポーツの振興政策を策定する課題が次のように導かれた。

　スポーツの先進諸外国のスポーツ享受の特徴としては，"暮らしを楽しむライフスタイル"が人びとの生活感覚の中核にあり，"生活の中にスポーツ"がある。スポーツは暮らしに自然に溶け込んでいるものであり，各々の暮らしの条件に応じて等身大にスポーツを享受しており，スポーツは「生活文化としての営み」となっている[3]。諸外国の状況や方策が簡単に日本に適用されるものではないが，日本の人びとのスポーツを暮らしの中に溶け込ませるために，次の7つの課題へのチャレンジが示唆された。

① 21世紀を見通した基本的な生活課題―環境問題やグローバリゼーションなど―に対応する循環型・共生型のライフスタイルを基盤とするスポーツの文化的享受モ

デルを軸にする構想すること。
② 21世紀におけるスポーツの歴史的発展の流れを見通し，近代スポーツのみならず，伝統スポーツや民族スポーツなどの多様なスポーツの文化的資源を再評価し，それぞれの可能性と限界を明らかにすること。
③ スポーツの文化的享受を，より豊かな身体的な享受にするとともに，知的・感性的享受と統合化し，トータルな人間的経験としてのモデル化を構想すること。
④ スポーツの文化的享受を，幼児期～超高齢期にいたる多様なライフステージに対応するとともに，地域・都市・自然における多様なライフスペース（生活空間）にも対応して構想すること。
⑤ スポーツの文化的享受を，行うことを中核にしながら，「見る・読む・語る・表す・交わる・支える」などの多様なモデルとして構想すること。
⑥ 上記によって開発されるスポーツの文化的享受モデルを軸にして，人びとの多様な条件に柔軟に対応するスポーツ・ライフスタイルのビジョンを構成すること。
⑦ ビジョンを実現するために必要な各種資源を査定するとともに，相互協力と支援のためのネットワークや組織モデルを構成すること。

以上のように，「ネオ・スポルコロス21」と「生涯スポーツ振興方策に関する調査研究」の策定の理念および手順を紹介した。一歩足を進めて，最後の節では，スポーツ計画やスポーツ振興政策を展開していくために基本的な情報となる"スポーツ需要"を顕在化する重要性に触れておく。

3．スポーツ計画やスポーツ振興政策を展開していくために
―スポーツ需要を顕在化する―

(1) 潜在需要を顕在化するしかけとしくみの構築

経済変動の激しい時代である。価値観・人生観の多様な時代でもある。すでに，人びとのスポーツニーズは広く，従来の供給システムではカバーできず，需給のギャップが生じ始めている。スポーツ計画やスポーツ振興政策を展開していくためには，時代にあったスポーツ需要を顕在化する工夫が必要となる。

ライフスタイルの変化にもあったようにIT時代にあって，個人の欲求は二極分化的な様相を見せながら複雑に表現されるようになった。スポーツ享受行動でも，一つのスポーツに専心していた単種目享受型の時代は去り，シーズン

によって多様なスポーツを楽しむ複数種目享受型へ移行している。サービス産業の拡大により24時間営業の店もあるように労働時間の変則化や居住環境や，進学，労働の条件によって家族生活や家族構成の多様化も進む。スポーツをする仲間や場や時間は，かつての学校や職場といった単位から多分に変わってきている。それにともなって，スポーツに求める満足感はもっと多様で，たとえば，「もっと気軽にやりたい」「いろいろなものがやりたい」「仲間とわいわいやりたい」「教えあいたい，助け合いたい」「リラックスしたい」「高度なプレーがみたい」「語りたい」など人によって異なるし，複雑である。

このような時代に，現状で提供されているスポーツサービスと新しいスポー

表3　潜在需要の掘り起こしの試み

潜在需要事例		現状環境	
希望・ニーズ	行　動	ギャップの視点	
時間帯にかかわらず自由に近くの場所が使いたい	する・関わる	学校や公共施設の開館時間の限定	施訳
簡便な手続きで施設を借りたい	する・関わる	施設利用の予約が不便（空き施設情報が入手しにくい，アクセスに手間がいる）	
メールやグローバル化とともに仲間は県外・地域外にも広がっているので，利用者条件を緩やかにしてほしい	関わる・交わる	地域住民の利用が原則である施設が多い	
自分にあったプログラムを楽しみたい	する・関わる	種目学習のプログラムはあるが，年齢や身体状況，欲求にあったプログラム開発が遅れている	プロ
いろいろな種目を楽しみたい	する・関わる	種目ごとのプログラム開発が多く，マルチ的ではない	
スポーツを語ったり，スポーツ写真を撮ったり，スポーツをもっと広く楽しんでみたい	語る・読む・表す	種目ごとのプログラム開発が多く，他の分野とジョイントするようなものはない	
いつも会えるスポーツ仲間を増やしたい	交わる・関わる・語る	大人になると生活時間帯が異なるので仲間を見つけるのがむずかしい	仲間 ュ
情報を交換するスポーツ仲間がほしい	関わる・語る・交わる	個人的，口コミ的な付き合いでの交流にとどまっている	
スポーツに関わることでなにかボランティアをしたい	支える・交わる・関わる・語る・表す	スポーツボランティアのシステムが構築されていない	
地域に関するスポーツ情報を簡単に入手したい	関わる・見る・読む	地域スポーツの情報は，おおむね機関紙やポスターによって提供しているが，回数が少ない	情報 ＆ サー
いま世界でどんなスポーツがはやっているかいま知りたい，イベントの情報が知りたい	関わる・見る・読む	地域スポーツ団体，競技協会は，大がかりに情報を収集し提供する余裕がない	
気軽にお願いできる指導者がいてほしい	する・交わる・関わる・語る	地域指導者へのアクセスの不便さや，種目ごとの指導者なので身近に頼めない	
スポーツ振興や方策などへの意見はどこにいえばいいの？	関わる・語る・表す	多くの住民の意見を聞き入れ，取り入れるシステムが遅れている	
なにがいま一番人気商品なの？	見る・語る・読む	売れ筋情報やランキングなどが即座に提供できない	
いいスポーツ小売店はどこにあるのか？	交わる・関わる・見る・語る	小売り店は特色を出せずにおり，特に学校などへの流通網を持っていないと衰退傾向．消費者も品揃えの豊富な大型量販店で購入する傾向になっている	
新しいあの海外のグッズがいまほしい	見る・表す	地域のスポーツ店では取り扱っていなかったりし，入手が困難だったりする	
プロの試合がもっと見たい，高度なスポーツが見たい	見る・語る	国内のプロレベル，競技レベルが，海外と比べて低い	

ツ需給との認識のギャップを埋めていくためには,どのような潜在需要の掘り起こしが必要であろうか。人びとのスポーツとの関わり希望を,「気持ちやニュアンス」の視点と,「する」「交わる」「支える」「関わる」「見る」「語る」「読む」「表す」などの動詞句で表される「行動」の視点から,想定される行動をできるだけ抽出し,その需要と現状の環境とのギャップを検討することによって,潜在需要の掘り出しをしてみることが,意外にシンプルで有効かもしれない。たとえば"スポーツに関わることで何かボランティアをしたい"という利用者のスポーツ需要があるとすると,現状のプログラム提供状況から,"(例)スポーツボランティアのシステムが構築されていない"を明示して,対策方法"(例)スポーツ支援への興味・関心を汲み取り,技術や能力を生かす場と,そのサポ

潜在需要の掘り出し方法	
解決策	提案
施設の運営や責任組織を柔軟にし,民間とのジョイントによる公共施設の運営を可能にし,利用時間帯の拡大化と,負担の分担をはかる	施設運用方法の見直し
施設利用状況の全国統一オンライン化によってアクセスの簡便化・施設利用の効率化をはかる	情報ネットワークとデータベースの構築と効率的運用方法の開発
地域主義的な施設運用の見直しによって,より容易な施設利用になるように見直す	施設運用方法の見直し
享受者の身体的・精神的・生活環境などの多様な状況に応じて対応できるプログラム開発を行う	プログラムアドバイザーの開発
マルチタイプのプログラムの提供によって,気軽に参加できるようにする	マルチプログラムの開発,場の開発
マルチタイプのプログラムの提供によって,多面的なスポーツへの興味関心を喚起できるようにする	ジョイントプログラム,マルチプログラムの開発,場の開発
多様な時間のプログラム・場所の提供,および仲間づくりサポートプログラムの提供によって,安心して楽しめるスポーツ仲間をつくることができるようにする	コミュニティスポーツネットワークの構築
いつでも興味・関心が似ている仲間と情報交換できる場を促進し,情報網の整備を行う	コミュニティスポーツネットワークの構築
スポーツ支援への興味・関心を汲み取り,技術や能力を生かす場と,そのサポートや関わりを求めている人や団体を掘り起こすシステムづくりをはかっていく	スポーツボランティアネットワークの構築
ケーブルテレビ,インターネット,メールマガジン,ファックスによる頻繁な情報提供によってリアルタイムでほしい情報が入手できるようにする	情報発信方法の多様化
情報の収集・提供する情報網を確立し,情報発信基地をもうけて,継続的に情報を発信する	スポーツ情報ネットワークの開発
指導者の地位の確立と,実質的に指導者を活用するシステムの構築	スポーツ指導員の有効的なマネジメント方法の開発と指導者ネットワークの構築
自由に意見がいえるような環境づくり・組織づくりをはかっていく	開かれた組織機構の見直し
各社の情報の相互交換と活性化	流通のネットワーク化と活性化
スポーツ店が地域のスポーツ享受のコアになるような機能を持つ工夫とシステムを構築する。地域外からも評価を受けるような,特色ある店づくりをもはかっていく	小売店機能の開発
インターネットや海外とのグローバル化を考えて,ニーズに応える流通網の開発を行っていく	流通の簡素化と効率化
国内の競技レベルを向上させて,「見る」スポーツを活性化させる	スポーツの高度化支援政策

ートや関わりを求めている人や団体を掘り起こすシステムづくりをはかっていく"，施策提案としては"スポーツボランティアネットワークの構築"というように展開する．1人ひとりの小さな希望を収集して，集計・分析してみるとスポーツの言葉の端々にニッチなスポーツ計画の構成要素を発見できそうである．多様な潜在需要を顕在化するということは，全体としての人間像やスポーツのあるべき姿のイメージをもって，人の自然な心を読み取っていくものかもしれない（表3）．

(2) 多様なライフステージに対応するスポーツビジョンづくりにあたって

以上のように大分県と日本体育協会のスポーツビジョンづくりを概観し，潜在ニーズの掘り起こしの可能性について触れてみた．

21世紀のスポーツニーズはもっと複雑に多様化するであろう．その点で，長期的な立場からビジョンをつくっていくことはとても容易なことではない．しかしながら，"魅力的なスポーツ人間像"をビジョンしてイメージできるなら，ITの力を上手に借りたスポーツ情報ネットワークを構築し，情報収集や情報提供のていねいな繰り返しの中で，具体的な方策が見つかる可能性は高い．「地域の中」「自然の中」「都市の中」などの場の中で，同時に場"同士"の活発な交流を促しながら，身近でかつ理想的なスポーツ需要を掘り起こし，21世紀に対応する課題解決をはかっていくことができよう．

近代スポーツの可能性と限界をふまえ，21世紀の新しい人間像とスポーツ享受イメージをどのように持つか，それがスポーツビジョンづくりのキーコンセプトといえるだろう．

（矢島ますみ）

【引用・参考文献】

1) 平成11年度　日本体育協会スポーツ医・科学研究報告「No. VI　生涯スポーツの振興方策に関する調査研究—第一報—」，㈶日本体育協会，2000．pp.111.
2) 平成12年度　日本体育協会スポーツ医・科学研究報告「No. VI　生涯スポーツの振興方策に関する調査研究—第二報—」，㈶日本体育協会，2001．pp.119.
3) 平成13年度　日本体育協会スポーツ医・科学研究報告「No. V　生涯スポーツの振興方策に関する調査研究—第三報—」，㈶日本体育協会，2002．pp145.
4) 平成13年度　日本体育協会スポーツ医・科学研究報告「No. V　生涯スポーツの振興方策に関する調査研究—第三報—」，㈶日本体育協会，2002．p.89.
5) 同掲書2），p.144.

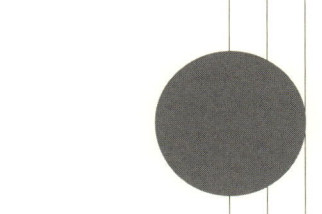

第2章
諸外国のスポーツライフスタイル

第1節

エコ・スポーツを中心とした
ニュージーランドのスポーツライフスタイル

1. はじめに

　ニュージーランドは，南太平洋に位置する島国で，日本とほぼ同じ緯度にある。国土面積は，日本の約72％，人口は約380万人で日本の3％程度である。

　ニュージーランドでは，1987年，当時のロンギ首相が率いる労働党政府により，大胆な経済改革，行政改革が断行された。具体的には，物価，金利，賃金の統制廃止，農作物補助金の全面的廃止，通信・金融・運輸・石油・ガスなどの分野の規制緩和，各種国営事業の民営化などである。その後，1990年に政権を引き継いだ国民党政府もこれを継続し，公務員の大幅な人員削減，政府財政の透明性の拡大，輸入規制の撤廃，民営化によるサービスの向上などの施策を行った。

　しかしながら，1999年に政権を奪回した労働党・アライアンス党連立政権は，国民党政府が進めてきた経済自由化・規制緩和政策の行き過ぎを是正して，民営化の中断，輸入関税引き下げ計画の5年間延期，民営化された労災保険（ACC）やニュージーランド航空（ANZ）を政府が所管することとしたため，これまでの経済自由化，規制緩和に逆行するとの声も出始めている。

　国民のスポーツ振興施策についても，以前は政府が中心となって行われてきたが，行政改革の流れの中で，現在は，独立行政法人やトラストといった非営利団体が中心となって行っている。

2. ニュージーランドにおけるスポーツ振興

2001年1月,中央教育審議会より,グラハム・レポート(The Graham report)が政府に提出され,ヒラリー・コミッション(Hillary Commission),ニュージーランド・スポーツ財団(New Zealand Sports Foundation),そしてツーリズム・スポーツ(the sport policy arm of the Office of Tourism and Sport)の機能を統合して新しい機関を設立する動きがみられ,2002年2月にスポーツ&レクリエーション・ニュージーランド(Sport and Recreation New Zealand),通称SPARCが誕生した。

(1) SPARCの使命と活動

SPARCは,ニュージーランド国民のライフスタイルが,より楽しく,より活動的になるように,学校,スポーツクラブ,競技団体,スポーツトラストなどと連携・協力することによって,さまざまな活動を展開している。

現在,SPARCは首都ウェリントンに事務局を置き,政府から任命された9人のコミッショナー(理事)とスタッフにより構成され,スポーツ&レクリエーションのあらゆる分野の普及振興を目的とした各種事業を展開している。2004〜2005年度の収支決算は7,417万NZ$であり,このうちの39%はニュージーランド宝くじの収益金(NZ Lottery Grants Board),51%はスポーツ&レクリエーション交付基金(Vote Funding Sport & Recreation)が充当されている。

組織は,パフォーマンス(Performance)とパーティシペーション(Participation)の二つの運営部門がある。前者は,エリートスポーツと呼ばれる高いレベルの選手とコーチを支援する部門で,ニュージーランド・アカデミー・オブ・スポーツ(the New Zealand Academy of Sport)と連携して行うものである。後者は,地域のコミュニティや学校と連携を持ち,スポーツやレクリエーションの活動を支援する部門である。

(2) SPARCの主な事業

❶青少年期のスポーツ活動支援
① アクティブムーブメント:5歳までの子どもを対象にした心身の発達に適し

た運動や身体活動の支援
② アクティブスクール：小学校期の児童を対象とした身体活動の支援
③ スポーツフィット：中学校期の生徒，教師，スポーツ関係者を対象とした身体活動の支援

❷競技力向上の支援

ニュージーランド・アカデミー・オブ・スポーツやナショナル・スポーツ・オーガニゼーションと連携し20の種目を支援している。

❸指導者やボランティアの育成支援

①乳幼児から成人まで年齢別，競技レベル別に8つのコーチの指導段階を示し，それぞれの活動に応じた指導ができる養成制度の整備
②地域スポーツトラスト（Regional Sports Trusts）と連携し，コーチをレベル1～3と障がい者の段階に分けて指導者の養成
③コーチ・コープという一般企業に勤めている人を対象とした指導者養成プログラム

(3) 地域スポーツトラスト

全国に17ヶ所設置されており，SPARCから委託された事業の実施や地域性を生かした独自のプログラムを開発，実施している。

①スポーツクラブ，各種目別協会の支援

地域のスポーツクラブや種目別協会が組織を効率よく運営できるようにアドバイスを行う。

②ボランティアのコーディネート

ボランティアの動機づけと意欲を高めるために，さまざまな研修会を開催し，充実したボランティアライフを提案している。

③ジュニアスポーツ推進

幼児期から，できるだけ多くのスポーツを体験することができるように，さまざまなプログラムを提供している。また，学校教員を対象とした研修会の開催や放課後のスポーツ活動への指導者派遣，休日プログラムなど，学校スポーツとの連携をはかっている。

④中・高校生スポーツの推進

体育（週2時間）以外の学校内スポーツを担当するスポーツコーディネータ

ーを派遣し，学校と地域スポーツクラブの連携を深めている。

⑤アクティブ・リビング

　大人を対象とした健康推進プログラム。レジャーセンター，医師，公共スポーツ施設などと連携をはかり，運動処方プログラム[注1)]やスポーツイベント，健康や栄養に関するセミナー，ストレスマネジメントプログラムなどを実施している。

⑥障がい者プログラム

　身体障がい者，視覚・聴覚障がい者，知的障がい者を対象に，健常者と障がい者が共にプレーする環境を提供している。

⑦マオリ族への健康づくりプログラム

　先住民族であるマオリ人の平均寿命が短いことから，健康的なライフスタイルへの啓発を目的としたプログラムを提供している。

⑧スポーツアワード

　年に一度，各地域で選出された選手，コーチ，審判，ボランティアなどを夕食会に招待し，表彰する。

(4) 地域スポーツクラブ

　ニュージーランドのクラブは，単一種目・多世代型のクラブがほとんどである。約15,000のクラブがさまざまなスポーツ種目を提供している。会員制による子どもから大人まで幅広い年齢層の会員を有し，一貫指導が実現されている。多くのクラブはボランティアに支えられており，ボランティアなしでは草の根レベルのスポーツは成り立たない。クラブは会費やスポンサーシップなどの獲得により独自に運営されている。また，クラブは地区の各種目別協会に属し，地区大会などに出場する。さらに地区大会で優秀な成績を残したチームはトップレベルの集まる全国レベルの大会に出場する。

(5) レジャーセンター（公共スポーツ施設）

　レジャーセンターは，公共のスポーツ施設で体育館，フィットネスジム，エアロビクススタジオ，プール，多目的ホール，ショップ，喫茶などを備えた複合型のスポーツ施設である。地区行政が所有（建設費の負担，建物・土地の所有）しているが，自主運営している。ビジターも利用可能だが，会員制が基本であ

る。会費は自主運営の重要な要素である。また，各センターは独自のプログラムを提供し，地域住民のニーズに応えている。運営，維持費の一部は行政が負担しているケースもあるが，経営が良好な施設は，ほとんど自前で運営・維持費を捻出している。

(6) ニュージーランドのスポーツビジョン

2001年のグラハム・レポート「Getting Set for an Active Nation」の中に示された，25年後のニュージーランドにおけるスポーツ・レクリエーションのあるべき姿を整理してみた。

① あらゆる形態の身体活動に参加することは，すべてのニュージーランド人にとって，奪うことのできない権利である。

② スポーツ・レクリエーションは，個々人の健康や生活の質および自尊心を高める上で，あるいはコミュニティや社会関係を育てる上で，欠かすことのできないものである。

③ 人びとがスポーツやレクリエーションから意義のある恩恵を受けることは，どの自治体にとっても，政策上とても重要なことだと位置づけている。

④ ニュージーランドが，世界的に優れたスポーツ国家として存在するためには，官民双方からの支援，および指導により，スポーツを統括し，集中的に計画を進めることが要求される。

⑤ ニュージーランドのスポーツやレクリエーション分野における，将来についての見通しはどれも，中央政府による統合的，かつ協力的な基準をもとにしつつ，教育，行政，管理，司法，健康および地方自治体などあらゆる角度からの視点も通して立てられるべきである。

⑥ 政府は，スポーツやレクリエーションのための指導者を養成する義務がある。この指導者は，スポーツ・レクリエーション組織および地方自治体と連携して，実践の場を踏まえて研修を受けるべきである。

⑦ すべての子どもは，教育カリキュラムの中でスポーツ・レクリエーションの基礎を学ぶべきである。その具体的な項目としては，基礎的な動き，野外体験，自己表現の楽しさ，チームワーク，技能の向上，人格形成，楽しさ，競うことの大切さ，上のレベルをめざすことの重要性などがあげられる。

⑧ スポーツやレクリエーション分野に関連した機関は，その方針や業務を遂行

するどの段階においても，ワイタンギ条約[注2]（二水会，2000）に基づき実行しなければならない。

⑨スポーツやレクリエーションには，人種によっても，さまざまな違った様相が見えるかもしれない。

⑩スポーツやレクリエーションは，広く多様な歴史的背景や，個々のルーツや文化の中に存在する社会的な違いを埋める橋渡しの役目を果たす手段である。

⑪個人や家族会員，学校教員，インストラクター，コーチ，クラブの経営者や事務局スタッフ，スクールやコミュニティグループといったあらゆる人びとからなる，しっかりしたボランティア組織こそが，すべてのニュージーランドの人びとが，将来，娯楽やスポーツの楽しさを味わうために，絶対必要なのである。

⑫スポーツやレクリエーションをする機会は，どの地域に住む人であっても，費用やアクセス面での過度な負担を強いられることなく，平等に与えられるべきである。

⑬安全確認と責務の遂行は，スポーツとレクリエーションを円滑に行うために必要なことである。

⑭スポーツやレクリエーションへの関わり合いは，参加者のあらゆる年齢やレベルの人びとの経験を通じて，絶え間なく進めるべきである。

⑮スポーツやレクリエーションが，芸術や文化と比べ，価値が上か下かといったことを議論することは，本質的に意味のないことである。それよりもむしろ，ニュージーランド市民がよりよく生きるためには，どちらも必要なのだということを認識することが重要である。

⑯組織化されたスポーツへの参加は，とりわけトップレベルにおいても，競争を受け入れ，より優れたものをめざして熱心に励むことを受け入れさせる。

⑰一方，組織化されていないスポーツ・レクリエーションへの参加は，さまざまな動機づけの効果があるものと思われる。たとえば，体力の向上や健康面の効果，競い合ったり，目標を達成したりすることで得られる充実感，いろいろな人と交流することを通して学ぶ人間関係，一個人として，あるいはグループの一員として自分の考えを述べたりすることで得られる満足感など，多くの楽しみが期待できる。

3. エコロジカルスポーツを中心としたライフスタイルに関するインタビュー調査

(1) 調査の概要

エコロジカルスポーツ[注3]を中心としたスポーツライフスタイルを調査するために，ニュージーランドを対象国とし，南島の中堅都市ダニーデン（Dunedin City）と観光地で著名なクイーンズタウン湖地区（Queenstown Lakes District）を対象地域とした。ダニーデンでは一般都市住民のエコロジカルスポーツ愛好者を，クイーンズタウンではエコロジカルスポーツのメッカに居住する愛好者を対象とした調査を行った。

①調査期間：2001年3月18日～20日
②調査地域：ニュージーランド・オタゴ州ダニーデン市およびクイーンズタウン
③調査内容：フェースシート（年齢，職業，生活時間，家族構成，居住環境など），スポーツライフ（スポーツキャリアと技能，クラブ所属，活動状況など），ライフスタイル（衣食住の好み，余暇と仕事，生活の満足感,地域貢献など），その他（社会的環境的条件，要望など）

(2) ダニーデン市

❶ダニーデン市の概要

ダニーデン市は，クライストチャーチから南へ360 km，オタゴ地域の中心都市である。人口は約12万人で南島ではクライストチャーチについで2番目に人口の多い都市であり，ニュージーランド全体では第5位の人口を持つ市である。

❷インタビュー調査概要

Aさん（20歳・女性）

クライストチャーチ出身。現在オタゴ大学で physical Education & Commerce 専攻。小さいときはテニス，ネットボール。中学ぐらいからはバスケットボール。16歳ごろから母の影響でカヤック（シーカヤックも）を始める。夏休みは毎日のようにやっていて，たまに試合にも出る。マルチスポーツ[注4]も行っている。

バレーボールを週2回とネットボールを週3回やっている。また，ネットボールは，13歳のクラスのコーチをボランティアでやっている。ジムにも週3回ほど通っている。スポーツのよさは自然と触れ合ったり，親と一緒にいたりなどエンジョイできるところ。チームスポーツには教育的意義があると思う。どんなものでも上手になりたいと思いながらやっている。テレビは1日に1時間ぐらい見る。スポーツはラグビーを見るぐらい。ファッションや音楽にも興味はある。マスコミには女性のほうが影響を受けやすいと思う。生活は大変満足している。

Bさん（23歳・男性）

ダニーデン出身。15歳ごろからラグビーを始める。現在は学校のクラブで行っている。16，17歳まではクリケットも行っていた。現在マルチスポーツのクラブに加入，会費は年35NZ＄である。シーズンごとにスポーツを楽しんでいる。夏はウインドサーフィン，冬はスキー，スノーボードなど。パラグライダーやバンジージャンプはお金がかかるのでやらない。ラグビーのようなスポーツはスキルが重要で，エコスポーツは精神力，集中力が必要となる。これからは（自分は）エコスポーツに傾いていくだろうと思う。スポーツは楽しみ，友達と健康をもたらしてくれる。マスコミや行政はもう少しエコスポーツに目を向けてほしいと思う。自然はどう使うかがポイントなので，汚したり破壊したりはしない。テレビはSky-TVでスポーツを見る。アメリカのテレビドラマも好きで見ている。雑誌はサイクリング，マルチスポーツのものを読んでいる。生活，スポーツには満足している。地域との関係では，ゴミ掃除をするぐらいである。

Cさん（35歳・男性）

もともと水泳をやっていたことから，ライフセービングを始め，ニュージーランド代表に。トライアスロンのウェリントン・チャンピオン。サッカー，テニスなどを経験。現在ではカヤックを中心に活動。1994年にシーカヤックのインストラクションを行うWild Earthを立ち上げるが，ツーリズムの仕事が多くなったために1999年に正式に会社組織に。シーカヤックはまさしく「Wild Life」であって，したことがない経験をすることができる，自然の恵みを感じられる，教育的要素があるというよさを持っていると考えている。このことを感じさせることが会社の責任でもあり，「好き」だけではできなくなってきた。

エコスポーツは，ビジネスになることでコマーシャリズムになりすぎる心配はあるが，その心配をずっと心にとどめておけば大丈夫。また，指導に関して，資格は必要だがそれだけでは十分ではなく，経験が必要だと考えている。

Dさん（29歳・男性）

ハミルトン出身。4歳からラグビーを始めエリア代表に。農家だったので，乗馬，シューティング，トランピング注5)などを行っていた。他に，バスケットボール，スカッシュ，フィッシング，MTB，ロードレース，トラックサイクリング，トライアスロン，パドリング，カヌーポロなどを経験。もともとアウトドアが好きなのと，それを人と分かち合いたいと思い，オタゴ大，専門学校で Mountain Leadership を学び，現在では，Environment Educator の仕事をしている。環境についてはニュージーランドでは高校でアウトドア・エデュケーション科目があり，ロー・インパクト・キャンプ注6)を行う。教育すれば環境破壊も心配ないと思う。テレビは，見る習慣がないし，ここ5年は持ってもいない。"TV is evil for young people." スポーツのライブ観戦はよく行く。特にマルチスポーツは宣伝にもなるので。生活自体はハイクオリティだと感じている。

Eさん（52歳・男性）

イングランド生まれで，妻と26,23,21歳の3人の娘がいる。最初はラグビー，クリケットと陸上（中距離）をやっていた。その後，ヨット，セイリング，カヤックなど水のスポーツに親しむようになった。現在ではマルチスポーツを主に行っていて，毎週末に友人とトレーニングをこなし，年に3回ほど大会にも参加。この歳になって，ゆっくりと長いレースができるようになってきた。自分の判断で自分の身体を正しく使うことができるようになってきたと感じている。ヨットクラブ（年100NZ＄）とカヤッククラブ（年60 NZ＄）に入っているがクラブのみんなで何かするというようなことはない。現在の生活は，経済的には満足しているが，フリータイムがもう少しほしい。地域活動としては，学校の評議委員をやったりロータリークラブにいたりした。仕事とレジャーはバランスを取ることが非常に重要。エコスポーツによる環境破壊は，やる人が増えれば少しはあると思うが，ニュージーランドは人口が少ないのでそこまでいかないのではないかと思う。自然を守るのも大事だが，人間を守るのも大事。自分をどうやって守ったらよいかという教育をしていくことが，自然を守るこ

とにもつながるのではないか。

Fさん（47歳・男性）

南ダニーデン生まれ。オタゴ大学を卒業してウール，ラムスキンの輸出業。13〜18歳で，クリケット，ラグビー，ソフトボールを経験。オタゴ大に入学後，同じフラットに住んでいた人がみんなアクティブだったため，トランピング，deerハンティング，スキューバダイビング，セイリングなどのアウトドアスポーツを行うようになった。10年ほど前からセイリング中心に。これまでの経験を生かせるところが魅力的。より知的なチームスポーツといったところ。セイリングではオタゴのヨットクラブに加入。ヨットを持っていることがメンバーになる条件で，ファミリーメンバーシップだが男の人がほとんど。年間では去年は5,000 NZ＄ぐらいかかった。ゴルフもメンバー（年間440 NZ＄）になっている。仕事はもちろん重要（スポーツをするために）で，今の仕事にも満足している。セイリングがはじめてやったコンペティティブな競技で，ニュージーランドチャンピオンでなるまでやりたいと思っている。

Gさん（20歳・男性）

オアマル出身。オタゴ大で地理学を専攻。ラグビー，バスケットボールをやっていたが，大学に入ってロッククライミングを始める。多いときでは週に2〜3回実際に登りに行く。マウントクックなどにヘリで行くのでは，5人で行って1人40 NZ＄ぐらいで行ける。ふだんは，クライミングジム（月26 NZ＄）に週2〜3回行きトレーニングをしている。バスケットボールは今でも冬にやっている。今のところお金は自分の中で大きな位置を占めていない。スポーツをしたりするお金は，スチューデントローンやアルバイト（時給約10 NZ＄）で賄っている。歳をとったらロッククライミングはできないと思うが，ウォーキングなど，何らかのスポーツには関わっていると思う。

Hさん（20歳・男性）

オタゴ大でコンピュータサイエンスを専攻。BMXをやっていたが，大きな大会が休みになく，つづけられなくなった。ロッククライミングは友達がやっていて誘われて始めた。ロッククライミングの体力はロッククライミングでしかつかないのでジムには通わない。他のことを考えずに集中できるところ，登り終わったあとの幸福感がいい。ライブバンドを見に行ったり，大学内のパブに友達と行くが，そういうライフスタイルは少し飽きてきた。今までの資格な

どの勉強をつづけるがその仕事につくかはわからない。ロッククライミングが上手くなれば，ガイドはいいライフスタイルだと思う。ただ将来のことはほとんど考えていない。若いうちにいろんな国へ行きたいと思う。

❸ダニーデン市におけるスポーツライフスタイル

　海の近くだからマリンスポーツ，山の近くだから山のスポーツを楽しむといったことがごく当たり前に行われている。季節についても同様。また，楽しみ方，スポーツとの向き合い方も年齢や体力とともに柔軟に変えていくことがごく自然に行われている。

　経済面での不満を口にするものはなかった。学生にしても「使える範囲内でいかに楽しむか」というスタイルをとっているため，年齢相応のライフスタイルがあり，また，ほとんどが現状に満足している。自分のやりたいことがいつまでもできるよう，経済面にしても，環境にしても，今ある資源を活かすという発想が浸透している。決して無理をしたり，背伸びをせず，自分で自分がやったことの責任をとれるという考え方に支えられているといってよいだろう。

(3) クイーンズタウン

❶クイーンズタウンの概要

　クイーンズタウン湖地区は，南島南部，Ｓ字型をしたワカティプ湖の北側に面している地区であり，サザンアルプスの山並に抱かれた美しい町である。名前の由来は，ゴールドラッシュに沸いたころ，金を掘りにやってきた男たちが，"女王の住む町"と名づけたことに由来するという。クイーンズタウン湖地区はニュージーランドの中でも，人気の高い町として賑わいをみせており，ラフティングやジェットボード，バンジージャンプなどが通年で楽しめるほか，冬にはスキーも人気が高い。

❷インタビュー調査概要

　Ｉさん（24歳・女性）

　フィジオセラピスト（週30時間），スポーツショップ勤務。小さいころ体操をしていたが，ケガをしてやめた。その6ヶ月後に親が自転車を買ってくれたため，マウンテンバイク（MTB）を始める。最初はレースに出ていたが，18歳ぐらいでレースはもういいと思った。現在は，トランピング，山登りに集中。近いうちにヒマラヤに行く予定。ふだんは，バイクは1人で，トランピング，

クライミングは友人と行っている。クイーンズタウンに来たのも，ここが（ライフスタイルも含めて）好きだから。自然の中に入るのが教会に行く代わりになっている。ニュージーランドの多くの人は自然に感謝している。だから自然に関わろうとするのだと思う。お金は少し足りない。もう少し働かないといけないと思っているので，二つやっている。ただ，仕事に対しての満足感はある。テレビなどは1週間に1時間見る程度。

Jさん（27歳・女性）

オークランド生まれ。ホテルでPR，カスタマーリサーチなどの仕事をしている。5月からは仕事をやめてフィジーにボランティアで行く予定（エコツーリズムプロジェクト：ニュージーランドがフィジーを援助して，森林伐採をストップさせたり，ガイドをつけたウォーキングを行ったりする）。兄がラグビー，姉がクリケットをやっていたが，兄弟とは違うことをしたかったので，テコンドーを始めた。乗馬は自分の馬がいたので毎日やっていた。大学に行ってからバイクとランニングをするようになった。このころからマルチスポーツを始め，クイーンズタウンにはじめて訪れたが，マルチスポーツにとてもいい環境だった。現在は，スポーツに年2,000〜4,000 NZ＄使っている。ライフスタイルなので，このために何かを削るようなことはしていない。お金と時間があればスカイスポーツもやってみたい。スポーツは達成感を感じられるところがいい。あとは人とのつながりを持てるところ。テレビは持っていない。情報は，スポーツショップと（マルチスポーツの）ネットワークから。将来的にはアウトドアのパーソナルトレーナーをやりたい。できれば会社をおこして。仕事をやめることに不安はない。

Kさん（34歳・女性）

アレキサンドラ出身。オフィスマネージャー。ウェディングコーディネーターもしている。7歳から陸上，ネットボールを始め，ネットボールではニュージーランド代表クラスに。ネットボールは今でもつづけている。ソフトボールもやっていて，現在，子どものコーチをしている。ダニーデンのクラブに所属（年50 NZ＄）し，オリエンテーリングレースなどをやっている。サザントラバースのクルーにもなった。オリエンテーリングは50代ぐらいの人が多いインテレクチュアルなスポーツ。膝が動く間はやりたい。環境破壊に対して，リミットやルールを設けるべきだと思う。自然のメンテナンスが大変になってタダ

だったもの（山に入るなど）にお金が必要になってきている。最近 Sky-Sports を入れ，ラグビーなどをよく見ている。スポーツは見るのもやるのもどっちも好き。情報はショップで発行しているマガジンから仕入れることが多い。後はインターネットなどで。

Lさん（28歳・女性）

オーストラリア，ブリスベーン出身。1976年からクイーンズタウンに。街のインフォメーション勤務。水泳を12,3歳から趣味としてやっていた。ランニングも始めたので，デュアスロンをやるようになった。フィットネスとチャレンジのために始めた。ハングライダーやカヤックは仕事がら紹介するので体験した程度。週に3〜4回トレーニングを行っている。クイーンズタウンには仲間がいっぱいいるのでいつもだれかと一緒にやっている。スポーツの意義は，今は，自分への挑戦が一番。環境に関しては，クイーンズタウンでは，よくオーガナイズされているのでまだ大きなインパクトはないと思う。それに多くの人は自然に畏敬の念を持っているから大丈夫だと思う。スポーツ以外には，焼き物や石の彫刻などもしている。長い休みにはただリラックスする。給料はもっともらっていいと思うけどまずまず。小学校の先生になりたいので通信教育で勉強中。

Mさん（31歳・男性）

ギスボーン生まれ。ショップ「OUTDOORSPORTS」の販売マネージャー。10歳から競泳を始めるが14歳でやめる。1987年にライフセービングでU-18ニュージーランド代表。渓流カヤッキングでもU-18ニュージーランド代表。大学に入ってクイーンズタウンを訪れ，スキーなどをやってから山が好きになった。現在はマルチスポーツを。サザントラバース[注7)]やエコチャレンジ，マウンテン・ランなどを行っている。今年はニュージーランド縦断レース（約2,500kmを28日間かけて行う）に出る予定。アウトドア，エコスポーツは人が増えてきたので，エリアによっては許可をするなどしなければならないと思う。いちおう，ミニマム・インパクトで行われるようコントロールはされている。今の仕事には満足している。年収は 45,000NZ$ でちょっと多いほうだと思う。とにかく自分にとって楽しくやること。仕事は，大切なものなので，つまらなければ変えるべき。

Nさん（46歳・女性）

不動産のセールスマネージメント。小学校から高校までは学校のクラブ，地域のクラブ両方でラグビーをやっていた。その後，クロスカントリーランニングや山登りをしたが，もっと新しいことにも挑戦したかったので15年ぐらい前からマルチスポーツを始めた。いろいろなものがあって，一つが突出してなくてもいいというのが気に入っている。1回1〜2時間の練習を週に5〜6日やっている。スポーツは健康にいい。あと，若い人に勝ったりすることで，若く感じられたりもする。エコスポーツ参加者は環境に対する認識が高いので，ダメージは小さいと思う。時間を無駄にするのが嫌なので，テレビはあまり観ない。情報はショップから入手する。自分にとってはスペアタイムのほうが重要。仕事も大事だけど，それは人生を十分に楽しめるようにするための手段。今は年収70,000〜90,000NZ＄で，多すぎる！家も十分いいし，生活には満足している。

Oさん（27歳・男性）

イングランド・マンチェスター近くで生まれる。山が好きなのとライフスタイルに合っているため2年半前にクイーンズタウンに移住した。小売りのセールスマネージャー。15歳からMTBを始め，大学ではクラブをつくり，チャンピオンシップもとった。ニュージーランドに来てからオリエンテーリングなど時間の長いものもやった。他は，サイクリング，ロードバイクなど。1回2時間で週に5〜6日。達成感を求めてやっている（このインタビューの2週間後から2か月マカルーンの無酸素登頂に出かける予定だった）。エベレストにもいつか行きたい。リスクの高いものはアドレナリンが出て，チャレンジしたくなる。情報はほとんどインターネットで。特に天気は。マンチェスターユナイテッドは特に気にしている。ここは，（スポーツをするのに）アクセスがいいし，階級もなくみんなリラックスしている。ニュージーランドはエコスポーツに関して世界的にリードしているけれど，これは広がっていくと思う。今の給料は18NZ＄/時間。現在の生活をイングランドでしようと思ったら50万ポンド必要である。

Pさん（38歳・男性）

タスマニア生まれ。シャーマンを信じている。キリスト教，ヒンドゥー教，仏教も知っている。現在は観光業。ラグビー，ボート，陸上を経験。ラグビー

では地区代表になり奨学金をもらった。それらはケガでやめたが，おかげで，ラフティング，パラポンティング，バンジー，スキューバダイビングなどを経験。現在ではバンジーを仕事としている。バンジーの魅力は，自分への挑戦，他の人のためなどいろいろあり，これまでに9万人ぐらい飛ばせてきたけれど未だによくわからない。危険なこともあるが，リスクマネジメントをきちんとすれば，道を歩くより安全。現在の年収は55,000 NZ＄。仕事におけるストレスと照らし合わせて70,000 NZ＄はほしいと思うが，額そのものに不満はない。あったらやめている。今はレジャータイムが少ない。ツーリズムの要求から仕事が忙しすぎる。自分にとっての生活の豊かさとは自然を楽しむ，あるいは自然を感じること。そのクオリティが保てると思ってクイーンズタウンに来たが，最近はクイーンズタウンもちょっと変わってきた。

❸クイーンズタウンにおけるスポーツライフスタイル

やりたいことをやるために仕事や収入は必要でどちらかが重要というものではないというとらえ方が強く，仕事をかけもちしたり，何か目的のためにやめたり，転職することは当然のことと認識している。多くは，生活にはほぼ満足しているという答えが返ってきた。スポーツではステップアップをめざしているが，仕事では，上昇志向というよりもそのときどきに望ましいライフスタイル実現のために「変わる」という感覚が強いといっていいだろう。

4．ニュージーランドにおけるスポーツライフスタイル

本稿では，自然をフィールドとするスポーツ，エコ・スポーツに着目し，ニュージーランド人のスポーツライフスタイルの特徴を明らかにすることを試みた。

①あくせくと働かず，自分の生活を楽しむために時間を使い，心豊かに過ごす。

ニュージーランドでは，日本に比べそれほど所得は高くないものの，物価も安いため，がむしゃらに働かなくても十分に食べていくことができる。したがって，あくせずと働かず，自分の生活を楽しむために時間を使い，心豊かに過ごすというスタイルが一般的である。しかし，社会的な競争・野心が少ない代わりに，スポーツに対してはとてもアクティブであり，スポーツを通して自然にチャレンジする姿がとても印象的であった。

②小さいときからいろいろな種目を経験している。

　青少年期までは，多様な競技スポーツに取り組んでいた人が，成人期にエコ・スポーツに向かう傾向が見られる。たとえば，若い時にニュージーランド代表だった人が引退後にアドベンチャースポーツやマリンスポーツに取り組むなど，あまり特定の種目に固執していないようだ。美しいフィールドの大自然の中で，マウンテンバイク，トランピング，カヌー，ランニング，ヨットなど，多種多様なスポーツを楽しんでいる。

③自然と一体となる，環境と一体となるスタイルが主流である。

　すべてにおいて自然体であり，何かを変えようとするのではなく，その中の一部になろうという姿勢がうかがえる。身近な場所で，いまあるお金で，持っている物で楽しめればいい。無理して用具を備えるようなことはしない。

　また，スポーツと環境の問題を考えてみた場合，①利用することによる破壊，②廃棄物による破壊，③「捕る，採る，取る」ことによる破壊など，世界的な問題になっている。しかし，ニュージーランドでは，環境リテラシーの考え方がスポーツやレジャー活動に行きとどいているように思えた。自然に対するマオリ族の考えが，やがてこの国に住む多くの人びとに広がり，自然保護活動につながっていったと思われる。

　「この自然の中に置いてきていいもの，それはあなたの足跡である」（エドモンド・ヒラリー卿〈ニュージーランド・オークランド生まれ〉の自叙伝より）

　なお，ダニーデンとクイーンズタウンを対象としたインタビュー調査は，麻生征宏氏の報告（平成13年度日本体育協会スポーツ医・科学研究報告 No.Ⅴ生涯スポーツの振興方策に関する調査研究, 2002年3月, pp101-109）がもとになっている。

(黒須　充)

【注】
1) 緑の処方せん（Green prescription）：医者の診断書により，患者の症状改善に運動が必要ということになれば，地域スポーツトラストの下で運動を行うプログラム。
2) ワイタンギ条約：先住民マオリ族とニュージーランドに入植したヨーロッパ人の間で取り交わされた条約であり，お互いを尊重することが明文化されている。
3) エコロジカルスポーツ：自然の中で環境に配慮しながら行うスポーツ。

4) マルチスポーツ：厳しい大自然を相手に，睡眠と食事以外はほとんどトレッキング，マウンテンバイク，カヌー，乗馬，ダイビングなど，自然と環境に合わせて用意されたアウトドア種目をこなしながら前進するアドベンチャースポーツである。
5) トランピング：ニュージーランドでは山歩きのことをトランピング P(Tramping) という。日本でなじみのある言葉で言い換えれば，トレッキング（Trekking）もしくはハイキング。
6) ローインパクトキャンプ：自然破壊や環境を汚染しないように工夫したキャンプのこと。自然にやさしいキャンプの意味。「ローインパクト」は「○○にやさしい」という意味に使われている。同義語に「エコキャンプ」がある。
7) ササントラバース：ニュージーランド南島西海岸のホキティカをベースに行われたアドベンチャーレース，「サザントラバース2004」の例をあげれば，トレッキング，マウンテンバイク，カヤックなどを駆使して，全長430kmにわたる5日間通しての過酷なレースである。

【引用・参考文献】
1) オークランド日本貿易懇談会（二水会），2000．『ニュージーランド概要 2000/2001 年度版』．
2) 笹川スポーツ財団，1998．『諸外国におけるスポーツ振興政策についての調査』．
3) 財団法人日本スポーツクラブ協会，1999．『オセアニアのスポーツクラブ』．
4) Hillary Commission, 1999. The Hillary Commission Today, 2000
5) Minister for Sports, Fitness & Leisure, 2001. GETTING SET for an Active Nation.
6) 〈http://www.sparc.org.nz/about-sparc〉

第2節

英国における階級とライフスタイル

1. はじめに―スポーツ発祥の地・英国―

(1) 英国のレジャーとは

　英国人の一般的なレジャーといえば，おおむね家でテレビを見て過ごすこと，音楽鑑賞，映画鑑賞，ガーデニングや親しい人との外食といわれる。英国は，秋から冬は日照時間がとても短く，戸外のレジャー活動に向いている時期はたしかにそうは長くない。1日の天気も変わりやすい。最もよいといわれる季節は5月から7月あたりであり，その時期には120年の歴史を持つチェルシー・フラワーショーが開催されるし，公園にはバラが咲き乱れる。秋を迎えようとする7月中旬～9月中旬には，BBCの音楽フェスティバルであるプロムス（プロムナードコンサート）が開催され，音楽好きな人びとは，お好みのプログラムを探しては足を運ぶ。英国には3,000軒以上の映画館があるというし，劇場も約300軒あって1年中多様なプログラムが上映・上演されているので，日の短くなる秋から冬の薄暗い時期は，映画や劇場を楽しむことも多いのだろう（図1）。

　著名なスポーツイベントも，まさにこのよい時期に集中して開催される。6月には160年

図1　初夏のリージェントパーク（2001.6月撮影）

図2 メリルボーン・クリケットクラブのミュージアム（2001年5月撮影）

以上の歴史を持つヘンリー・ロイヤルレガッタ（Henley Royal Regatta）が開催され，イギリス社交界がかいま見られる1711年より始まった競馬レース（Royal Ascot）が華やかに開催される。6月から7月にかけては，ウインブルドン・テニス・チャンピオンシップス（The Wimbledon Chanpionships）で世界中から多くの観戦客が集まってくる。

"スポーツの発祥の地"といわれる英国は，他にゴルフ，クリケット，フットボール，ラグビーなどの世界に誇れるスポーツを生み出し保持するので，人びとにとっては素晴らしいパフォーマンスをテレビで楽しむ機会もおのずと多くなるのであろう。また，それらの多くのスポーツがゆとりある層から生み出された歴史とプライドは，英国内にある各スポーツミュージアム，たとえば，クリケットではMarylebone Cricket ClubのCricket Museum（Lord's），ゴルフではThe Museum of Golf（St Andrews），テニスはWimbledon Lawn Tennis Museum（Wimbledon）を訪ねればひと目で知ることができる（図2）。

(2) 今は見えぬ英国の階級

英国（United Kingdom of Great Britain and Northern Ireland）は，面積24.3万km^2，日本の約3分の2の大きさである。人口5,923万人（2002年）で，首都ロンドンには人口約719万人（2001年）を抱える国である。

英国には上流階級の生活を表現する言葉として，ノブリスオブリージュ（Noblesse oblige：高貴な身分に生まれついてともなう義務）という言葉があるように，英国には，階級の持つライフスタイルやこだわりがあったことがわかる。現在では制度としての階級は現存していないが，人びとの生活の中にはいぜんとしてその存在をかいま見ることができる。

そもそもイギリスの上流階級とは，封建社会の中で領主であった中世貴族や16世紀に貴族となった新しい貴族たち，世襲貴族に準ずる階級としていわゆ

る「ジェントリ」と呼ばれる大土地所有者や，18世紀以降に資本主義社会の発展の中で，貿易や産業経営の中で財をなした資本家階級が該当するという。18世紀ごろまでは「王室・貴族」と「それ以外」という区分があったというが，18世紀に産業革命が起こると「三つの階級」，つまり，土地所有者である上流階級と中流階級，労働者階級という区分に分かれてくる。18世紀ごろの上流階級は王室・貴族と爵位を持たない土地所有者ジェントリで構成されており，土地の収入を基盤に働かずしても裕福な生活ができた人たちである。当時の人口の2～3％が上流階級に該当し，年収1,000ポンド以上といわれる。中流階級は，産業革命によって台頭した資本家や銀行家などのブルジョアジー，弁護士，医師，教会関係などの専門職の人たちであり，当時の人口の20％，年収300ポンド程度，そして，労働者階級は残りの人口であり，年収100ポンド以下であったという。上流階級の人たちは，生活のために働く必要がないので，ノブリスオブリージュの精神性が重んじられて，「治安判事」「慈善活動」「パトロン」「軍務」，および自分の財と時間を使い社会に貢献する「ボランティア精神」が求められており，多くは国会議員や知事判事職に就任していたといわれる。

　現在では，階級による明確な役割や線引きは緩やかであろうが，彼らがつくってきた伝統と格式は重んじられているのであろう。いわゆる上流階級の人びとのスポーツ享受環境や状況をリサーチしてみようとしても，なかなかその所在や実態をつかむことができない。2001年夏，ロンドン周辺のスポーツ行動調査に，英国人の大学教授を通じて上流階級層へインタビューのアポイントメントをとろうと試みたが，露わにしてもらえない現実があった。一方で最近は，階級とスポーツと若者の関係には徐々に変化が見られてきているようだ。ロンドン郊外にある某大学でオリンピックにおいてよい成果を上げてきたスポーツ学部では，労働階級出身の学生が中・上流階級が主に親しむスポーツ競技でメダルをとり，一方で中流階級の学生がどちらかというと労働階級のスポーツ種目でメダルをとったという話を耳にした[1]。階級やライフスタイルに影響を受けてスポーツはスタイルづけられて発展してきているが，最近は階級の垣根の揺らぎとともに，"強いアスリートを愛でる競技スポーツ志向"の昨今においては，「階級に応じたスポーツ種目の享受」から「適性に応じたスポーツ種目の選択」にスポーツの意味が変化してきているのだろう。

2．最近の英国スポーツ行政とポリシーの概要[2]

(1) 英国スポーツ組織の変化—ブレア政権以後

❶社会的排除と地域環境の再生

　イギリスでは，保守党に代わって労働党が政権を握った1997年以後，行政政策としてソーシャルインクルージョン（Social inclusion 社会的包含）や地域再生への取り組みが始まる。その政策の中でスポーツ活動は，人びとに人気が高く，近隣住民の共同体の再生と活性化などに有効な価値を持っているという視点から，スポーツ活動を通じて低所得者層を地域活動に巻き込み，沈滞した地域再生のための戦略として注目される。スポーツを通じたソーシャルインクルージョンのプログラムは，ここ数年，イギリスをはじめヨーロッパ各地でも実践され成功が認められてきているものである。たとえば，そのよい例では，日本も参加しているホームレスのサッカーのワールドカップ（Homeless Woerld Cup）があるように，低所得者層が社会的プログラムに参加するということによって，仕事に就くという意欲，家を持ちたいという意識や，地域への所属感といった気持ちを創出する機会の提供を行っているのである。

❷英国スポーツ組織の変化

　英国は，イングランド，北アイルランド，スコットランドとウェールズの4つの地域で構成され，スポーツに関する行政機関もそれぞれ独立している。スポーツを司る行政機関として，イングランドは Department for Culture, Media and Sport，北アイルランドは The Department of Culture, Arts and Leisure in Northern Ireland，スコットランドは The Department for Environment, Sport and Culture in Scotland，ウェールズは The Department of Education and Culture in Wales がある。

　各地域には政府から独立的に活動するスポーツカウンシル（Sports Council）があり，イングランドには Sport England（English Sports Council），北アイルランドには The Sports Council for Northern Ireland，スコットランドには Sportscotland，ウェールズには The Sports Council for Wales がある。これらのカウンシルは，スポーツやレクリエーションを企画し，促進し，資金的な援

助の団体としての機能し，国からの資金や「くじスポーツ基金 (National Lottery Sports Fund) を分配する仕事にあたっている。また他に，スポーツとレクリエーション団体，ボランティアのスポーツクラブ，スポーツやレクリエーションをする個人によって構成される民間のスポーツ統括団体である CCPR (The Central Council of Physical Recreation) と，ロイヤルチャーターにもとづく非政府公共機構 (Non-Department Public. Bodies：NDPBs) として 1996 年に創設され，世界的なレベルでのスポーツの成功を目標に関連各団体と連携して運営を行うことを使命とする UK Sport (United Kingdom Sports Council) がある。各組織は，社会変化とともに組織体制や活動方向を変革しながら，それぞれの特徴を活かし，すべての人びとがスポーツ活動に関わることができるように，そして地域的な連帯や活性化および国の繁栄に寄与するように業務を遂行している。

❸イングランドのスポーツ政策

イングランドでスポーツを扱っている行政機関は，2006 年現在，Department for Culture Media and Sport (DCMS) である (1997 年に改組された組織)。この DCMS とともに UK Sport，Sport England や CCPR などがスポーツを促進していく組織として互いにそれぞれの役目を果たしている (図3)。

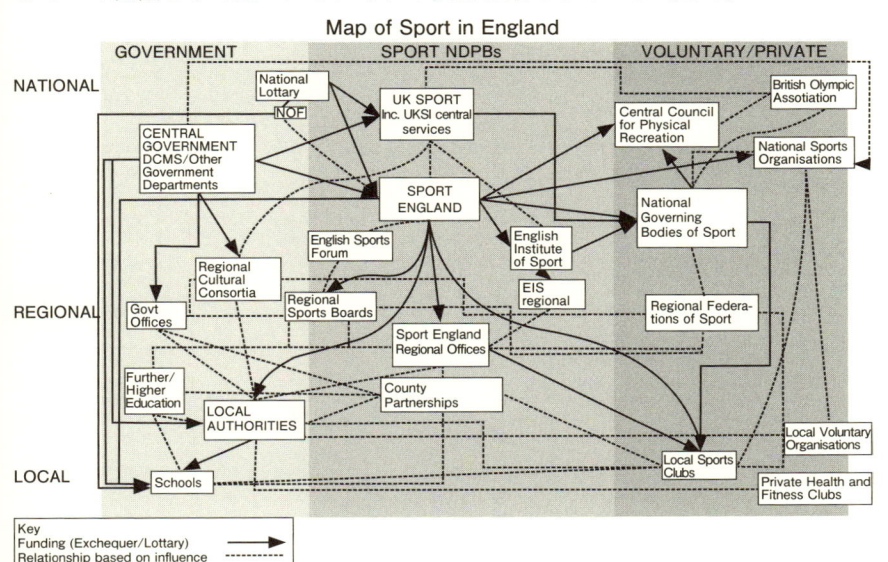

図3 "Game Plan：a strategy for delivering Government's sport and physical activity objectives"
A Joint DCMS/Strategy Unit Report- DECEMBER 2002 から引用掲載

DCMSは，スポーツの発展に健康，教育や共同体や組織のあり方などの視点を含めたアクションプランとして，「Game Plan: a strategy for delivering Government's sport & physical activity objectives」[3]を内閣府諮問委員会(Strategy Unit)とともに2002年12月に練り上げた。スポーツイングランドは2004年，これらのアクションプランの内容を含めながら，"イングランドを2020年までのスポーツ立国"にすべく長期スポーツビジョン「THE FRAMEWORK FOR SPORT IN ENGLAND：MAKING ENGLAND AN ACTIVE AND SUCCESSFUL SPORTING NATION:A VISION FOR 2020」を発表し，政府，地方自治，民間セクター，ボランティアセクターなどの多岐の視点を含んだス

表 1 THE FRAMEWORK FOR SPORT IN ENGLAND：MAKING ENGLAND AN ACTIVE AND SUCCESSFUL SPORTING NATION：A VISION FOR 2020.
(Sport England.The Framework for sport in England より引用加工)

INTENTION	⇒ ANALYSIS ⇒		ACTION ⇒	IMPACT
AIM	THE SEVEN KEY DRIVERS OF CHANGE	THE FIVE SETTINGS FOR CHANG	THE SIX POLICY AREAS FOR CHANGE	THE SEBVEN
AIM To change the culture of sport and physical activity in England in order to increase participation across all social groups leading to improvements in health and other social and economic benefits and providing the basis for progression into higher levels of performance	AGEING POPULATION	HOME（KYE AGEDTS OF CHANG)	PROMOTION AND MARKETING	
	TIME PRESSURE	COMMUNITY CITY-TOWN-COUNTRYS ID（KYE AGEDTS OF CHANG)	KEGISLATION AND REGULATORY CHANGE	IMPROVING LEVELS OF PERFOEMANCE
	WELL-BEING AND OBESITY	WORKPLACE（KYE AGEDTS OF CHANG)	STRUCTURES AND PARTNERSHIPS	WIDENING ACCESS
	LEVEL OF INVESTMENT	HIGHER AND FURTHER EDUCATION（KYE AGEDTS OF CHANG)	INNOVETION AND DELIVERY	IMPROVING HEALTH & WELL-BEING
	UTILISING EDUCATION	ORIMARY AND SECONDARY SCHOOLS（KYE AGEDTS OF CHANG)	STRATEGIC PLANNING AND EVIDENCE	CHANGE STORONGER AND SAFER COMMUNITIES
		VARIATIONS IN ACCESS		IMPROVING EDUCATION
		VOLUNTEERS AND PRFESSIONALS		BENEFITTING ECONOMY
↑	↑	↑	↑	↑
Intention the Framework starts with a broad aspirational aim: increasing participation.	Analysis (1) it is critical that the key trends/drivers are identified and addressed if we are to 'bridge the gap' between the aim and the outcomes to be achieved.	Analysis (2) sport takes place in a range of settings. Within each setting, there are a number of key agencies critical for achieving change.	Action priorities for action can be identified which seek to address the drivers within each setting in order to achieve the outcomes.	Impact there are a range of targeted outcomes that will be delivered as the analysis is used to inform future policy and delivery of the priority actions identified.

ポーツ振興の大枠の枠組みを示した。この枠組みでは，過去のスポーツ推進の実績やデータをふまえて，すべての人の豊かなスポーツ享受に対する問題解決に至るための４つのステップ 目的（INTENTION）→過去データからの目標達成をするための課題分析（ANALYSIS）→行動計画（ACTION）→推測できる効果（IMPACT）を掲げて具体的なスポーツ戦略を展開している（表１）。

(2) 英国のスポーツとサービス

❶スポーツ参加の現場

　ブレア政権以後，UK のスポーツ政策は，スポーツ享受環境に恵まれていない人びとへのスポーツ提供と地域再生を中心軸に置き，スポーツを提供する行政組織の見直しを行ってきた。今まさに政策実践中である。統計にそれらの成果が現れるのはまだ先のことであるが，2002 年までの UK のスポーツ参加の状況については National Statistics の「Living in Britain: Result from the 2002 General Household Survey 刊行 2004」から知ることができる。

　この統計概要「A summary of changes over time Sport participation[4]」では，"2002 年，この１年間になんらかのスポーツに参加した大人は 75％，インタビュー前の１ヶ月間に何らかのスポーツに参加した大人は 59％である。"ウォーキング"を除いた参加率ではこの１年では 66％であり，ここ１ヶ月間では 43％であった。参加率の高い上位５種目は,歩行 (46％)，スイミング (35％)，エアロビクスやダンスのようなものを含んだフィットネス，ヨーガ (22％)，サイクリング (19％)，そしてビリヤード，スヌーカー (17％) などである。男女別では，1996 年の調査（ウォーキングを除く参加率）では，男性が 54％，女性が 38％ であったが，2002 年になると男性が 51％，女性が 36％ と減少の傾向が出ている。年代別では，一般的に年齢とともに低下し，16 〜 19 歳では 72％，30 〜 44 歳では 44％，70 歳以上では 14％である。地域別では，スコットランドの大人 62％ がなんらかに参加しており，イングランド 58％ やウェールズ 57％ と比べて高い。特に，スコットランドのウォーキングの参加はこの１ヶ月間 43％ であり，イングランド 34％，ウェールズ 35％ に比して高いと述べている[5]。

　社会経済的な立場の違いの統計を見ると，就業状況によってスポーツ参加率が異なっていることがわかる（図４）。大企業や高い地位の管理職に就く人びと (Large employers and higher managerial) の 59％ はなんらかのスポーツ（ウォー

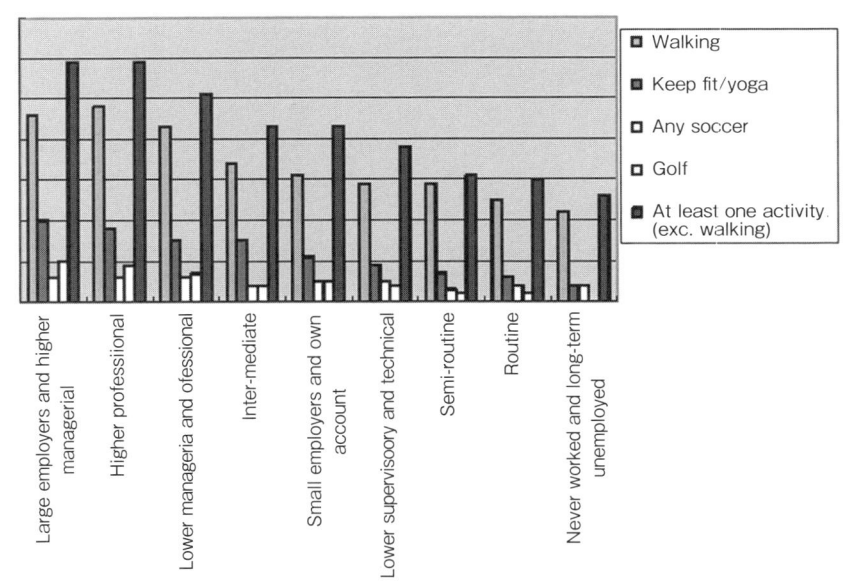

図4 社会経済的差異からみたスポーツ・身体活動への参加率
（Sport and leisure, National Statistics, 2002.Tables,p.29：Table9:Sport,games and physical activities: より抜粋作成）

キングを除く）に参加しているが，一般的な仕事をしている人（Routine）は30％にとどまる。また，大企業や高い地位の管理職はフィットネスやヨガなどに参加していることから，健康志向が強いことやゴルフへの参加率も高い。労働者階級のスポーツといわれるサッカーへの参加率は全体的に高くはない。社会経済的に恵まれている階層は，スポーツに触れる機会に恵まれていることがわかる。

❷スポーツイングランドの地域スポーツ提供の現場

スポーツにこれまで恵まれていなかった人へのスポーツ提供を，地域再生との関係においても認識して組織改革が行われたことは先に触れた。具体的にどのような地域展開の方法をとっているか，イングランドの一地域のスポーツマネジメントを例にあげてみる。

イングランドのスポーツ振興は，Sport England（English Sports Council）が主に担当し，North East, Yorkshire, North West, West Midlands, East Midlands, East, London, South East, South West の8つの地域に分け，その中の小地区ごとにスポーツマネジメントおよびサービスを実践している。たとえば，ロ

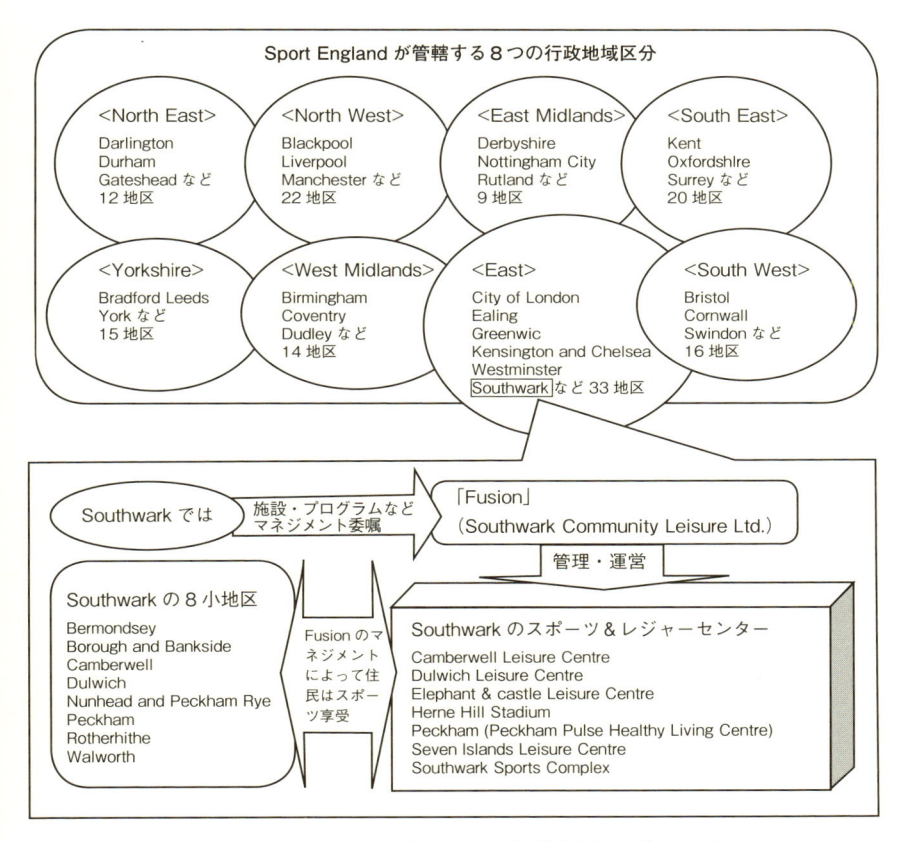

第2節　英国における階級とライフスタイル　**75**

図5　Southwarkからマネジメントを委託される「Fusion」

ンドン地域の「Southwark」という地区の中の「Peckham」という小地区の住民は，「Fusion」という組織がスポーツマネジメントを担当する。「Fusion」とはSouthwark Community Leisure Ltd.（私的有限責任会社）の呼称であるが，この有限責任会社は，Southwarkの財政的な支援によって設立され，地域における健康・スポーツプログラムの提供や施設の運営を委託されている組織である（図5）。Southwarkに隣接するLambeth地区のBrixton Recreation Centreなどのスポーツセンターでは，「Lesure Connection plc（公開有限責任会社：Public Limited Company〈Plc〉）」がマネジメントを委託されている。地域それぞれ委託された組織は，多くの人びとにスポーツ・身体活動が行きわたり，地域活性化につながるように多様なスポーツプログラムを提供している。

図6　Peckham Pulse Healthy Living Centre のパンフレット

図7　lesure axess のパンフレット

　Fusion がサービスを提供する Peckham Pulse Healthy Living Centre では，2001年に次のようなプログラムが提供されていた（図6）。

○ Fitness Suite（Casual Use, Gymnasium Induction, Personal Programme, Fitness Assessment, PULUSE PT Personal Training）
○ Exercise Class（Step, Aerobic exercise, Conditioning, Resisitance/Cross Training, Martial Arts, Spinning, Holistic/Specialist Classes）
○ Spa Suite（Sauna, Steam &Jacuzzi）
○ Complimentary Gymnasium Induction

　住民の施設利用の利便性を考えて，Fusion は Southwark 地域のスポーツ関係センター共通利用の年間カード（lesure axess）を発行し，地域施設の使いやすさや利用度の増加をはかっている。この lesure axess 年間カードは，Southwark 地域の居住者の大人の場合£23，Southwark 以外居住者は£40であり，地域住民の購入にあたっては安価に設定してある。lesure axess 会員になると，Southwark の各スポーツセンターを利用する場合の割引やライブラリーの割引利用などのメリットがある。たとえば，1ヶ月の間フィットネスプログラムを受講するために"Peckham Pulse Healthy Living Centre"に申し込みをしようとすると，月額£43.00のところ lesure axess カードを持っていると£39.00と割安になるなど，地域の施設利用が身近なものになるように企画されている（図7）。

　このように，現在，各地域ではいわゆる労働者階級やマイノリティーといわれる人びとも含めて，地域に住むすべての人に，スムーズなスポーツやレジャー提供が行われるように施設の運営がなされている。日ごろスポーツに接する

図8 Sothwark 地域の Peckham Pulse Healthy Living Centre（2001.8月撮影）

図9 Lambeth 地域の Brixton Recreation Centre（2001.8月撮影）

機会がない人びとにも地域での活動を促すことによって，総合的に地域の再生へ取り組んでいる。

　以上，ブレア政権以後，特に変化してきたスポーツ政策から一般市民のスポーツ享受の様子を見てきたが，次には，上流階級が発展させ，好んできたスポーツを概観してみる。

3．上流階級のスポーツライフスタイルをかいま見る

(1) 生活とレジャー

❶社交を楽しむレジャークラス

　上流社会は，時間的なゆとりと社会的な義務感から生まれる独自のライフスタイルを形成し，スポーツや遊びを創造してきた。典型的なジェントルマン的生活といわれる生活スタイルとは，「カントリーハウスと呼ばれる邸宅での生活」「家事使用人の雇用」「御者つきの馬車の使用（運転手つきの自家用車）」「ジェントルマンとひと目でわかる服装・身なり・しゃべり方」などであり，それらが彼らの生活の表現として重要な要素といわれる[6]。彼らの生活は，他の階級の人びととは区別できる独特な形式を持った生活でもある。彼らは同じ階層の人びととのコミュニティを重視する"社交"という概念が豊かである。特に，レジャー活動と社交場とを同空間にコーディネイトしたスタイルを持ち，それゆえに彼らはレジャークラスともいわれる。

図10 ロイヤルアスコット競馬のパドック風景．着飾った馬主たちで賑わう
（2001.6月撮影）

19世紀半ばまでのレジャークラスのライフスタイルでは，1年の大半を所領のカントリーハウスで過ごし，自分たちだけで狩猟を楽しみ競馬なども楽しんでいたといわれる。それがだんだんと民衆に開かれたものとなり，19世紀になると彼らの富を誇示するのに格好の「余暇」活動でもあるヨットレースが彼らに好まれるレジャーとなったという[7]。ちょうど18世紀後半にイギリス国内には運河が張り巡らされ，19世紀前半に国内に鉄道のネットワークが完成するという交通手段の簡便化が行われたのであり，それとともに彼らはカントリーハウスを離れて都市ロンドンや，温泉および海浜のリゾート地に移動し始める。そして，「するスポーツ」の場だけではなく「見るスポーツ」の場は，重要な社交の場として機能するようになり，5月中旬から8月上旬に行われる一連のスポーツイベントはその象徴となる。これらのイベントは"ザ・シーズン"と呼ばれ，ロイヤルアスコット（競馬），ダービー（競馬），ウィンブルドン（テニス），ヘンリー・ロイヤルレガッタ（ボート）などが代表的なイベントである。

最近では，これらのザ・シーズンは上流階級が楽しむ場というより，社用族によって賑わうことが多くなっているという。海外からの観光客も多そうだ。本当の貴族たちは独自の小さなイベントに密かに集会しているともいわれている。しかし，今でも定番のコスチュームに身を包んだ華やかな紳士淑女の姿がイベント会場を飾っており，上流階級の独特な文化様式が脈々と語られていることを感じる。上流階級のスポーツライフスタイルでは，社交としてのスポーツを意識し，スタイルを踏襲し，スポーツを応援するパトロンとしても関わる

図11 ヘンリー・ロイヤルレガッタの観戦用ブース入口
男性はジャケット，帽子をかぶって着飾った女性たち（2001.7月撮影）

ゆとりが特徴なのであろう。

❷上流階級が好むスポーツ：馬を使ったゲーム"ポロ"

　上流階級がやって楽しむスポーツの代表は，ゴルフやクリケット，そして馬を使ったゲーム，"ポロ"である。ポロは英国で「ザ・キング・オブ・スポーツ（The King of Sports）」と呼ばれているスポーツであり，「馬と人を結ぶ友愛，美しいフィールドを含めた自然環境の保持，よき伝統を守る〈社会〉・〈文化〉そのものである」[8]という。ポロは上流階級にふさわしい優雅さや強さを備えている。ポロは，単なる優雅さだけではなく，見る者の目を釘づけにするタフネスさがあり，スピードがある。ゆえにポロは，英国男性の勇姿を象徴するスポーツとされるのであろう。

　ポロのルーツは，紀元前600年ごろ，北ペルシャで始まった後，19世紀北インドにおいて現在の形になったといわれる。1875年イギリス（大英帝国時代）にハーリンガムクラブがポロ協会の中枢になってルールを制定し，以来，現在世界50ヵ国で競技が行われている。ロシア・中国・日本は，まだ本格的にポロ競技が行われていない国であるらしい。

　ポロは，ゴルフに似たハンディキャップゲームであり，各国の協会は，プレイヤーの技術，ホスマンシップ，ゲームセンス，チームプレイそしてスポーツマンシップを採点し，ハンディキャップ（マイナス2～10）で採点する競技である。なによりもポロの競技には，広いグラウンドが必要である。グラウンドは約1万坪が伝統的で，サッカー場なら6面はとれる広さである。プレイヤー

図 12　ASCOT PARK POLO CLUB での試合風景
（2001.8 月撮影）

たちはそれぞれにマレットと呼ばれるスティックを手にし，1 チーム 4 頭の馬がプレイヤーに操られて戦いが展開する。プレイヤーは直径 9 cm ほどのプラスチックボールを打ち，幅 7m のゴールを通して 1 点の得点となる。1 ピリオドは"チャカ"と呼ばれ，1 チャカが 7 分間で争われる。馬はこの競技のための特別種ポロポニーが使用されている。

　ポロのゲームでは，危険防止のためのルールは進路妨害だけとなっており，人と人，馬と馬が果敢なボディチャージを繰り返す。激しいぶつかり合いとスピードのために，ポロポニーの体力消耗の度合が激しい。ポロポニーは 1 チャカごとに乗り換えられる。

　このようにプレイするグラウンドの広さやルールや必要な馬の頭数を考えてみると，ゲームを楽しむためには，相当なゆとりがなければならないことがわかる。「ポロを楽しむ」ということ自体が，ゆとりある生活であることを示し，おのずと彼らの社会的なステイタスを表しているのである。

(2) 英国における階級とスポーツライフスタイル

❶上流階級のスポーツライフスタイルと特徴

　現在では，典型的な上流階級の生活をみることはむずかしくなっている。しかし，過去の形式や伝統を重んじながら，社交性に富みながらパトロン的な精神を持った遊び心のあるスポーツライフが，一つのイメージとして今もなお引き継がれていることは，毎年行われるスポーツイベントの風景をみれば十分に感じられる。広い土地で動物と親しむというコストのかかる競技を愛好し，ス

ポーツを振興していく精神を持ち，家族や友人と食事と会話を楽しみながら，社交の場を慈しむという，彼らのスポーツライフがそこにある。

　イギリス紳士の条件とは，"スポーツを愛する精神と行動力"が絶対必要な条件のようで，イギリス人のスポーツの基本精神は「儀式性と危険性（ritual and risk）にある」という[9]。ザ・シーズンに見られるスポーツを見ればその儀式性は明らかである。それに，競馬，狩猟，乗馬，ポロ，ヨット，登山などの上流階級が好むスポーツは，動物とのコミュニケーションや自然への挑戦がゲームの面白さであり，このことは，まさに，人間の能力を人間の以外の対象や場に対して開いていくエキサイティングで危険性をも含んだ活動であり，ゆとりある上流階級が好むスポーツであることが十分理解できるのである。

❷階級とスポーツライフスタイル

　英国の上流階級が保持してきたスポーツライフスタイルから，われわれは"多様な環境に挑み，コントロールを試み，あるいは限界を感じながら，他者と共存し活かしあいながらゆったりとスポーツを楽しむ心"を読み取ることができた。スポーツの発祥の地といわれるイギリスの上流階級層が好んだスポーツは，人間が主となって場と空間をコントロールするものでありながらも，自然とともにスポーツが存在するという基本的なスタンスやその豊かさを，われわれは再度認識することができるように思われる。

　先に紹介した，Suthwark 地域の Peckham Pulse Healthy Living Centre，および Lambeth 地域の Brixton Recreation Centre にインタビュー調査で訪問した折に，「このスポーツサービスはだれを対象としたものですか？」とスタッフに質問すると，しごくあっさりと明確に「地域のスポーツに恵まれない人びとのために提供をしています」と返ってきた。そこで，「いわゆる上の階層の人へのスポーツサービスはどうするのですか？」と聞くと，「自分で活動できる人を行政がサポートする必要はないのです。行政は恵まれない人をサポートするのです」という主旨の返答があった。

　日本では，行政政策というと無意識に"全員"のためのものという認識がある。しかし，ライフスタイルとともにスポーツを醸成してきた英国では，現在，先に示したように地域の再生という社会課題とともに明確な対象を持ってスポーツサービスを展開していく施策を行っている。スポーツは表面的に生活の豊かさを表す象徴としてとらえられる部分がある。しかし，階級という角度からス

ポーツを見てみると，実は，スポーツには生きるこだわりや人間の厳格さといったシビアな精神性が根深く内包されているように感じる。英国のスポーツライフスタイル調査を進めていくと，随所にとても複雑な社会をかいま見ることができるのである。　　　　　　　　　　　　　　　　　　　　（矢島ますみ）

【注および参考文献】
1) ㈶日本体育協会のスポーツ医・科学研究委員会のプロジェクト，ロンドン海外リサーチ「Sport and Lifestyle among Londoners 2001. 8. 20-26」にて
2) http://www. sportdevelopment. org. uk/html/rg_policy. html　11/10/2005 検索
3) http://www. sportdevelopment. org. uk/html/gameplan. html　11/10/2005 検索　PDF（3.2mb. pages：250）
4) http://www.statistics.gov.uk/cci/nugget.asp?id=735 11/21/2005 検索
5) 英国のスポーツの参加状況の詳細は「Sport and leisure. Results from the sport and leisure module of the 2002, General Household Survey」を参照。
http://www.statistics. gov. uk/downloads/theme_compendia/Sport & Leisure. pdf 11/21/2005 検索
6) 井野瀬久美惠編，1994.『イギリス文化史入門』，昭和堂，p. 36.
7) 同掲書6) p. 159.
8) POLO CLUB JAPAN CO. LTD　http://www. poloclub. co. jp/polohistory. html 12/9/2001 検索
9) 山田勝，1994.『イギリス帰属―ダンディたちの美学と生活』，創元社，p. 233.

第3節

ベルギー
多様なスポーツクラブを中心としたスポーツライフスタイル

1. はじめに

　2002年6月，日韓ワールドカップ・サッカーにおいて日本対ベルギーの対戦を記憶されている方は多いにちがいない（2対2の引き分け）。面積32,545 km^2，人口1,030万人（人口，面積共に日本の約12分の1）の小国がサッカー強国として欧州の一角を占めていることからみても，ベルギーのスポーツに対する取り組み，国民の関心の高さを推し測ることができる。

　ベルギー（正式には，ベルギー王国 Kingdom of Belgium）は，同じ言語を話す住民の集合体を示す共同体（オランダ語共同体，フランス語共同体，ドイツ語共同体）と領域を示す地域（フランダース地域，ワロン地域，ブリュッセル首都地域）から構成される連邦国家である。これらの共同体と地域はそれぞれ政府，議会を備えており（ただしオランダ語共同体とフランダース地域は機構を一体化しているので，現在では議会数は連邦会議を含め6つ），共同体は文化，教育を，地域は経済事項を主として主管している。

　また，ベルギーの首都ブリュッセル（人口約96万人）には，欧州委員会本部や北大西洋条約機構（NATO）本部など，欧州主要国際機関が集中し，「欧州の首都」とも呼ばれている。

　1999年にギー・ヴェルホフスタットオランダ語系自由党党首が首相に指名され，40年ぶりにキリスト教民主党が連立に加わらず，はじめて環境系の政党が参加した6党連立内閣が成立すると，国内経済の低成長にもかかわらず，連邦各省庁予算の削減を通じ，4年連続の均衡予算を達成するという緊縮型の

財政政策をとることとなった．当然，その影響はスポーツ政策の推進にも影響を与えることになる．

2．ベルギーにおけるスポーツ振興

　ベルギーは，複雑な国家制度にもかかわらず，30年以上にわたって国家としてのスポーツ政策を立案してきた．1936年から1956年まで，スポーツは公衆衛生省が管轄してきたが，1956年国家レベルの準政府機関として国家スポーツ組織であるNILOSが健康大臣の管轄下に創設された．1964年には，この準政府機関は廃止され，その課題と人員は健康文化省に移管された．

　1969年，中央集権的な教育文化省が，「文化的自治権」が導入され，オランダ文化教育省とフランス文化教育省に分割された．そしてオランダ語圏のフランダースのスポーツ政策を実行する機関として，BLOSO（体育・スポーツ・野外活動行政機関のオランダ語省略）が設立され，同様にフランス語圏のワロンにはADEPSが組織され，スポーツの振興はそれぞれの機関によって別々に進められることになり，ベルギーの統一した国家スポーツ政策は終焉した．

　1970年，1980年，1988年の構造改革は，フランダース地方独自のスポーツ政策を発展させるスピードを上げる機会を生み出した．このことはフランダース議会と政府がスポーツについても立法権や管轄権を持ち，フランダース社会がフランダースのスポーツ政策について完全に掌握できることを意味している．

　1970年代中ごろ，以下の二つの法律が制定され，フランダースのスポーツ政策に強い影響を与えた．

①地方自治体のスポーツ公務員の給与保障に関する法律（1976年12月6日）

②国家レベルで組織されたスポーツ協会の認証と助成に関する法律（1977年3月2日）

　20年後，その二つの法律は再評価され，以下の二つの法律がつくられ，財政事情を背景にして，スポーツ振興の効率化や質的な見直しがはかられることになった．

1）地方自治体(市町村)によるスポーツサービスの認証の改正に関する法律(1995年4月5日)；スポーツ振興活動は，スポーツサービスの提供と機能のクオ

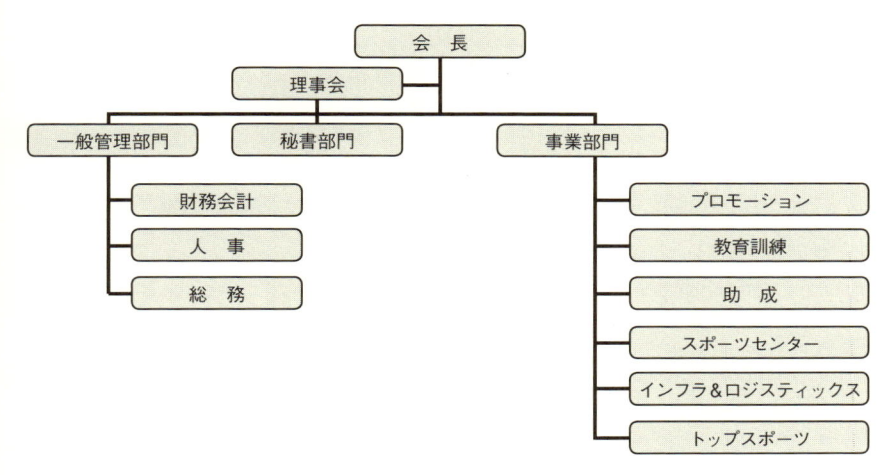

図1　BLOSOの組織図

```
                    会　長
                      │
                   理事会
        ┌─────────────┼─────────────┐
   一般管理部門    秘書部門      事業部門
        │                           │
     財務会計                    プロモーション
     人　事                      教育訓練
     総　務                      助　成
                                 スポーツセンター
                                 インフラ&ロジスティックス
                                 トップスポーツ
```

　リティを上げるように求められる。
2) スポーツ連盟の組織のクオリティに焦点をあてたフランダーススポーツ連盟の認証と助成に関する法律（2001年7月13日）

(1) BLOSOの組織と財源

　1990年12月12日の法律によって，多くの公共機関が再構築されることになった。1991年からBLOSOもまた準行政機関として民間化され，スポーツ大臣にではなく，8人の理事会によって管理されることになった（図1）。その法律のなかでBLOSOは，スポーツ実践，スポーツ・レクリエーション，野外活動の総括的な組織化，調整や振興が任されている。

　理事は，4年間の任期でフランダース政府によって任命され，スポーツ政策など基本的な問題を決定する権限を持ち，予算，会計，バランスシートや貸借対照表などを含んだ年次報告書を承認する。日常の業務は，事務局長によって管理されている。

　BLOSOの主な財源は，フランダース地域からの寄付や資金提供とスポーツ基金からのお金の二つである。

(2) BLOSOの主な事業

①国内外におけるスポーツの研究，企画，発展と振興

②スポーツと野外レクリエーションに関する規制の管理と履行
③国内外でのスポーツと野外レクリエーションに関して必要な国際関係や国際協力の組織と調整
④スポーツの技術的な側面に関する情報や資料の提供
⑤全国，地方や地域レベルの連盟や機関で組織された活動の指導，調整や支援の提供
⑥以下の活動を通したスポーツ振興
　1） スポーツ教室，スポーツキャンプ，スポーツコースなどの組織化
　2） 全国的なプロモーションキャンペーン，援助・支援活動
　3） 学校スポーツの支援
⑦スポーツの技術スタッフや管理スタッフのための訓練プログラムの作成と，それによって訓練されたスタッフの組織化
⑧民間，公共両組織に対する補助金を認めることによる一般的スポーツの支援
⑨一貫的なトップレベルスポーツ政策の発展のための協力
⑩既存および計画中のスポーツセンターの管理と強化，建設活動への協力
⑪スポーツ基金の管理（融資と支出）

(3) ルーヴァン市のスポーツ行政

●市の概要と行政組織（担当課長へのインタビュー調査から）

　ルーヴァン市の人口は 88,000 人（ここでいうルーヴァンは，ケッセルローなど広い地域を含んでいる）。市長，8 人の助役がおり，その下にテクニカル部門，文化部門，教育部門，法律部門，人事部門などさまざまな部門があり，その中にスポーツ部門が置かれている。

　スポーツ課（Sportdienst）が，ルーヴァン市のセンターの役割を担っている。行政区は，ルーヴァン，ケッセルロー，エーベルレー，ビュルセルの 4 つに分かれている。ルーヴァンには，プールや競技場などさまざまな施設があり，67 名の職員がスポーツ課の職員として働いている。当然 67 名がきちんと機能しているかどうかが問題となる。たとえば，施設がきれいになっているかどうかもその一つとして考えられる。行政の仕事は以下の三つが主なものである。
①オーガニゼーション（組織体制を整えること）
②プランニング（スポーツ政策の計画立案）

③ アドバイス（行政区やクラブに対するアドバイス）

　課長のインタビューでは，市としてはクラブと共催して行事を行っていきたい。オーガナイズするのはあくまでもクラブであり，行政としては，広告や保険など側面から支援を行うという意向であった。

　スポーツ振興（プロモーション）の中心的な役割を担う組織として，VZWのスポーツ振興事業団がある。日本の市町村においても行政がスポーツ振興事業団を設立して，施設の運営や各種スポーツサービスの提供を行っている例がみられるが，ルーヴァン市においても，市スポーツ課と同様に，VZW組織としてのスポーツ振興事業団（STEDELIJKE SPORTPROMOTIE）がスポーツ振興にとって重要な役割を担っている。

　人口が9万人弱で，67名の職員がスポーツ課で働いているということに見られるように，行政による手厚いスポーツ振興のサポート体制がつくられていることがわかるが，近年では，環境や福祉や社会的資本の整備などに対する要求があり，財政的にも要求どおりの予算が配分されない状況がある。

　ポイント制によるクラブ支援の方法[1]は，わが国の地域スポーツクラブ育成にとっても参考になる点が多い。これまで日本の地域スポーツ行政は，どのような地域スポーツクラブを育成しようとしているのか明確にしないで，市民のスポーツ団体（集団）であればすべて平等に施設を利用できるようにしていた。それが時には施設の効率的な利用を妨げ，クラブの継続的な活動拠点になりにくいといった問題の原因にもなっていた。すべて一律ではなくポイント制による支援によって，クラブの規模の拡大，多種目化，多世代化，青少年育成といった政策的目的に対して誘導的な効果が期待できる。

3. 地域スポーツクラブにおけるスポーツライフスタイル

　フランダースにおけるスポーツの基盤は，他のヨーロッパ諸国と同様に「スポーツクラブ」にあることはいうまでもないが，それは時代とともに，その姿を変えつつある。

　1974年と1994年の会員規模の変化についての調査結果を比較してみると，この20年間に会員数49人以下の小規模クラブは63％から35％へと大きく減少しているのに対し，75～149人までの中規模クラブが15％から28％へ，

150人以上の大規模クラブも10％から31％へと著しく増大していることがわかる。

こうした規模の拡大は，組織の性格が，限られたメンバーによる活動から，広く一般の人びとが参加しやすい活動へと発展してきたことを意味しており，その背景にはボランティアを中心とした会員の組織運営の発展過程があることも見逃せない。

また，行政サイド（ルーヴァン市）がスポーツクラブに対して行う財政支援も，当該クラブが地域のニーズにどの程度応えているかといった，公益性によって決定されるポイント制を導入しており，規模の大きなクラブに対しては優遇措置がとられるしくみになっている（ポイント制については注参照）。

一方，わが国におけるスポーツクラブの育成は，1970年代，諸外国のスポーツ・フォア・オール政策の影響を受け，"教室からクラブへ"をスローガンに全国各地に各種スポーツ教室が開催され，その教室に参加したメンバーを中心としたクラブが数多く誕生し，今や37万を超えるクラブがあるといわれている。しかし，そのほとんどは30人程度の小規模，単一種目型のクラブであり，クラブとしての継続性，組織性，自立性といった点から見た場合，十分な力を備えているとはいえない状況にある。

ここでは，フランダースの人びとが，こうした地域スポーツクラブを，生活の中にどのような存在として位置づけているのかについて，マルチスポーツクラブの運営責任者（会長や事務局長）および会員に対して行ったインタビューをもとに考察してみたいと思う。

◇地域スポーツクラブ事例調査

❶地域マルチスポーツクラブ DE BLAUWPUT 会長 DE RAYMAEKER 氏のインタビュー

・設立年

「ブラウプット」というクラブの名称は，クラブのある地域の名前に由来し，「青い井戸」という意味がある。1893年に30～40名の体操クラブからスタートした100年以上の伝統あるスポーツクラブである。

・単一種目型から複合種目型へ変わった理由

以前は体操のみの単一種目，競技志向型クラブであったが，1960年代にス

ポーツブームが到来し，国民のスポーツに対する見方・考え方，そしてイメージが変化したことを受け，複数の種目を提供するクラブに再編した。体操を専門に行うメンバーからは反対意見も出されたが，結果として会員の拡大につながっている。体操とバドミントン，卓球とバレーボールなど複数の種目を行っている会員の割

ブラウプットの活動風景

合は全体の 15 ～ 20% である。複数種目化したことで，家族みんなで参加できるというメリットがあり，家族会員の数が増加した。

・会員と会費

　2000 年 1 月現在での会員数は，1,000 名（青少年が 40%，それ以外の年齢層が 60%）。年会費は 3,200Bef（9,600 円），家族の場合，2 人目（2,500Bef），3 人目（1,500Bef）と割引される特典がある。

・活動スポーツ種目とプログラム

　活動スポーツ種目は，体操，卓球，バレーボール，バドミントン，トランポリン，水中エアロビクス，インドアサッカー，モダンダンス，ジャズダンス，クラシックバレエ，ヨーガ，水泳である。特に体操，卓球，バレーボールは選手育成コースがある。もちろん，各種パーティやハイキングなど会員間の親睦をはかる行事とともに，市と共催で行うスポーツイベントの開催を通して，広く一般の住民へのサービスも提供している。

・施設

　現在は，三つの学校施設（男子校 1 校，女子校 2 校）と公共のスポーツ施設の 4 ヶ所を拠点に活動している。2000 年 5 月には，市に要求していた新しい施設が着工されることになっており，完成後は体操の拠点施設（90% 優先的に使用可能）となる予定である。

・運営

　会長，理事会（10 名：種目ごとの代表者も含まれる），会員，サポーターの協力によってクラブが運営されている。指導者はすべてボランティア，機関誌を年 5 回発行している。

　年間予算は 400 万 Bef（1,200 万円），主な収入は，会費，市からの補助金（16

万 Bef），スポンサーや個人からの寄付金（6 万 Bef）であり，主な支出は，指導者謝金，施設使用料，保険などとなっている。

・クラブが現在抱えている問題点

　ほとんど 9 歳頃までにクラブに入会するが，12 歳から 18 歳でいったんクラブをやめてしまう。青少年のクラブ離れにどう対処するかが課題である。これまでのスポーツクラブは，人びとに出会いや楽しみ，交流の場を提供するといった社会的機能を果たしてきたが，現代の若者にとってはクラブ以外にも出会いや交流の場となるところがあり，彼らにとってクラブは必ずしも魅力的な存在とはいえなくなっており，このことが現在の若者のクラブ離れに拍車をかけていると思われる。

❷ **会員Aさん（女性 55 歳）**

＜デモグラフィックス＞

職業：福祉関連施設の職員。

休み：土日，長期休暇は 1 ケ月。

家族：5 人（子どもが 3 人）。

居住：近くに住んでいる。

＜クラブライフ＞

加入時期：22 年前に体操クラブに加入し，現在は体操と水泳を行っている。

加入理由：結婚による転居。

きっかけ：ご主人がクラブのメンバーであった。

活動回数：週 2 日が体操，週 1 日が水泳。

会費：ご主人もこのクラブの会員なので，年会費は家族割引で 2,500Bef である。

＜その他のスポーツおよびライフスタイル＞

他のスポーツ：以前はジャズダンス，エアロビクスなども行っていたが，今は体操，水泳で十分満足している。ただし，クラブ以外には，家族や近所の人とサイクリングやハイキングにときどきでかけている。

趣味：ベビーシッターとサイクリング，読書。

テレビ視聴：週に 8 時間ぐらい。

スポーツの効用：健康と友情。

子ども時代のスポーツ歴：7 歳から 29 歳まで体操（競技）。

子育てについての考え方：何がよくて，何がいけないのかといった人生の価値

観を教える。
生活を楽しむための工夫：自由な時間を有効に使う。
地域社会へのコミットメント：自分から進んで地域活動には参加していない。
行政への期待：施設の整備。

❸会員Bさん（女性57歳）
＜デモグラフィックス＞
職業：主婦。
家族：5人（子どもが3人）。
居住：このクラブから3㎞ぐらい離れたところに住んでいる。
＜クラブライフ＞
加入時期：21年前。
加入理由：健康維持。
きっかけ：友人と一緒に入った。
活動回数：週1回体操を行っている。
会費：年会費3,200Bef。
＜その他のスポーツおよびライフスタイル＞
他のスポーツ：以前にヨーガも行っていた。週2回ウォーキング。
趣味：料理やクラブの後の仲間とのおしゃべり。
テレビ視聴：週に4時間ぐらい。
子ども時代のスポーツ歴：体操（学校で体操を始めて，それからこのクラブに入った）。
子育てについての考え方：愛情，慈悲，忍耐。
生活を楽しむための工夫：瞑想を取り入れている。一番の楽しみはクラブが終わった後に，仲間と一緒に飲みに行くこと。もちろん，ご主人とは別行動。

❹ブラオプットとスポーツライフスタイル
　100年以上の伝統を持つこのクラブには，祖父母の代から三世代にわたって所属しているといった家族も多く，幼いころに両親に連れられてごく自然な形でスポーツと出会うといったケースも珍しくない。一方，わが国の場合，1999(平成11)年に㈶日本スポーツクラブ協会が行った調査によれば，1964年（東京オリンピック）以前に設立され，35年以上にわたって継続的に活動しているクラブはわずか3％にすぎず，そのほとんどは，一代限りの寿命の短いクラブであ

るといわれている。

　クラブを継続・発展させるために地域の資源（ヒト，モノ，財源）をどのようにマネジメントするか，地域に根ざしたスポーツ文化を確立するためには欠かせない視点であろう。

　インタビューの中で，クラブライフについて質問したところ，スポーツ活動に限らず，親しい友人たちが集まってパーティを開いたり，子どもたちの集まりやお母さんの勉強会を開いたりと，地域住民は，それぞれの生活のどこかで，つねにクラブとの自然な関わりを持っていることがとても印象的であった。

4．商業スポーツクラブにおけるスポーツ享受状況

　1970年以降の20年間に，スポーツクラブ数はほぼ倍増した。しかし，スポーツはもはやスポーツクラブだけが供給するものではなく，今日では商業的な組織によっても供給されてきている（M.Taks,R.Renson & B.Vanreusel 1999）。商業的なスポーツ施設の増加は，高齢化，移民の増加，個人主義化，レクリエーション志向，レジャーの多様化といった社会的な変動にともなうニーズによって生み出されてきている。一方で，スポーツ供給のメジャーである伝統的なスポーツクラブが，このような社会的な変化に対して十分に適応できていない結果であると見ることもできる。Van Meerbeek（1993）は，フランダースにおけるスポーツクラブのチャンスや脅威に対する長所と短所を分析した中で，伝統的なスポーツクラブの弱点を以下のように指摘している。

・理事会メンバー（マネジメント）の専門性の欠如。
・マーケティング，プロモーションやプランニングが弱い。
・ボランティアの強化が低レベル。
・財政状況が弱い（たとえば，会費が安い）。
・会員の低い参加意識（社会的統合の程度が低い）。
・すべてのレベルで女性の割合が低い。
・若い会員への注意が不十分。
・青少年のドロップアウト。
・理事会に青少年の参加が不十分。

　商業的なスポーツクラブは，相対的なマーケットとしては小さいながら，こ

のような伝統的なスポーツクラブの短所や弱点に対するカウンターカルチャーとして機能し，個人的で未組織的なスポーツ参加とともにフランダースのスポーツ享受の多様化を支えているといえよう。

◇商業スポーツクラブ事例調査

❶スポーティ(Sporty vzw)の代表者 Mr.Meulmans & Miss Maes のインタビュー

・設立

　1987年創立。低年齢の子どもの水泳を中心とした商業スポーツクラブ。体育の専門学校を卒業し，体育教師をめざしたが就職できなかったことが，このクラブを始めるきっかけになっている。立ち上げの資金として，2人の預金約1600万Bef（約4,800万円）をあてた。法人形態は，VZWだがビジネスの性格が強いクラブである。年間予算は，1800万Bef（約5,400万円）であり，会費が安いので会員数の割には予算規模が小さい。

・施設と種目

　所有しているスポーツ施設はなく，市や学校の施設を借りている（プールは1時間500Bef=約1,500円）。事務所も賃貸である。

定期的に行っているスポーツ：水泳，テニス，バドミントン，ジム。

学校の長期休暇中のプログラム：スキー，キャンプ，スキューバダイビングなど。

特別なイベント：市や会社，学校との共催事業。例；洞窟探検

・会員数

　2,300人（男性1,190人，女性1,265人）3～8歳までの子どもが多く，12～18歳までが少ない。現在が経営が成り立つ最低の会員数。80～90%継続。

・会費など

　年会費は，大人400Bef（約1,200円），子ども（1人目）400Bef（約1,200円），2人目から200Bef（約600円）ただし種目によって月謝あり。

・指導者

　4人がフルタイム，2人がハーフタイム，残りはアルバイトであり，三つのタイプの指導者がいる。

　①体育の専門学校を卒業した人

　②学生アルバイト

　③契約社員（競技として水泳をしている選手）

❷クラブ運営やスポーツライフスタイルについて

　伝統的なクラブと比較して，スポーティは，2人で経営しているためフットワークが軽く，柔軟な組織と迅速な経営が優れていると感じている。将来的には，会員を4,000人くらいにしたいと考えている。12歳ごろにスポーツを離れてしまう子どもが多い。それはテレビや音楽といった他の楽しみの増加という社会的な変化も原因しているが，若者文化に対応したり，工夫するということをスポーツ側がしていないことも原因の一つと考えている。しかし，このような形態のスポーツクラブを経営していくためには，経営者側に高いモチベーションや熱意が必要であり，今後このようなクラブが増えていくとは思っていない。指導者のライセンス制度についても，ドイツやフランスのようにより明確にすること，税制度上の優遇措置などが必要であると考えている。

❸会員Aさん（男性43歳）

＜デモグラフィクス＞

職業：セールスマン。

休日：土日，有給休暇年間37日。

家族：5人（子ども3人）。

居住：ルーヴァン市から15kmぐらい離れたところに自分の家がある。

＜クラブライフ＞

加入時期：5年前から子どもと同時に入会。

加入理由：子どもの教育。

きっかけ：口コミ。

活動回数：自分は週に30分，子どもは1時間。

会費：子どもは10回コース1,500Bef（約4,500円），大人は100Bef（3,000円）。

満足度：この形でちょうどよい。

＜その他のスポーツおよびライフスタイル＞

他のスポーツ：週2回ジョギング。

長期休暇：外国旅行（車か飛行機で）。

趣味：ギターなど音楽に興味がある。

土日の過ごし方：土曜は子どもと一緒に遊んだり，出かけたりする。日曜日は
　休む（教会へはあまり行かない）。

子ども時代のスポーツ：サッカーとテニスをやっていた。

第3節　ベルギー　**95**

地域社会へのコミットメント：最近忙しいのであまり地域の活動には参加していない。
子育ての考え方：創意工夫できる子どもに。スポーツなど自由にいろいろと経験してほしい。
仕事と余暇：余暇を重視したいが，今は仕事に時間がかかる。
生活の豊かさ：ワインを飲みながら読書。テレビはあまり見ない。
レジャー活動：基本的には奥さんと一緒だが，奥さんのほうはスポーツはあまりしない。

❹会員Bさん（女性）

<デモグラフィクス>
職業：農業。
休み：自営業なので，特に決まっていない。
家族：5人（子ども3人）。

<クラブライフ>
加入時期：4年前から子どもと同時に入会（ご主人以外はメンバー）。
加入理由：子どもの教育。自分も泳ぎたかった。
きっかけ：雑誌（地域のミニコミ誌のようなもの）を見て。
活動回数：週に1回。
会費：大人は年会費（1,500Bef＝約4,500円），子どもは1,500Bef（10回コース）。
満足度：大変満足している。指導者が教育も含めてよくやってくれる。

<その他のスポーツおよびライフスタイル>
子ども時代のスポーツ：体操競技と水泳。
他のクラブ経験：18歳まで他のクラブに入っていた。大学で中断して，妊娠・子育ての後，この水泳クラブで再開。
土日の過ごし方：家で掃除をする。教会へはあまり行かない（ときどき行くことはある）。
長期休暇：できれば家で過ごしたい。旅行するとすれば，国内旅行（海岸地方）でよい。
地域社会へのコミットメント：学校の行事に参加する。
家庭の仕事や子育ての考え方：スポーツの好きな子になってほしい。ただし，競技を追求するのではなく，トータルな能力を身につけてほしい（水泳は全

身運動)。
仕事と余暇：仕事をすることが大好き。仕事（農業）がレジャー，趣味のようなもの。
生活の豊かさ：掃除が大好き。
レジャー活動：ご主人の仕事は農協。ご主人はあまりスポーツはしない。
ライフスタイルへの影響：テレビなどはあまり見ないので，メディアの影響はない。子どもやご主人の両親の影響が大きい。

① ビジネスとしてのスポーツクラブに分類されるとしても，非営利的な性格の強いクラブである。公共のプールを1時間500Bef（約1,500円）で借りることができ，専任スタッフ数が少ないことが低廉な会費設定を可能にしている。日本では，公共のプールの管理運営を民間のスイミングクラブに委託するという例があるが，このように民間のクラブに対して団体開放を行っているといえるような例はほとんどないのではないか。「洞窟探検」など市や学校との共催事業を展開することによって，少なからずクラブが公共的な性格を認められているのかもしれない（日本の民間スポーツクラブのあり方としても参考になる）。ただし会費が安いこともあり，会員数の割には必ずしも経営的には楽ではないようだ。

② 一般的なライフスタイルでは，テレビを見る時間の少なさから見てメディアがライフスタイルに与える影響は小さい。日常的には夫婦というより親子が単位になった活動が中心であるように思える。長期休暇はまとめてとり，外国や国内などの旅行を中心としてレジャーを楽しんでいる様子がうかがえる。必ずしもスポーツなどの活動的な生活を，豊かな生活の主要な要因としてイメージしているのではなく，カフェでワイン（またはビール）と読書，家の掃除といった安定して落ち着いた過ごし方を理想としているようだ。教会への参加は不活発で，地域の活動への参加にも積極的ではない様子がうかがえる。

③ スポーツについては，子どものときから複数のスポーツに親しみ，子どもにもいろいろなスポーツを経験してほしいと願っている。スポーティにも競技力向上というよりは，子どもの全人的な教育の一環として参加し，期待していることがうかがえる。その結果として，Dさんのような，10年以上に

わたって会員を継続し，生活の一部として習慣化し，定着している高校生会員が生まれているのだろう。ただし Meuleman さんの話にもあったように，大学生になるときにクラブ継続のための転機を迎える可能性はある。

④クラブには親子（どちらか一方）で同時に入会というケースが多く，きっかけは広報活動というより，知人などによる口コミによっている。スポーティでの活動は週に1回，30分から1時間程度が一般的である。活動目的は，競技というより楽しみや健康目的の活動をしている。クラブでは，水泳などのスポーツ活動が中心で，その他の社交的なプログラムなどは少なく，クラブハウスがないなど施設的な制限もあり，スポーツ以外での会員間の人間関係の広がりはあまり見られないようだ。Aさんのように，15kmも離れた自宅から通ってきている人もあり，地域活動への参加の消極性ともあわせて考えると，スポーティの会員は，地域といった地縁ではなく，スポーティの提供するサービスに対して経済合理的な判断をしている人びとということができるかもしれない。

なお，ベルギー，ルーヴァン市での調査は，木村・黒須の報告（平成12年度日本体育協会スポーツ医・科学研究報告 Vo.Ⅳ　生涯スポーツの振興方策に関する研究（その2）2001年3月）がもとになっている。 　　　　　　　　　　　　　（木村和彦）

【注】
1) スポーツクラブに対する助成金のポイント制の規則（市議会の議事録より抜粋）
　1. 基本的条件
　　スポーツ団体として，助成金を受けるためには，下記の条件を満たす必要がある。
　　a) 市に助成金を請求する住所(事務所)があること。クラブのメンバーに，3分の2以上の市民が含まれていること。
　　b) すべての人に「オープン」であること。
　　c) 最低限，週に1回のスポーツ活動を行っていること。ただし，そのスポーツ団体の休日，またはバケーション期間は除く。
　　d) 1年間，継続的に活動が行われていること。
　　e) 市のスポーツアドバイザーの助言・評価を受けていること。
　2. ポイント制の基準
　　a) 活動に積極的に参加するクラブ員は，保険に加入し，かつそれに付随して毎年健康診断を受けること。
　　　18歳未満 → 3ポイント

18 歳以上 → 1 ポイント
b) 年間の活動時間数 × 1 ポイント
c) 指導者として最低 2 年以上の経験を持つ人 = 20 ポイント
　　有資格者 = 30 ポイント
d) 公共施設の年間の使用時間数 = × 0.15 ポイント
　　最大限数を 125 ポイントとする。
e) 民間施設の年間の使用時間数 = × 0.5 ポイント
　　最大限数を 400 ポイントとする。

【引用・参考文献】
1) ㈶日本体育協会, 2001.「平成 13 年度日本体育協会スポーツ医・科学研究報告 No. Ⅳ, 生涯スポーツの振興方策に関する調査研究―その 2 ―」.
2) INFORMATIEMAP VOORSPORTCLUB：SPORTDIENST, LEUVEN, APRIL 1999.
3) ㈶日本スポーツクラブ協会, 文部省委嘱調査, 2000.「地域スポーツクラブ実態調査報告書」.
4) Van Meerbeek, R. 1993. *Sportclubs : in the past, at present and in the future.* Vlaams Tijdschrift voor Sportbeheer, p.115.
5) 〈http://www. bloso. be/public/summary/summary. asp〉

第3章

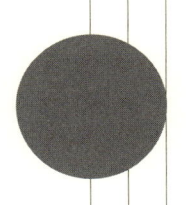

スポーツの組織化をめぐる現状分析と課題

第1節

NFの組織化の現状と課題

　スポーツ組織は,「スポーツを行うという目的を達成するために合理的に整序された行動体系または社会体系」[1] と規定されるが, ここではスポーツを楽しむという共通の目的を持って組織されたスポーツ集団を統括・統制する上位の組織体を対象として考察する。ここでのスポーツ組織の役割は,「スポーツ愛好者の相互理解を高め・守り, スポーツの良識を育て, スポーツの自律性を保持するばかりでなく, スポーツの世論を形成し, スポーツ愛好者の力が社会的な力として作用する要となる」[2] 要件に機能することである。

　本節では, 生活文化としてのスポーツが国民文化として定着する際に必要とされるスポーツの組織化に着目し, その観点からわが国のスポーツプロモーションへの取り組みについて考える。ここでは, ㈶日本体育協会が実施した「スポーツ人口等実態調査」(1994～1996〈平成6～8〉年) の調査結果[3] を概括し, それをふまえてスポーツプロモーションの今後の課題について検討し提案する。

　なお, この調査は調査対象を「都道府県体育協会加盟団体 (平成6年実施)」「日本体育協会未加盟中央団体 (平成7年)」「商業スポーツクラブ (平成8年)」の3カテゴリーに分けて実施されており, 本論でもそのカテゴリーごとに検討する。

◇

　本節で扱う調査では, その目的を「都道府県体育協会に加盟する競技団体の登録人口および登録システム等を明らかにすることによって, 本会および本会加盟団体の組織体制を整備あるいは改革するための基礎資料とする」ことにおいている。調査対象は都道府県体育協会に加盟している競技団体であり, 調査内容は, 1) 各団体の登録人口, 2) 各団体の登録システム, 3) 登録にともなうメリットおよび登録推進のための活動, 4) 市町村競技団体およびその他の

競技団体との関係の4項目である。調査は平成7年1月〜2月の期間，質問紙郵送調査法によって実施された。総配布数は2,222票，有効回収数は1,973票，有効回収率は88.8％である。

1．競技団体の組織人口の現状と特徴（登録人口）

都道府県体育協会加盟団体への登録者数は延べ716万9,639人であり，この数を平成6年のわが国の総人口（1億2,503万人）からみると5.7％の登録者率（図1）となる。登録者の性別（図2）では男性が約7割を占め，登録種別では「選手競技者」登録が9割を超えて圧倒的に多く，以下「審判」登録，「指導者」登録，「役員」登録の順となっている。

登録者を年齢別の指標でみると，中学生，高校生，社会人が各々約4分の1ずつを占めてはいるが，同年代の人口に占める割合（図3）からみると中学生が35.1％，高校生が29.1％と多く，一方，大学生は7.0％，社会人は1.9％ときわめて少ない値を示している。

また，競技別にみた場合（図4），一競技の平均登録者数は約84,000人であるが，

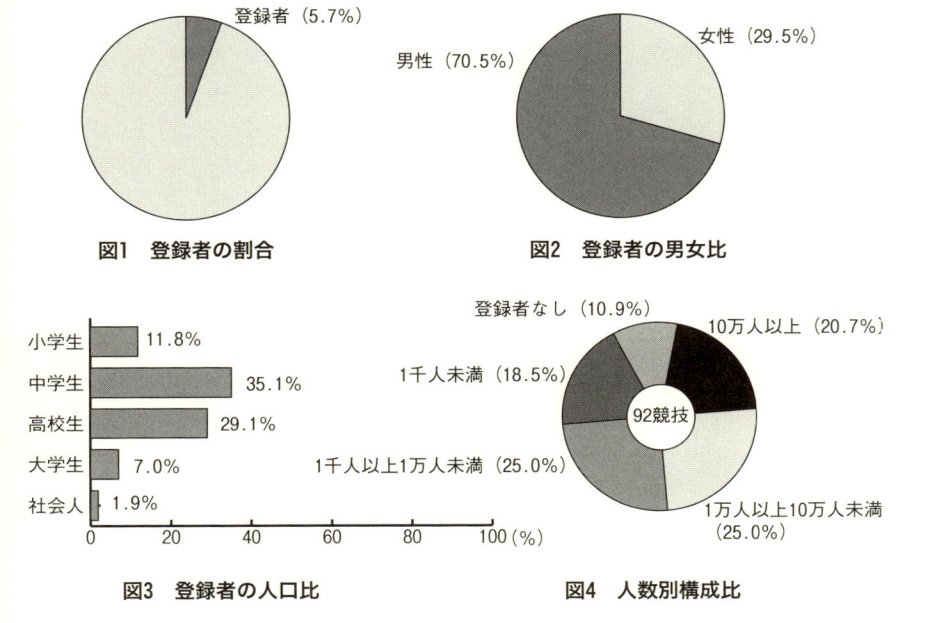

図1　登録者の割合　　登録者（5.7％）

図2　登録者の男女比　　男性（70.5％）　女性（29.5％）

図3　登録者の人口比
- 小学生　11.8％
- 中学生　35.1％
- 高校生　29.1％
- 大学生　7.0％
- 社会人　1.9％

図4　人数別構成比（92競技）
- 登録者なし（10.9％）
- 1千人未満（18.5％）
- 1千人以上1万人未満（25.0％）
- 1万人以上10万人未満（25.0％）
- 10万人以上（20.7％）

これを上回る団体は登録者が 100 万人を超えるサッカーや 50 万人を超えるバスケットボールを筆頭に 92 競技中 19 競技あり，登録者が 1 万人未満の競技が約半数となっている。

○まとめ

上記の調査結果は，わが国の都道府県体育協会加盟団体のスポーツ組織人口が，中学や高校の運動部を中心に組織され，高校卒業と同時に競技会参加の機会が減少し，同時にスポーツ組織から離脱していくことを示している。このことは，スポーツ愛好者の多くが，競技会参加のためにだけ競技団体に登録することを意味し，逆に競技会参加以外の目的に対応したメリットや，登録を継続するだけの魅力に乏しいスポーツ団体の現実が浮き彫りにされている。

なお，登録の種別では，9 割強が「選手競技者」登録である。ただ，早期に組織化を進めた歴史のある団体においては，「審判」「指導者」「役員」などの「選手競技者」以外の登録種別の構成比が若い団体より若干高くなる傾向を示している。

2．競技団体の組織化活動の現状と特徴

(1) 登録システム

❶登録手続きについて

登録の手続き（図 5）では，都道府県競技団体に直接登録するところが最も多く，1,155 団体で全体の 58.5％を占める。次は市町村競技団体に登録し，その後都道府県競技団体に登録するもので全体の 4 分の 1 にあたる 513 団体である。一方，これらを経由せず中央競技団体に直接登録するところは少なく，198 団体（10.0％）となっている。まずはじめに市町村競技団体に登録する中で，その登録で自動的に都道府県競技団体に登録されるしくみを持つ団体は約 7 割にあたる。

登録の期限について（図 6）は，約 4 割にあたる 777 団体が一定の期限までに登録することになっており，期限を限定せず随時受け付けている団体は 444 団体（22.5％）である。また，一定の期限は設けているが，それ以外に大会や

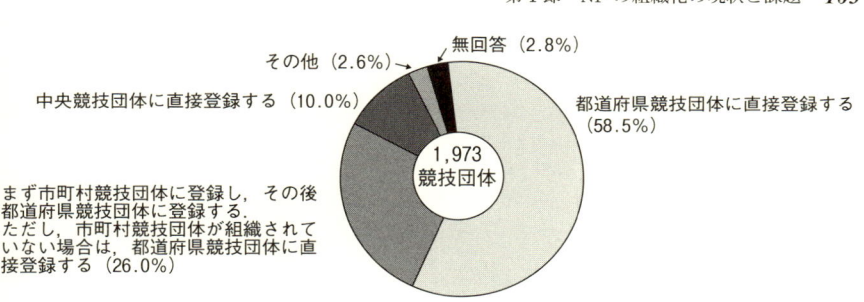

図5 登録方法

- その他 (2.6%)
- 無回答 (2.8%)
- 中央競技団体に直接登録する (10.0%)
- 都道府県競技団体に直接登録する (58.5%)
- まず市町村競技団体に登録し，その後都道府県競技団体に登録する．ただし，市町村競技団体が組織されていない場合は，都道府県競技団体に直接登録する (26.0%)
- 1,973 競技団体

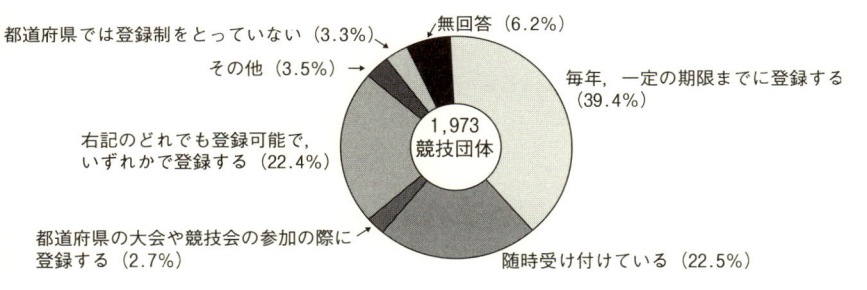

図6 登録期限

- 都道府県では登録制をとっていない (3.3%)
- 無回答 (6.2%)
- その他 (3.5%)
- 毎年，一定の期限までに登録する (39.4%)
- 右記のどれでも登録可能で，いずれかで登録する (22.4%)
- 都道府県の大会や競技会の参加の際に登録する (2.7%)
- 随時受け付けている (22.5%)
- 1,973 競技団体

競技会でも登録可能な団体が 442 団体あり，大会や競技会といった試合参加の際にのみ受け付ける団体は 2.7% と意外に少ない。

登録の単位では，「個人」登録 (31.5%) と「チーム・クラブ」登録 (32.2%) が各々 3 割を超え，どちらでも登録可能が 19.1% となっている。個人単位で登録する競技団体が登録時に求める記載事項 (図7) は「住所・連絡先」(57.4%)，「在学校名または勤務先」(55.9%)，「学年や年齢」(55.3%)，「所属チーム・クラブ名」(43.0%) となっている。また，チーム・クラブ単位で登録する競技団体の場合 (図8) は，「所属者全員の氏名」(49.9%)，「所属者全員の学年や年齢」(41.9%) が多く，所属者全員の住所や連絡先まで把握している競技団体は 4 割弱 (38.5%) にとどまる。

❷登録規定について

登録の規定に関して (図9，表1) は，ほぼ半数の 958 団体 (48.6%) が登録のための規定類を備えており，その 958 団体中，登録専用の規定類を備えているのは 345 団体 (36.0%) である。また，寄付行為や定款・約款の中で規定されている団体が約 3 割 (29.9%) を占める。

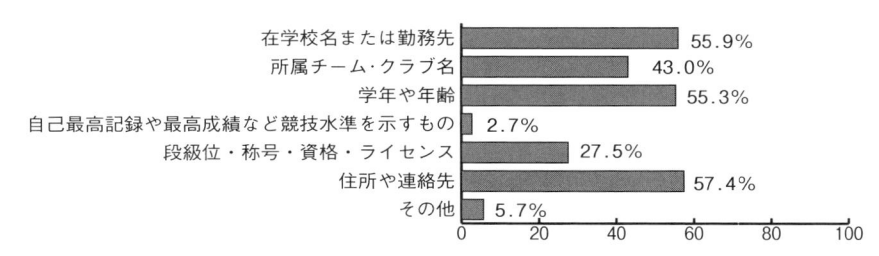

図7 個人登録の記載事項

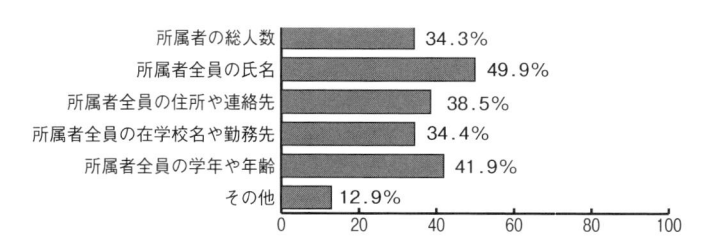

- 在学校名または勤務先: 55.9%
- 所属チーム・クラブ名: 43.0%
- 学年や年齢: 55.3%
- 自己最高記録や最高成績など競技水準を示すもの: 2.7%
- 段級位・称号・資格・ライセンス: 27.5%
- 住所や連絡先: 57.4%
- その他: 5.7%

図8 チーム・クラブ登録の記載事項

- 所属者の総人数: 34.3%
- 所属者全員の氏名: 49.9%
- 所属者全員の住所や連絡先: 38.5%
- 所属者全員の在学校名や勤務先: 34.4%
- 所属者全員の学年や年齢: 41.9%
- その他: 12.9%

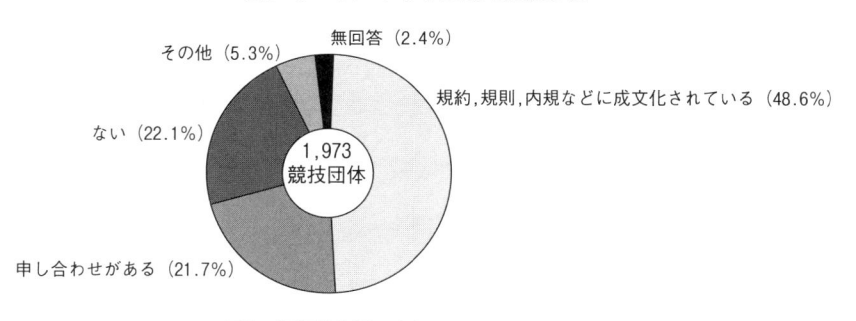

図9 登録規定類の有無

1,973 競技団体

- 規約,規則,内規などに成文化されている (48.6%)
- 申し合わせがある (21.7%)
- ない (22.1%)
- その他 (5.3%)
- 無回答 (2.4%)

表1 登録規定類の種類

	団体数	%
登録専用の規定類である	345	36.0%
寄付行為,寄付行為付則,定款,約款などの中で規定されている	286	29.9%
上記以外の他の規定類で規定されている	222	23.2%
その他	33	3.4%
無回答	72	7.5%
合計	958	100.0%

一方,規定はないが申し合わせがある団体が428団体(21.7%)あり,規定がある団体とこれらを合わせると約7割となる。登録のための規定や申し合わ

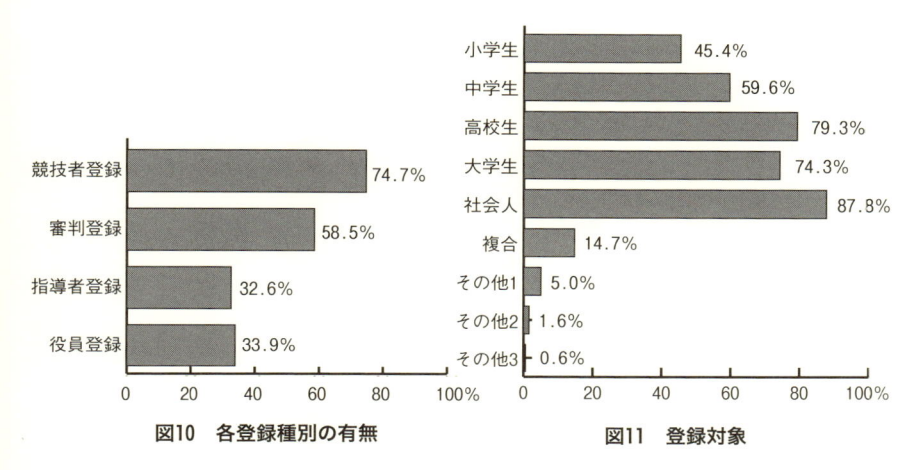

第1節　NFの組織化の現状と課題　*105*

図10　各登録種別の有無

- 競技者登録　74.7%
- 審判登録　58.5%
- 指導者登録　32.6%
- 役員登録　33.9%

図11　登録対象

- 小学生　45.4%
- 中学生　59.6%
- 高校生　79.3%
- 大学生　74.3%
- 社会人　87.8%
- 複合　14.7%
- その他1　5.0%
- その他2　1.6%
- その他3　0.6%

せなどがない団体は436団体（22.1％）にのぼる。

❸登録者種別・対象について

　登録者の種別では，それを設定している競技団体がほとんど（84.1％）であり，内容（図10）は「指導者」（74.7％），「審判」（58.5％），「役員」（33.9％），「指導者」（32.6％）となっている。また登録の対象者（図11）では，小学生を対象とする競技団体は半数の896団体（45.4％）であり，中学生は少し増え1,176団体（59.6％）となっている。やはり，多くの競技団体では高校生以上が登録対象となり，高校生（79.3％），学生（74.3％），社会人（87.8％）を示している。

❹登録料について

　登録料については，個人年間登録料を小学生と中学生から徴収する団体はそれぞれ全体の2割前後である。高校生と大学生では，4割前後の団体が登録料を徴収しており，社会人では5割近くになる。小学生および中学生では1,000円未満の団体が最も多く，高校生以上では1,000円以上5,000円未満の団体が最も多くなっている。

　登録料の扱い（図12）については，登録料の一部を中央競技団体に納入しているところが最も多く，全体の61.3％を占めている。登録料の全額を上納しているところも15.4％あり，一方，全額がそのまま団体の収入になるのは8.6％にすぎない。

　登録料の還元（図13）に関しては，中央競技団体から還元を受けているところが4分の1（26.3％）あり，別の費目で還元を受けている338団体（17.1％）

303 (15.4%)
↓105 (5.3%)
←120 (6.1%)
←66 (3.3%)
170 (8.6%)
1,973 競技団体
1,209 (61.3%)

- 全額が中央競技団体へ納入される
- 一部が中央競技団体へ納入される
- 全額が都道府県競技団体の収入となる
- 都道府県競技団体への登録制がないので登録収入はない
- その他
- 無回答

図12　登録料の納入

518 (26.3%)
109 (5.5%)
60 (3.0%)
1,973 競技団体
338 (17.1%)
948 (48.0%)

- 中央競技団体から還元を受けている
- 中央競技団体から別の費目で還元されている
- 中央競技団体からの還元はない
- その他
- 無回答

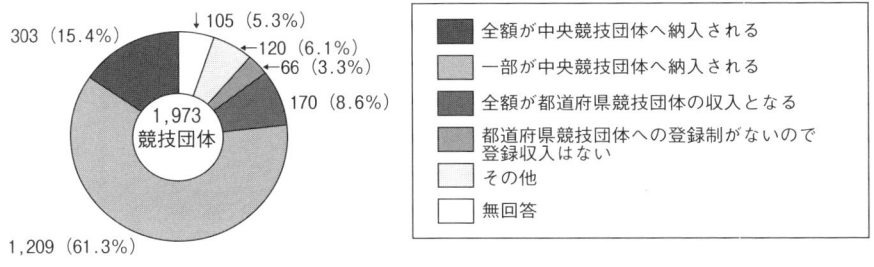

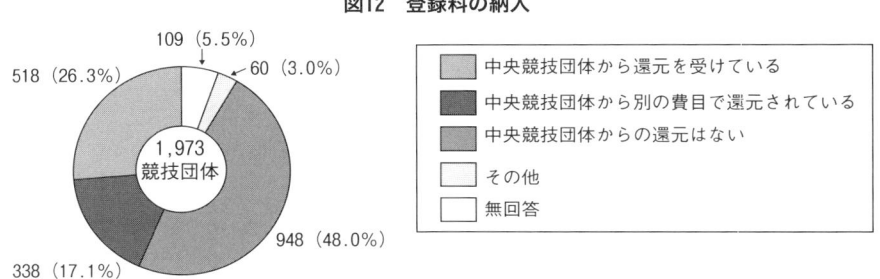

図13　登録料の還元

を含めると半数近くになる。他方，5割近い団体（48.0%）は登録料の還元を受けていない。

(2) 登録メリットおよび登録推進活動

❶登録のメリットについて

　登録のメリット（図14）があるとされる項目は「競技会参加資格」「情報提供（定期刊行物以外）」「競技者の意識高揚」「記録や資格，段級位の認定」「講習会参加資格」などである。この中でも，「競技会参加資格」をメリットとする団体の割合が特に高く，これが登録メリットの中核であるといえる。一方，「社会的評価を高めること」「施設利用に関する便宜供与」「財源面での活動助成」の項目については，メリットとする団体の割合は半数を下回っている。

❷会員サービスについて

　会員サービス（図15）として会員証・登録証を配布している団体は半数（54.1%）を上回ったが，バッジ・表彰・ワッペンなどは18.9%の配布にとどまっている。また，会誌・会報・ニュースレターなどを配布している団体は37.3%，組織・事業などのパンフレットを配布しているのが35.8%である。

図14 登録者のメリット

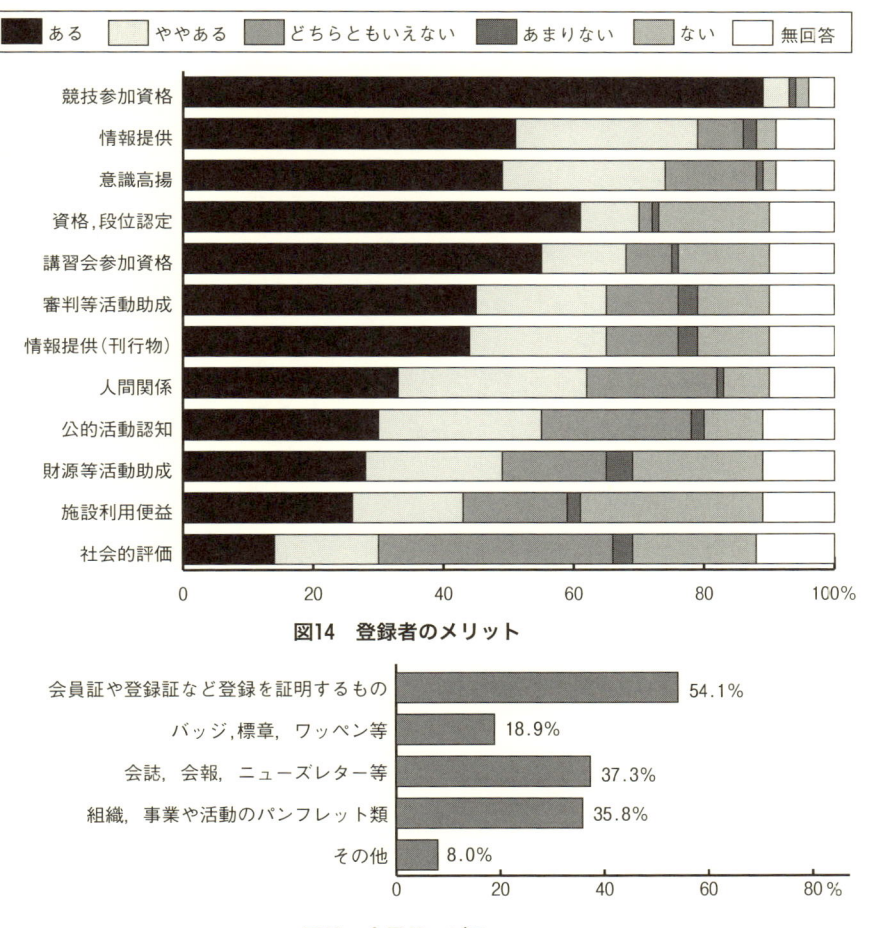

凡例：ある／ややある／どちらともいえない／あまりない／ない／無回答

項目（上から）：競技参加資格、情報提供、意識高揚、資格，段位認定、講習会参加資格、審判等活動助成、情報提供（刊行物）、人間関係、公的活動認知、財源等活動助成、施設利用便益、社会的評価

図15 会員サービス

- 会員証や登録証など登録を証明するもの　54.1%
- バッジ，標章，ワッペン等　18.9%
- 会誌，会報，ニューズレター等　37.3%
- 組織，事業や活動のパンフレット類　35.8%
- その他　8.0%

❸登録手続きのためのサービスについて

　登録手続きのためのサービスに関して，登録のための用紙などの準備（図16）については「所定の用紙，それに準じた様式」で手続きを行うことができる団体が8割近く（79.1％）を占めており，「特に準備しない」「様式は任意」を併せても1割強である。また，登録の案内や登録用紙を「登録者個人や登録チーム・クラブに配布している」団体が65.3％あり，「請求があったところだけ配布している」が12.9％であった。中には案内や用紙を作成していない団体も1割ほど存在する。

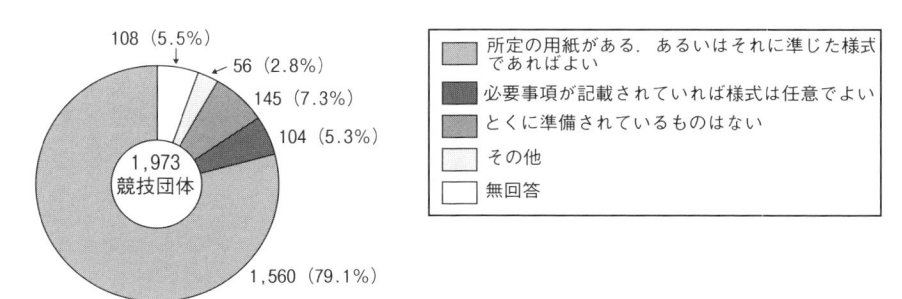

図16 登録用紙の様式

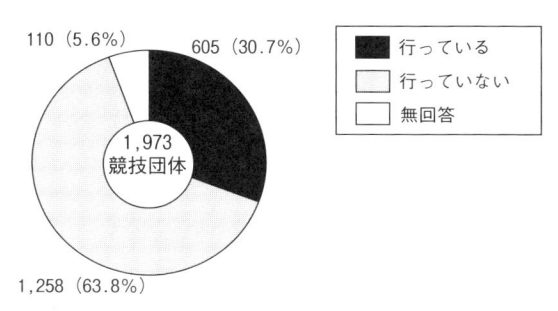

- 所定の用紙がある．あるいはそれに準じた様式であればよい: 1,560 (79.1%)
- 必要事項が記載されていれば様式は任意でよい: 145 (7.3%)
- とくに準備されているものはない: 104 (5.3%)
- その他: 56 (2.8%)
- 無回答: 108 (5.5%)

(1,973 競技団体)

図17 登録促進サービス

- 行っている: 605 (30.7%)
- 行っていない: 1,258 (63.8%)
- 無回答: 110 (5.6%)

(1,973 競技団体)

未登録の愛好者に対して，登録制度や方法を広報（図17）している組織化志向の団体は全体の30.7％にとどまり，多くの団体（63.8％）は継続的な登録予備層（学校運動部など）以外を対象とした広報活動（会員組織化の活動）を行っていない。

○まとめ

　登録システムについては，その期間などについて柔軟に対応している団体が多く，また登録規定や登録用紙といった形式的な整備もおおむねなされている。しかし，競技団体への登録者を学校運動部や現在の登録者・登録クラブにとどめず，より以上に組織化をはかっていこうとするための種々の活動は不活発であるといえる。

　登録のメリットに関しては，競技会への参加資格が中心であり，それ以外の具体的メリットは乏しい状態である。競技団体の中に情報提供をメリットにあげるところは多いが，会報の配布などの具体的な情報サービスを実施している団体はその割には少ない状況である。

　現在，競技団体への登録業務は都道府県団体が中心となって行っているが，予算面やマンパワーの問題も含めて，魅力ある会員サービスによるさらなる組織化のためには，必然的に中央競技団体での登録事務の処理や各種事業への援

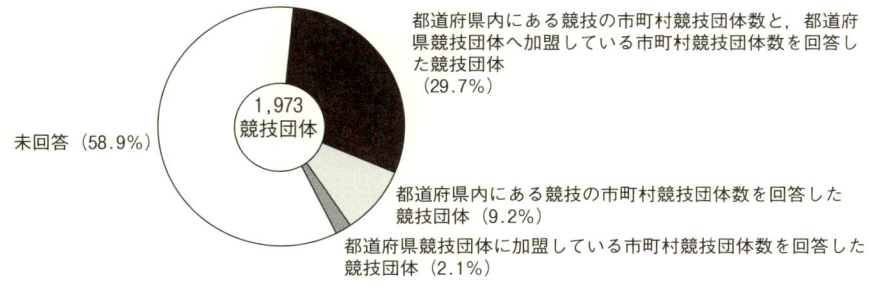

図18　同一種目競技の市町村競技団体数の把握状況

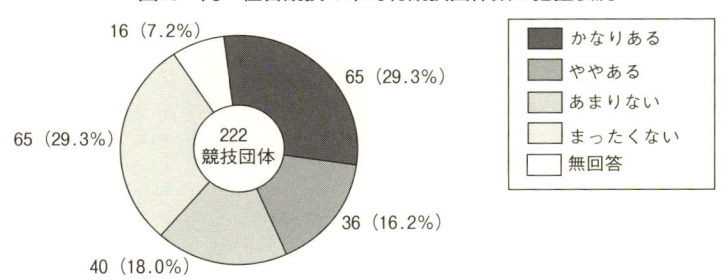

- 1,973 競技団体
- 未回答（58.9%）
- 都道府県内にある競技の市町村競技団体数と，都道府県競技団体へ加盟している市町村競技団体数を回答した競技団体（29.7%）
- 都道府県内にある競技の市町村競技団体数を回答した競技団体（9.2%）
- 都道府県競技団体に加盟している市町村競技団体数を回答した競技団体（2.1%）

図19　同一種目競技の競技団体との組織間交流

- 222 競技団体
- かなりある：65（29.3%）
- ややある：36（16.2%）
- あまりない：40（18.0%）
- まったくない：65（29.3%）
- 無回答：16（7.2%）

助が求められる時代であるといえる。

(3) 市町村競技団体と都道府県競技団体との関係

　都道府県内にある同一競技の市町村競技団体数を把握している団体（図18）は約4割（38.9%）程度であり，逆に約6割の競技団体がその情報を持っていないことになる。また，その他の競技団体との関係については，各競技団体と同一種目を扱う競技団体が都道府県内に存在していると答えた団体は約1割（11.3%）にすぎず，その組織との組織間交流について（図19）は「かなりある」「ややある」が45.5%，「あまりない」「まったくない」が47.3%とあいなかばしている。

○まとめ

　以上の結果から，都道府県内にはほとんどの競技団体が一競技一団体で存在している現状があり，たとえ同一種目を扱う競技団体が他にあったとしてもその存在を知らない実態がわかる。

3．今後の課題と改革への提言

(1) 競技団体組織化の現状

　都道府県競技団体の現状は，組織率 5.7％，会員構成は男性および児童生徒中心の選手権志向の競技者型組織である。まさしくわが国の競技スポーツ体制が，学校と企業の運動部にしか基盤を持っていない状況を物語っている。そこでは，組織化の努力も弱く，会員サービスも低調である。会員参加のプロセスは，おおむね選手権水準の競技大会への参加資格を得るためにチームレベルで登録し，会員となる流れである。

　一般に，中学や高校の学校運動部員になることに始まり，公式競技会に出場するために競技団体に登録し会員となる。その後，大学や企業の運動部へ進めば，そのまま半自動的に競技者登録を通じて会員となっている。役員や審判などの競技団体における特定役割の取得がない場合には，競技者役割の終わりがそのまま脱会を意味する。したがって，入会や脱会の意識はほとんどないままである。つまり，会員としての権利・義務の自覚を持たないまま会員になり，脱会しているのである。

　これが都道府県競技団体の組織化過程の実態であり，競技大会関係者と選手権志向競技者による組織にとどまっている状況が明らかである。

(2) 今後の課題と提言 [4]

❶「登録」から「加盟」「加入」へのコンセプトチェンジ

　一般に，「登録」はイベント参加権・資格獲得の意味が強く，日常的な組織所属の意味は弱い。それは競技会に参加するための手続きであり，加盟競技団体が競技者を集め競技会を開催するだけの組織であった時代の名残である。

　加盟競技団体が種目のカテゴリーで国民スポーツを支える組織になるためには，役員や審判などの競技大会関係者と競技者のみの組織から，多様なスポーツ愛好者の組織に変わることが求められる。したがって，「会員」としての参加を自覚する積極的なコンセプトへの変更が必要であり，団体会員の場合は「加盟」，個人会員の場合は「加入」というコンセプトに替えることが望まれる。

❷個人加入の重視

　所属意識と会員の自覚を高め，会員としての権利・義務を理解するために，個人の署名による加入システムを原則として確立することが必要である。団体登録は会員拡大に有効であるが，それのみの場合，各個人の会員としての自覚は生まれず，また団体からの脱会がそのまま会員脱会になるので，会員としての質の高まりの可能性は低く，一時的な所属に終わることが多い。したがって，加入システムを柔軟にするとともに，組織を支える質の高い継続的な会員を増やすためには，加入を意識し，会員自覚を持って加入する会員参加のシステムを開発することが必須である。

❸会員カテゴリーの多様化

　競技スポーツ愛好者は，イコール競技者というわけではない。その中には，選手権大会を志向しない多くの競技愛好者が含まれる。競技者から引退した愛好者を継続的な会員として確保するためには，たとえば競技者加入と会員加入を区別し，競技者会員と一般会員のカテゴリーを設けたり，会員加入を前提としてその中から選手権志向の会員が競技者登録をするシステムや，観戦会員や支援会員，ボランティア会員などの種別を設け，会員の多様化に対応することが求められる。つまり，多様な愛好者の組織参加を可能にするシステムを構築する工夫が望まれるのである。

❹会員サービスの充実

　競技会開催に関することのみが会員サービスである現状は，加盟競技団体が競技者のみの組織であったことを反映している。権利・義務に対する自覚ある会員を確保し，また多様な愛好者を会員化するためには，組織参加・会員所属のメリットが提供されなければならない。たとえば，選手権につながる競技大会の開催だけでなく，一般会員向けの競技会や講習会の開催をはじめ，一般愛好者が参加しやすく会員メリットを得られる事業の実施や，会員相互の交流を促進する事業などを工夫する必要がある。そのためには，会員の欲求や要望などの組織需要を把握し，それに対応する組織活動を展開できるシステムを開発することが求められる。

❺メリット提供に対応する適切な会費の徴収

　会員の組織への所属意識や権利・義務の自覚を高め，かつ会員にしかるべき組織参加のメリットを提供する組織活動を展開するためには，適切な額の会費

の徴収が必要となる。

　現代生活におけるスポーツの重要性を考えるならば，すべての会員（それがたとえ児童・生徒であっても）が，会員として組織活動を支える義務を理解し協力するべきであり，その点からみると「安かろう，悪かろう」の会員サービスの現状は改めなければならない。スポーツ組織における活動の公益的性格を考慮しても，会員が組織所属によって得られるメリットにふさわしい負担をすることは，今や市民社会の常識であり，ことスポーツ界においてもこの水準への高まりが期待される。

❻組織運営への会員参加の工夫

　組織所属の魅力を高めるためには，会員メリットと会費のバランスをとるだけで十分とはいえない。「自分たちの組織」「われわれの組織」という組織へのアイデンティティにもとづくサポート意識の高揚が重要な意味を持ってくる。こうした意識を開発し育むためには，会員に組織内での役割を付与し，組織活動への積極的な参画を促したり，組織運営への意見を求めたりすることで，自らが組織運営へ参画している実感を生み出す工夫が必要である。たとえば，競技者会員が一般会員を対象にしたスポーツ指導を行う機会を設けることや，一般会員が競技者会員のサポーターとして応援する機会を設けることなどが考えられる。

4．スポーツプロモーションの視点をふまえて

　日本アマチュアスポーツ界の総本山であり，長らくわが国のスポーツ振興を中心となって担ってきた日本体育協会（大日本体育協会）の創設が，第5回オリンピック大会にむけての代表団体としての機能を持って意図されたものであることは歴史の示すとおりである。国際的スポーツの祭典であるオリンピック大会への参加を契機にして発足したわが国初のスポーツ統括組織は，つまりは国内外のスポーツ競技会への参加と開催を主な事業とし，当初より競技スポーツへの強い志向の中で動き始めたのである。

　こうして国際的な活動を展開することになった大日本体育協会は，組織改革を経て，戦前のスポーツ黄金時代を築くまでに組織化をはかっていったが，その過程で強調された路線はスポーツの「高度化」や「大会主義」であり，それ

を支える理念は「選手中心主義」や「勝利至上主義」(森川・佐伯, 1988) であった。その結果, 当初オリンピック参加への代表組織としての役割同様に会の目的に含まれていた各種スポーツの普及・発展, つまり「国民スポーツの振興」は, 人集めの動員主義によって象徴される社会体育としてその陰を潜めてしまったのである。

戦後, 日本体育協会と改称されてからは, スポーツの復興をめざして国民体育大会の開催を決定し, それを機に都道府県体育協会が組織化され, 加盟団体として日本体育協会の傘下に収まることになるが, 基本的な組織化過程は大日本体育協会と同様のものであった。つまり,「代表選手の派遣のためにまず組織だけをつくるという, まさに大日本体育協会設立時にもみられた日本的な特徴を, そのまま地方体育協会の設立にみせるのである。これは『役員ばかりで会員が明確ではない』といった日本的スポーツ組織の『幽霊的体質』として指摘されるものである。また, 行事中心にスポーツを振興させたことは, 戦前からの少数のエリートによる『選手中心主義』『勝利至上主義』などの日本的スポーツの特質を一層強めることになった」(森川, 1980) のである。

このようなスポーツ統括組織の日本的といえる組織化過程は, つまるところ今回調査の対象とした都道府県競技団体の組織化へとつながっている。したがって, そこには根強い「大会至上主義」が存在し, そこに参加する「選手中心主義」が当然視されてもいる。このスポーツ大衆化の時代, さらにいえば「市民スポーツ」の時代にあっても, 旧態依然とした組織体質の残滓は, 本来市民社会のシステムとして機能し, スポーツプロモーションの核ともなるべき競技団体を単なる競技者・競技役員の集いとし, 競技愛好者のスポーツエネルギーを拡散状態にとどめてしまうのである。

スポーツ組織, とりわけ競技団体は競技愛好者の相互利益を高め・守り, 競技愛好者のエネルギーを結集することでスポーツの文化性を高め, スポーツの自律性を保持する役割を担っているはずである。スポーツが営まれ, また組織される場が学校や企業から地域社会へと移行し, 上昇志向の競技スポーツ一辺倒の時代から価値の多様化を背景にした生涯スポーツの時代へとシフトしている社会状況下において, 競技団体組織化の方向はスポーツの高度化と大衆化の双方を取り込み, 両者のエネルギーを結集することによって, はじめてスポーツプロモーション型のスポーツ組織として再生し, スポーツ文化の公共性に見

合った事業展開が可能となるのである。

　わが国の今後のスポーツプロモーション事業にとっても，これまで以上に中央競技団体あるいは都道府県競技団体の果たす役割は大きいものであろう。しかしそのためには，これまでの殻を破り，市民社会型のより多くの多様なスポーツ愛好者を取り込むシステムづくりと，魅力ある組織への改革が待たれるのである。

（鈴木　守）

【引用・参考文献】
1) 『新修体育大辞典』，1976．不昧堂出版，p.777．
2) ㈶日本本体育協会，1997．「スポーツ人口等実態調査平成 6・7・8 年度総括報告書」，p.83．
3) ㈶日本体育協会，1997，「平成 6 年度スポーツ人口等実態調査－都道府県体育協会加盟競技団体調査―」「平成 7 年度スポーツ人口等実態調査―日本体育協会未加盟中央団体調査―」「平成 8 年度スポーツ人口等実態調査―商業スポーツクラブ調査―」「スポーツ人口等実態調査平成 6・7・8 年度総括報告」．
4) 前掲書 2），pp.83-84．
5) 森川貞夫・佐伯聰夫編，1998．『スポーツ社会学講義』，大修館書店，pp.87-88．
6) 森川貞夫，1980．『スポーツ社会学』，青木書店，p.21．

第2節

レクリエーションスポーツ団体の組織化の現状と課題

1. はじめに

(1) レクリエーションスポーツ団体

　レクリエーションという語はさまざまな意味を与えられている。一例を示すと、「仕事・勉学などの肉体的・精神的疲労をいやし、元気を回復するために休養をとったり娯楽を行ったりすること。また、その休養や娯楽」である。これは、さまざまな活動によってもたらされる機能に着目しているということであり、したがって一つひとつのスポーツの競技や種目について、それをレクリエーションスポーツであるか否かを判定したり分類したりすることは適当ではない。

　スポーツ活動では、役割や業務を明確に定めた組織をつくって競技会などの事業を展開しているところもあれば、愛好者の親睦や情報交換のための集合体としての活動が中心となっている組織もある。前者は、その競技の統括団体として、選手や審判の資格要件を定め、大会の運営基準を策定し、用具や施設の認定などの事業を行っている。両者の違いは、そのスポーツの持つ形式的な特性の反映でもある。ゲームが中核となる場合は、その正当性を担保する権威としての組織が必要となる。他方、競技性がさほど高くない身体運動の場合、このような唯一の判定者としての組織機能の必要性は小さくなる。

　レクリエーションスポーツ団体とはいっても、そこで行うスポーツはゲーム形式であることが多く、実際に多くの団体で大会を開催している。したがって、レクリエーションスポーツ団体とは、オリンピックや国民体育大会などに採用されていない競技の団体という面も有している。

(2) レクリエーションスポーツの参加人口

表1はレジャー白書による参加人口である。競技スポーツの実施者がただちに競技会参加者であるとは限らない。たとえばテニス実施者でも，スクールの受講が中心で，ゲームもレッスン中の簡易ゲームだけ，という場合が圧倒的である。しかしながら，現実問題として行い方を区別して集計することは事実上不可能であることから，先に述べたレクリエーションスポーツ団体のとらえ方にしたがって，該当すると思われる種目を取り上げ，そのおおよその人口を知る手がかりとした。

表1　レクリエーションスポーツの参加人口

種　目	参加人口（万人）
ボウリング	3,200
体操（器具を使わないもの）	3,070
ジョギング，マラソン	2,620
水泳（プールでの）	2,200
キャッチボール・野球	1,690
トレーニング	1,550
サイクリング，サイクルスポーツ	1,490
釣り	1,490
卓球	1,270
バドミントン	1,190
ゴルフ（練習場）	1,160
ゴルフ（コース）	1,030
テニス	840
バレーボール	770
サッカー	760
スキー	760
ソフトボール	650
登山	630
バスケットボール	560
エアロビクス，ジャズダンス	510
スノーボード	470
アイススケート	260
柔道，剣道，空手などの武道	260
ゲートボール	120
サーフィン，ウインドサーフィン	110
スキンダイビング，スキューバダイビング	110
ヨット，モーターボート	90
乗馬	60
ハングライダー，パラグライダーなど	30

出典：㈶社会経済生産性本部『レジャー白書2005』

(3) レクリエーションスポーツ団体調査の概要

ここでは，㈶日本体育協会によるスポーツ人口等実態調査（平成7年度）の結果にもとづいて，組織化の現状を概観し課題を検討する。

この調査では，それぞれの団体の種目および活動において全国的および統括的な役割を担っている団体であって，調査時点で日本体育協会に加盟していない団体を選択した。レクリエーションスポーツ団体を明確に規定することが困難であることと同時に，すべての団体を網羅する作業も不可能に近い。したがって，大会や講習会を開催したり，機関誌を発行したりするなどの活動を行っ

表2　調査対象団体

(社)日本一輪車協会	(社)少年軟式野球国際交流協会
(財)日本サイクリング協会	(財)日本ボールルームダンス連盟
日本アマチュアカバディ協会	日本サーフィン連盟
(社)日本インディアカ協会	全日本ＢＭＸ連盟
(社)日本グラススキー協会	日本ボードセイリング連盟
日本チュックボール協会	日本アームレスリング連盟
日本パドルテニス協会	日本水上スキー連盟
全国家庭婦人バレーボール連盟	日本スカッシュ協会
日本ビーチ・ソフトバレー連盟	日本セパタクロー協会
日本アメリカンフットボール協会	(財)日本モーターサイクルスポーツ協会
(財)日本学生航空連盟	日本アマチュアサンボ連盟
日本ペタンク協会	日本キャスティング協会
日本ドッジボール協会	(財)マリンスポーツ財団
日本フィンスイミング協会	(社)自彊術普及会
国際スポーツチャンバラ協会(全日本護身道連盟)	(社)日本キャンプ協会
(財)日本航空協会	(社)日本スイミングクラブ協会
日本ラクロス協会	(財)日本釣振興会
日本タッチ協会	日本フィールドトライアル協会
日本マウンテンバイク協会	(財)日本万歩クラ
日本スピードボール協会	(財)合気会
日本フットサル連盟	日本ターゲットバードゴルフ協会
日本レクリエーション・カヌー連盟	(社)日本ボディビル連盟
日本シャトルボール協会	日本ライフセービング協会
日本健美操協会	(社)日本ジュニアヨットクラブ連盟
日本健康体育協会	(社)日本ハンググライディング連盟
日本エスキーテニス連盟	スポーツ整体協会
３Ｂ体操協会	(社)大日本弓馬会
(財)日本身体障害者スポーツ協会	(社)日本山岳会
全日本マレットゴルフ協会	全日本マーチングバンド　バトントワリング連盟
日本テコンドー連盟	日本ティーボール協会
日本フィールドアーチェリー協会	日本マスターズ水泳協会
日本ゲーゴルゲーム協会	日本気球連盟
日本ネットボール協会	日本落下傘スポーツ連盟
日本ビーチボール協会	戦球
(財)正弓会	日本躰道協会

注)　各団体の名称は調査時（1996年）のものである。

　ている団体を選択的に取り上げた。この中には，頂点にプロ組織を有する団体も含まれているが，ごく少数であることから，結果に重大な影響を及ぼすとは考えられない。

　調査は平成8年2月中旬から3月下旬にかけて実施したもので，主たる内容は組織人口，組織化の現状，組織活動の内容および組織整備に対する考え方についてである。調査対象として取り上げた89団体に質問紙を郵送し，表2に示す70団体（79％）から回答があった。

さらに調査内容を補足し，組織化戦略を明らかにするために，質問紙調査に回答した団体から14団体を選択して，面接調査を実施した。調査内容は，組織設立の動機，重要人物とその役割，組織課題などの組織確立の経緯と発展の経過，事務局および運営体制や組織機構などの組織化の現状，会員メリットや会員サービス，普及活動や事業などの組織化活動と戦略の状況などである。

面接に際しては，組織運営の任にある複数の担当者に対して直接インタビューを行う集団面接を原則とし，事前に質問事項を提示した上で，調査票調査への回答も参照しつつ詳細をたずねた。調査時期は平成8年3月下旬である。

2．レクリエーションスポーツ団体の組織化活動の現状と課題

(1) 組織形態

❶設立時期

1959年までに設立された団体は10団体あり，そのうちの6団体は戦前から戦中にかけて設立されている。1960年以降についてみると，ほとんど毎年のように数団体が設立されているが，特定の時期に集中するような傾向を見いだすことはできない。年代別に比較すると，1960年代12団体，1970年代17団体，1980年代17団体であり，1990年代は1990年から1994年までの5年間で14団体が設立されており，わずかではあるが，設立数が増加している傾向にある（図1）。

❷法人格

法人格を有する団体は少なく，過半数が法人格を有していない任意団体であ

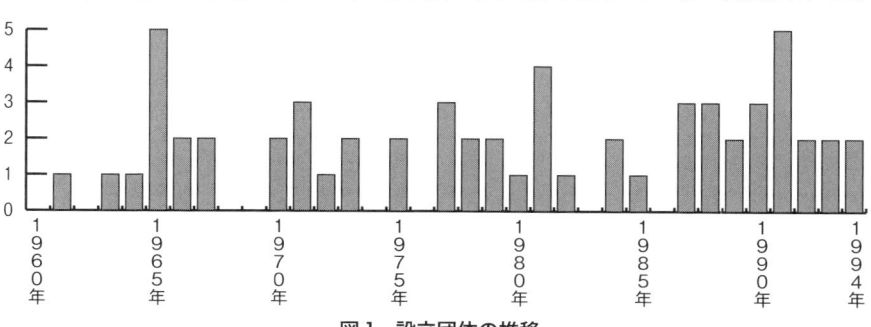

図1　設立団体の推移

る。法人の種類としては，社団法人が財団法人をわずかに上回っている（図2）。

❸ 下部組織

中央団体は都道府県団体や学校の種類ごとにつくられた全国的団体の連合体として組織され，都道府県団体もほぼ同様に市町村団体の連合体である。レクリエーションスポーツ団体で，都道府県単位で組織された地方団体を持つところは64％であり，一つの団体が傘下に持つ地方団体数は平均して22団体であった。すなわち，全国組織はあっても，地方組織を持たない団体が相当数存在するということである。

また，都道府県団体以外の加盟団体を有するところは37％であり，加盟団体数は平均して37団体である。これらは，都道府県段階での組織化がなされていない場合であっても，市町村単位で組織された団体が全国組織に直接加盟している状況がうかがえる（図3）。

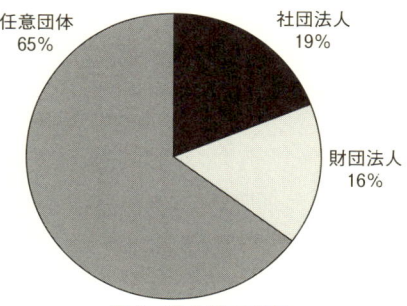

図2 法人格の有無

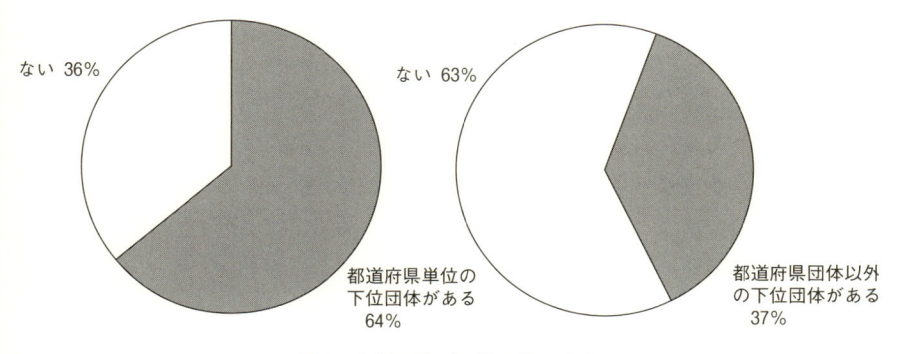

図3 上部団体／下位団体の有無

(2) 内部体制

❶ 役員

1団体あたりの役員数は平均20人である。代表者の役職名は会長が一般的であるが，理事長とするところもある。また，会長の下に副会長や理事長を置く団体もある。各役職別に平均的な人数構成をみると，理事は12人前後，常

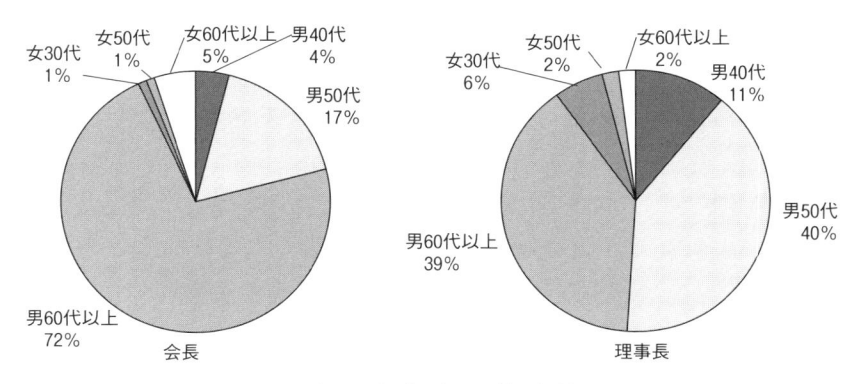

図4 会長および理事長の性と年齢別構成比

任理事または常務理事が3人程度，監事1～2名の構成である。なお，どの役職までを役員とするかは，各団体でさまざまである。

役員の年齢構成では，50歳代や60歳代が多く，その大部分は男性であり，特に会長，理事長，副会長といった団体を代表する役職者については90％以上が男性である（図4）。

役員選出方法をみると，推薦で決定するところが64％，選挙を行うところが18％である。なお，有給の役員は，役員全体の4％であった。

❷常設委員会

多くの団体が専門的な事項を処理するための委員会あるいは部会という名称の組織を設けている。所管事項ごとに委員会（または部会など）の設置状況をみると，普及や会員拡大，広報，運営企画，競技規則・ルール，ライセンス・検定，技術指導を所管する委員会（部会など）は過半数の団体が設置している。また，総務や財務に関する委員会も半数近くの団体が設けている。用具，選手強化を所管する委員会を設けているところが少ないのは，レクリエーションという種目特性によるものであるといえる（図5）。

❸会則・規程

各種の規程類は業務遂行の根拠であり，判断基準を提示し実務指針となるものである。団体の事務処理に関する規程類の制定状況では，加盟団体や会員登録に関する規程の制定状況が最も高く，8割の団体がこれを定めている。ついで，競技者の登録や資格に関する規程，事務運営や事務処理に関する規程，給与・研修・旅費に関する規程は過半数の団体で定められている（図6）。

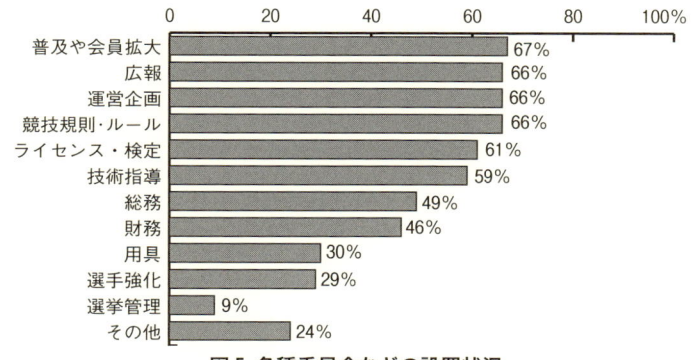

図5 各種委員会などの設置状況

- 普及や会員拡大 67%
- 広報 66%
- 運営企画 66%
- 競技規則・ルール 66%
- ライセンス・検定 61%
- 技術指導 59%
- 総務 49%
- 財務 46%
- 用具 30%
- 選手強化 29%
- 選挙管理 9%
- その他 24%

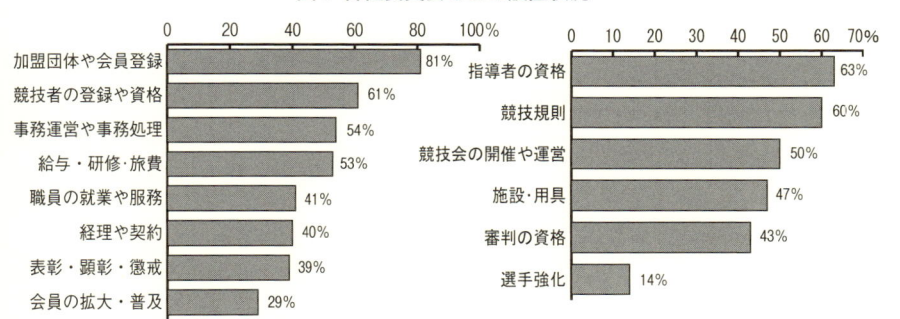

図6 事務処理に関する規程の制定

- 加盟団体や会員登録 81%
- 競技者の登録や資格 61%
- 事務運営や事務処理 54%
- 給与・研修・旅費 53%
- 職員の就業や服務 41%
- 経理や契約 40%
- 表彰・顕彰・懲戒 39%
- 会員の拡大・普及 29%

図7 種目や競技に関する規程の制定

- 指導者の資格 63%
- 競技規則 60%
- 競技会の開催や運営 50%
- 施設・用具 47%
- 審判の資格 43%
- 選手強化 14%

　種目や競技に関する規程の制定状況では，指導者の資格に関する規程と競技運営に関する規程は6割の団体が制定している。施設・用具に関する規程，審判の資格に関する規程を制定しているところが半数に満たないが，種目の特性によって審判が存在しない場合もあるためであろう（図7）。

❹事務局体制

　団体の事務を処理する物的資源である物理的スペースは，その団体の活動の有り様に大きな影響を及ぼす。多くの団体では建物の一室を賃借して事務所としているが，約1割は個人の自宅を使用している。

　平均的な事務局員の構成は，事務局長のもとに男女各2名の事務局員である。ただし，事務局長の平均員数は0.84人であり，これは，特に事務局長という名称を使用しない小規模団体が存在するためであると推察される。

　事務局長は40歳代かそれ以上の年齢の男性である場合が最も多く，女性が担当している割合は約1割である。事務局長以外の事務局員では，男女ともに

表3　事務局長および事務局員の年齢別構成比

	10代	20代	30代	40代	50代	60代以上	合計
事務局長	−	1%	12%	35%	20%	32%	100%
事務局員	0%	47%	19%	13%	11%	11%	100%

表4　年間の事業開催数

	会員のみを対象	非会員も対象
講習会・研修会・教室行事など	11.9回	8.6回
競技会・大会・イベントなど	8.1回	8.9回
冊子・パンフレット・会報などによる情報提供	3.8回	2.9回

20歳代が最も多いが，男性のほうがやや年齢が高い者の割合が多い（表3）。

有給の事務局長は全体の4割であり，有給の事務局員は男女ともに約6割である。ただしこの中には，作業に対する謝礼程度の場合も含まれており，常勤者はさほど多くないことが予想される。

(3) 活動

❶事業

それぞれの団体は会員に対してだけではなく，非会員に対しても事業を実施している。ただし，非会員対象事業は，非会員だけを対象とするものだけではなく，会員も対象にした事業も含まれており，逆に会員対象事業は，会員のみを対象とした事業である。

指導的事業，大会的事業，情報提供事業についてみると，年間平均実施回数では，指導的事業が最も多く，特に会員対象ではほぼ毎月実施していることになる。ついで大会的事業となり，情報提供は季節ごとに実施していると考えることができる（表4）。

❷ライセンスの交付

愛好者の活動においてもライセンスが必要とする団体は2割であり，約4割は特に必要としていない。また，ライセンス制度そのものがない団体は約3分の1である（図8）。

団体が発行するライセンスの種類について，発行している団体の割合をみると，審判に関するライセンスと指導者に関するライセンスは半数以上の団体が発行しているが，競技者に関するライセンスと一般の愛好者に関するライセンスを発行する団体は3割である（図9）。

図8　ライセンス制度

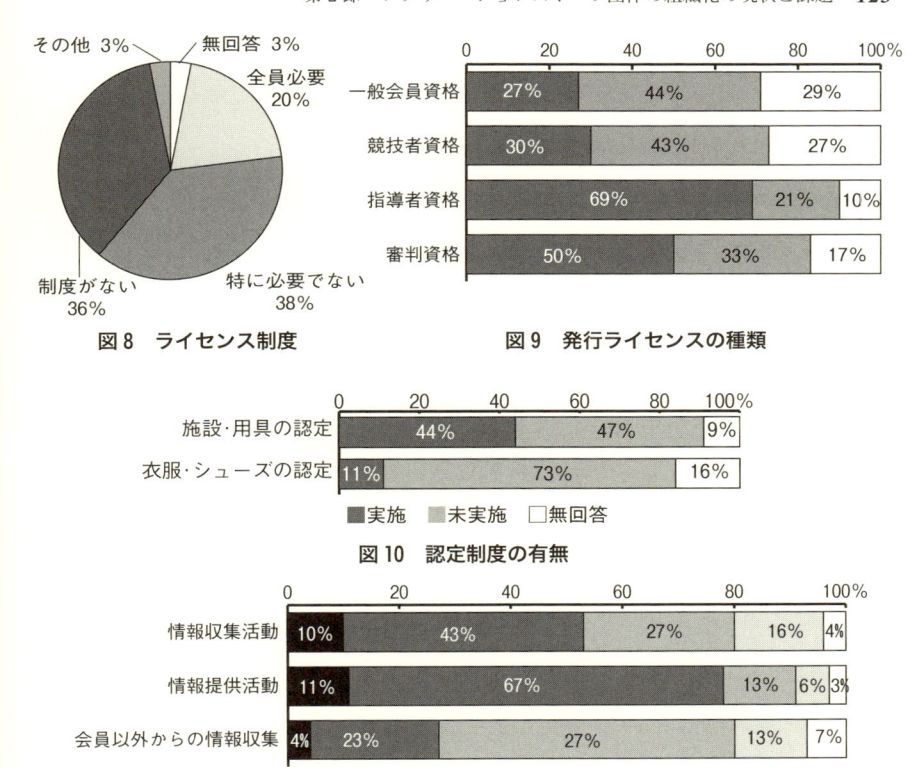

図9　発行ライセンスの種類

図10　認定制度の有無

図11　情報収集活動と情報提供活動

❸施設や用具の認定

　施設や用具の認定制度を有している団体は約4割であり，半数近い団体は認定制度を持たないため，認定業務を行っていない。

　また，衣服やシューズについての認定制度を有している団体は約1割であり，ほとんどの団体が認定制度を持っていない（図10）。

❹情報活動

　情報活動には，情報収集と情報提供の二つの方向がある。会員や傘下団体から情報収集活動を行っている団体は「かなり行っている」「行っている」を合わせると半数程度である。他方，会員や傘下団体に対して情報提供を行っている団体は同様に約8割である。

　会員以外からの情報収集活動を行っている団体は，約4分の1である（図11）。

(4) 会員組織化活動

❶会員の動向

各団体の会員数は，100万人を超すと回答した団体から数百人規模まで幅広く分散し，一定の傾向を見いだすことはできない。

会員の属性では男性が圧倒的に多く約4分の3を占めている。男女別に年齢構成をみると，男女とも20歳代が最多であり，特に女性では全体の4割を占めている。ただし，男性の20％，女性の25％は年齢を特定できない（図12）。

会員の動向では，約4分の3の団体で会員数と指導者数の増加傾向がみられる。また，女性会員が増加傾向とする団体も6割近い。会員の高齢化傾向を指摘する団体は約3分の1である（図13）。

❷入会登録システム

団体への入会を随時受け付けている団体は4分の3に達する。他方17％の団体が，時期を区切って入会を受け付けている。登録する単位としては，ほぼ半数の団体で「個人，チーム・クラブのどちらでも」可能としており4分の1は「チーム・クラブ単位のみ」で「個人単位のみ」は2割である（図14）。

❸年会費・登録費

個人単位で年会費・登録費を徴収する団体は7割であり，その平均金額は年額8,105円であった。チーム・クラブといった単位で徴収する団体は6割であり，平均金額は年額19,000円であった。なお，団体によっては個人およびチーム・クラブの両方の費用が必要になるため，ここでの合計は100％になっていない。

❹メリット

半数以上の団体が会員の受け取るメリットとして「情報提供」「定期刊行物」「競技会などへの参加資格」「講習会・研修会への参加」「記録・資格・段位の認定」といった個人が直接享受できる具体的なものをあげた。しかしながら，最も多くの団体がメリットとして示したのは「人間関係の幅が広がる」というやや抽象的なものである。他方で，「審判派遣などの活動助成」「施設利用時の利点」「財政的な活動助成」という日常活動についてメリットがあるとする団体は半数に達していない。また，「公的活動」「選手としての意識」「社会的評価」といった対外的メリットを指摘した団体はほぼ半数である（図15）。

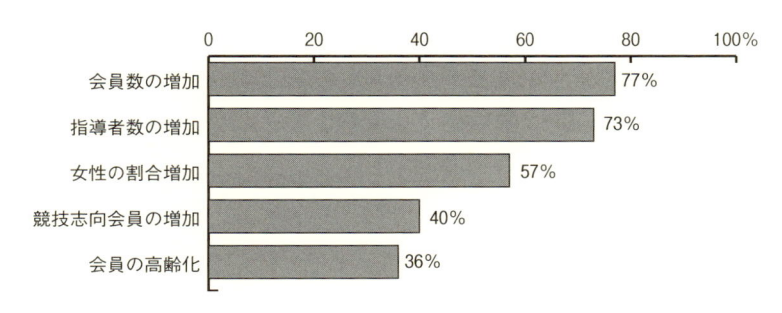

図13　会員数の動向

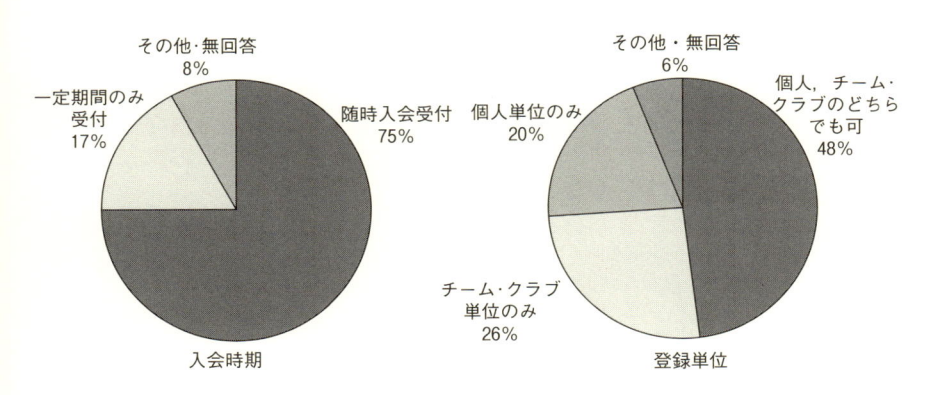

- 会員数の増加　77%
- 指導者数の増加　73%
- 女性の割合増加　57%
- 競技志向会員の増加　40%
- 会員の高齢化　36%

図14　入会受付時期と登録単位

入会時期
- 随時入会受付　75%
- 一定期間のみ受付　17%
- その他・無回答　8%

登録単位
- 個人，チーム・クラブのどちらでも可　48%
- チーム・クラブ単位のみ　26%
- 個人単位のみ　20%
- その他・無回答　6%

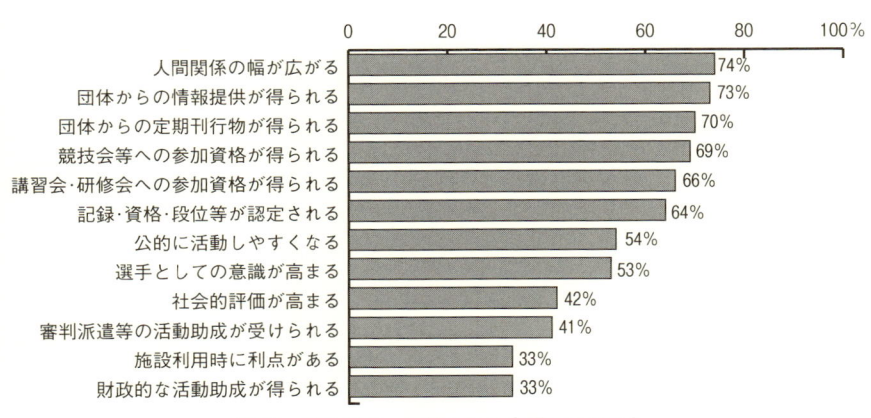

図15　加入によって得られる会員のメリット

- 人間関係の幅が広がる　74%
- 団体からの情報提供が得られる　73%
- 団体からの定期刊行物が得られる　70%
- 競技会等への参加資格が得られる　69%
- 講習会・研修会への参加資格が得られる　66%
- 記録・資格・段位等が認定される　64%
- 公的に活動しやすくなる　54%
- 選手としての意識が高まる　53%
- 社会的評価が高まる　42%
- 審判派遣等の活動助成が受けられる　41%
- 施設利用時に利点がある　33%
- 財政的な活動助成が得られる　33%

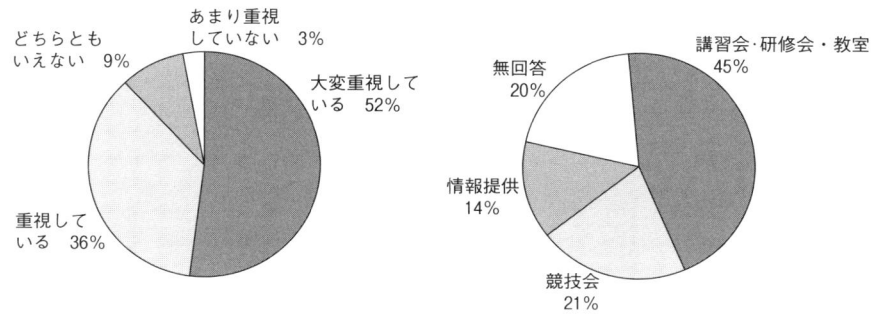

図16 会員増加の重視

図17 今後充実させたい事業

❺会員の拡大策

　会員の拡大を「大変重視している」「重視している」団体の合計は9割近くに達しており，ほとんどの団体が会員の拡大を重視している（図16）。

(5) 今後の事業意欲

　今後充実させたい事業を一つ選択すると，ほぼ半数の団体が「講習会・研修会・教室」事業と回答した。この内容には審判や指導者養成も含まれており，普及活動が充実させたい事業の中心であるといえる（図17）。

(6) 組織化活動の課題

　一般的な傾向として，レクリエーションスポーツ団体にはいわゆる「ニュースポーツ」の団体が多く，上位組織や下部組織が存在しないことが多い。このような社会的基盤の弱さは，財源確保や活動場所の確保の問題となって表れる。

　競技志向の団体の場合は，競技会の参加を中心においた組織化が可能であり，会員確保の見通しがつけやすいが，楽しみや健康づくり・体力づくりを志向する団体では，入会するメリットを明確にすることが困難であり，会員確保にも影響する。

　したがって，レクリエーションスポーツ団体，特に競技志向以外の団体では，組織化のあり方や促進策と組織運営の強化策が課題となり，特に，会員となるメリットを組織特性に応じて明確に提示できるかどうかが重要である。

3. レクリエーションスポーツ団体の組織化戦略における現状と課題

(1) 組織化戦略のタイプと特徴

　近代スポーツの組織化の過程は，愛好者がチームを結成し，地域予選から全国大会へと至る競技会の階層的な展開にしたがって組織されていくものであり，学校から始まったものが，徐々に社会人へと展開していった。

　レクリエーションスポーツ団体では，普及振興と事業化による組織権益の確立をねらいながら，既存の近代スポーツとは若干異なった組織化戦略を採用しており，その種目の持つ競技性にも影響される。

　レクリエーションスポーツ団体の組織化戦略の主なものには，用具用品販売ルートによる組織化戦略，指導者資格・審判資格・技能検定などの制度的権威の付与戦略，メディアや企業の支援を受けたイベント開催戦略がある。

　用具用品販売ルートによる組織化戦略は，一般化していないスポーツにおける特有の用具用品を専有し，愛好者の拡大と組織化を，用具用品の販売と連動させるものである。愛好者が少ない新種目の場合はきわめて有効な戦略であるが，ある程度の組織化が進んだ段階では販売ルートの多様化から，販売権益の利害対立が生ずる可能性があり，深刻な場合には組織分裂の危機を招くこともある。

　制度的権威の付与戦略は，多数の愛好者の存在が前提であり，指導需要や技能差異化需要がある場合に有効な戦略である。しかしながら，資格や検定の有効性が発揮されず，権威が弱くなると組織化が停滞する。愛好者が流動的な場合は組織化が困難であり，指導者や審判の組織化でとどまりかねない。

　イベント開催戦略は，知名度が高い種目に有効なメディアバリューを活用した戦略であり，短期間のうちに広範囲な組織化が可能である。しかしながら，多くの場合，イベント参加のための一時的な組織にしかならず，実質的にはイベント運営組織に終始してしまうことが多い。

(2) 組織化戦略の課題

　意志決定機関である理事会や執行体制である各種の委員会といった形式面

は，どの団体でもほぼ整っている．しかしながら，役員や委員などの選出方法は推薦や指名が多く見られる．とりわけ創設間もない新興組織では，創設者によるワンマン体制が強く，彼らの強力なリーダーシップで組織運営が展開されており，事務局体制の弱さにもそれが表れている．

愛好者の組織性が弱い団体では，受託事業中心の運営が行われ，財政面からもそれに依存する傾向が強い．したがって，組織の運営と創設の功績との関係をどうとるか，外部組織の影響力と団体独自の事業展開をどう調整するかが課題となる．

また，愛好者が増加して組織化がある程度進行すると，そこには一つの市場が形成されるため，その市場に別の組織が参入する危険性が生ずる．いずれの団体も統括組織としての中央団体という自覚が明確で，組織の自律性の主張も強い．市場を専有する統括組織としてのオーソライズが強く求められてくる．

スポーツが多様化する中で，レクリエーションスポーツ団体のスポーツ振興に及ぼす影響は，人びとのスポーツライフのプロモーションにおいてきわめて大きいものがある．そのような観点から，組織化戦略に応じた課題としては，次のようなことが指摘できる．

用具用品販売戦略では，指導普及活動を通じて活動への愛好度を高める工夫を行うとともに，技能向上への指向性を高めることが課題となる．資格付与戦略では，その資格の権威や有効性を確立するとともに，資格のランクによる差異によって愛好者の差別感が昂じて組織からの離反につながらないようにするとともに，差異を目標ととらえ，長期にわたって挑戦しつづける求心的エネルギーに転換させる工夫が課題となる．イベント戦略では，日常活動の活性化による所属意識の高揚と組織への定着化が課題である．

(杉浦善次郎)

【引用・参考文献】
1) 新村出編，1997．『広辞苑　第四版』，岩波書店．
2) ㈶社会経済生産性本部，2005，『レジャー白書2005』．
3) ㈶日本体育協会，1997．『平成7年度スポーツ人口等実態調査報告書』．
4) ㈶日本体育協会，1997．『平成6・7・8年度スポーツ人口等実態調査総括報告書』．

第3節

商業スポーツ団体の組織化の現状と課題

1. はじめに

　近年，スポーツの多様化がいっそう進展してきている。このような流れは，個人のスポーツへの関わりの多様化と同時にその受け皿としての各種スポーツ組織・団体の変化をも意味するものであり，その受け皿の一部を担う商業スポーツ団体にもさまざまな影響を及ぼしてきている。1960年代，1970年代にはほとんどみられなかった複合型の商業スポーツ団体（主にフィットネスクラブ）は，1980年代に入ると急激に増加し，スポーツ愛好者の一定量の受け皿として揺るぎない位置を獲得した。バブル経済崩壊後は，業界の再編など新たな動きの中でより多様化したニーズを吸収するために立地，施設・設備，プログラムなどさまざまなものを変容させつづけながら，組織化の動きを進化させつづけている。また，ゴルフやテニスなどの商業スポーツ団体（クラブ）などにおいても，一部の歴史のあるクラブは例外であるが，多様な変化がみられるようになってきている。

　本節では，商業スポーツ団体の組織化の現状と課題について，平成8年度に財団法人日本体育協会によって実施された「スポーツ人口等実態調査」の結果をベースに，調査終了後のおよそ10年間における動向を概括しながら論を進めていきたい。

2. 商業スポーツ団体の組織人口およびその特徴

　平成8年度に行われたスポーツ人口等実態調査は，商業スポーツ団体（商業

スポーツクラブ）によるスポーツ人口の組織化状況を把握し，その組織化戦略を明らかにするために質問紙調査ならびにインタビュー調査を行ったものである。前述のとおり，スポーツの発展がいっそうの多様化をもたらす状況の中で，商業スポーツ団体（商業スポーツクラブ）の果たす役割はきわめて大きく，国民スポーツの発展とその組織化を考える上で，無視できない存在となってきている。特に企業経営として営まれる商業スポーツ団体（商業スポーツクラブ）にとって，会員の獲得・拡大と定着化は基本的な課題であり，この課題に対応すべく展開される各種商業スポーツ団体（商業スポーツクラブ）経営の実態には，マーケティングやプロモーション活動をはじめ，スポーツ愛好者の組織化に関する貴重なノウハウが蓄積されていると考えられる。このような意味から平成8年度の調査は，各種の商業スポーツ団体（商業スポーツクラブ）の組織経営の実態を把握し，国民スポーツの振興をめざす新しいスポーツ組織論を構想するための資料を得ることを目的に行われたのである。

　平成8年度に調査が行われた商業スポーツ団体とは，基本的にはメンバーシップを持つ会員の会費収入によって営利活動を行っている民間商業スポーツクラブ（事業所）である。これらのクラブの概要は，株式会社が全体の4分の3（75.6%）を占め，親会社を有する割合が5割（54.2%）を超えている。また，同一種目の系列会社を持つクラブが3分の2（65.3%）を占め，独立したクラブが4分の1（26.7%）である。正社員数の平均は27人で，そのうち指導者の比率は4分の1，業務スタッフが4分の1を占めている。クラブの創立は種別により異なり，歴史のあるクラブが多い種別がゴルフであり，テニスクラブでも1970年代には半数のクラブが創設されている。アウトドア系クラブ，複合都市型フィットネスクラブは新しいクラブが多く，とりわけ複合都市型クラブはおおむね1980年代以降の設立である。また，地域に競合するクラブがあるとするものが8割を超えている。

(1) クラブ会員の構成と組織人口

　1クラブあたりの個人会員数の平均は約1,230名，法人会員数の平均は83.5社となっている。全商業スポーツ施設の推定会員数は802万5,750名であり，わが国の総人口から見た推定組織率は6.4%となる。また，個人会員の年間延べ利用者数は「20,000人以上」という回答が最も多くおよそ3分の1（36.3%）

を占めている（表1）。

　男女の構成比は，男性6割（61.0%），女性4割（39.0%）である。年齢構成でみると男性は30歳代，40歳代，50歳代が中心であり，女性は20歳代と40歳代，50歳代が中心となっており，会員の年齢構成では，高齢化傾向が指摘できる。種別でみると，ゴルフクラブは50歳代と60歳代が多く，テニスクラブでは40歳代と50歳代が中心である。フィットネスクラブでは，20歳代から40歳代が中心であり，アウトドア系クラブは20歳代と30歳代が

表1　個人会員数・法人会員数

	平均
個人会員数（男性）	743.7
個人会員数（女性）	476.2
個人会員総数	1,230.8
法人会員総数	83.5

表2　会員の年齢構成

	男性	女性	全体
～10歳未満	6.8	6.8	6.8
10歳代	2.0	2.0	2.0
20歳代	9.2	26.7	14.7
30歳代	21.5	5.2	11.6
40歳代	19.9	24.3	17.1
50歳代	22.3	21.5	19.9
60歳代	10.0	3.6	7.6
特定できない	2.4	2.0	2.4
欠損値	6.0	8.0	17.9

中心で40歳代がきわめて少ない。年齢構成をクラブインクラブの奨励状況で比較してみると，奨励している群において年齢層が若い傾向が指摘できる。また，全体に女性会員の割合も増加している（表2）。

(2) クラブ会員の特性

　会員の所属歴は，全体では10年以上と2～5年未満が中心であった。会員の所属歴を種別にみると，ゴルフクラブとテニスクラブはキャリアが長く，フィットネスクラブとアウトドア系クラブが短くなっている。ゴルフクラブは，10年以上のキャリアを持つ会員が75％を超えており，テニスクラブの会員も5年以上のキャリアを有する会員が80％に達している。また，複合都市型のフィットネスクラブには25％近くのキャリア組（5年以上）も存在している。性別では，女性の会員歴が男性に比べ短い傾向を示している（表3）。

　クラブにおける会員の動機・目的としては「健康・体力の充実」が最も多く（39.2％），ついで「運動の楽

表3　会員の所属歴

	男性	女性	全体
1年未満	4.0	6.4	4.0
1～2年	10.0	13.5	10.0
2～5年未満	29.5	25.1	25.9
5～10年未満	13.1	16.3	12.4
10年以上	31.5	24.3	28.3
特定できない	4.8	5.2	3.6
欠損値	7.2	9.2	15.9

図1 会員の動機・目的

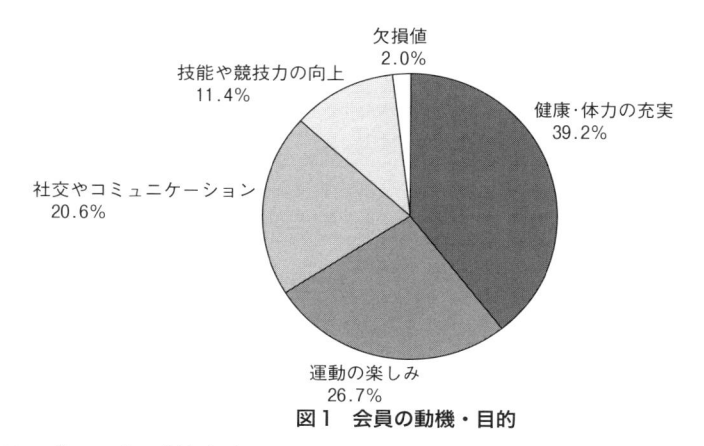

- 健康・体力の充実 39.2%
- 運動の楽しみ 26.7%
- 社交やコミュニケーション 20.6%
- 技能や競技力の向上 11.4%
- 欠損値 2.0%

しみ」(26.7％)，「社交やコミュニケーション」(20.6％) となっており，「技能や競技力の向上」をあげた回答は全体の約1割 (11.4％) にとどまった。種別でみるとフィットネスクラブの会員は，75％が「健康・体力の充実」を求める傾向を示し，ゴルフ・テニスクラブ会員は，「社交やコミュニケーション」「運動の楽しみ」「健康・体力の充実」と動機・目的は多様であり，アウトドア系クラブ会員は，主に「運動の楽しみ」と「技能や競技力の向上」を求めていることがわかる (図1)。

わが国の商業スポーツクラブの中でも，メンバーシップ性を前提とした会員を有するクラブは限定されている。そのため，高水準の組織人口としての会員数を正確に把握することは困難である。一般に親会社を有するような大規模で施設水準が高いクラブでは会員数も多く，会員の年齢層も若者中心であるが，一方で会員の所属歴は短く，会員の定着は弱い傾向にある。ゴルフクラブに代表される歴史のあるクラブは会員の所属歴こそ長いが，会員増の傾向を示しているクラブはきわめて少ない。現在多くの商業スポーツクラブで会員の高齢化が進み，女性会員の比率が高まる傾向にある。

3．商業スポーツクラブにおける組織化活動の現状と特徴

スポーツ愛好者の組織である商業スポーツクラブは，商業としての立場から会員獲得のためのマーケティング活動がそれなりに行われてきている。しかしながら，そのような活動にもかかわらず会員の増加は必ずしもはかられておら

ず，会員の高齢化が進む現状にある。また，種目によっては会員の出入りが激しく，所属がきわめて短期間で，クラブというよりは「スクール型」の展開にとどまっているところも多い。さらに，指導者の増加傾向もみられないことから，クラブに関わる人材も活性化が進んでいるとはいえない状況である。

　クラブ化の側面では，メンバーシップ制で運営されているクラブが少なく，また，クラブ相互の活動が活性化する方向で積極的な運営を行っているクラブも多いとはいえない。したがって，一部の伝統あるクラブを除けば，会員の自治意識や「われわれ意識」が育まれるようなクラブ運営はなされていない。

　加えて地域との関係においても，地域の活性化に貢献しているとする割合が多いという調査結果にもかかわらず，地域の体育協会，スポーツ団体，行政組織などとの関係は深くない状況である。

　いずれにしても，スポーツの一般愛好者の受け皿として商業スポーツクラブをとらえるとき，現状の「スクール型」「施設提供型」のクラブのあり方では一部の愛好者のスポーツ需要を満たすにとどまることは明らかである。やはり，多様化するスポーツ愛好者の需要を考えるとき，他の団体とのネットワークをもとに地域全体のスポーツ振興に自らを位置づけ，その上でクラブの組織化に関する戦略を立て，運営に反映させ，商業スポーツクラブのオリジナリティを十分に発揮することが求められる。

(1) マーケティング活動

　会員の要望を把握するための情報収集は約5割，会員の活動に必要な情報の提供は約6割が実施している。しかし，会員増加に関わる会員外からの情報収集は，2割程度の実施にとどまっている。会員の拡大については，全体として約6割が重視していると回答しているものの，種別による差が大きく，フィットネスクラブとアウトドア系クラブは重視する割合がかなり高く，テニスクラブも半数以上が重視している。一方，ゴルフクラブではまったく逆の割合を示しており，会員の拡大に関してはあまり重要視していない。会員数の増加に関しては，全体の6割が会員の拡大を重視しているにもかかわらず，会員の増加はあまりみられず，会員の高齢化が進んでいる。性別では女性会員の増加がみられる傾向にある。また，専任のインストラクターの増員はほとんどみられない。

(2) プロモーション活動

　クラブが展開するイベント事業では，クラブで扱う種目の競技会が最も盛んであり，広報活動で実施度が高いものは，体験スクールや新聞広告となっている。広報活動も種別による差が大きく，フィットネスクラブ，アウトドア系クラブ，テニスクラブは総じて活発な広報活動を展開しているが，ゴルフクラブの広報活動はきわめて不活発である。

　クラブインクラブがある割合は全体で約7割と高いが，「かなりある」と回答したクラブは7.6％にすぎず，ほとんどが「いくつか」のレベルにとどまっている。また，そのような会員活動をクラブとして奨励している割合は5割弱であり，スタッフと会員間のコミュニケーションの奨励も5割程度となっている。

　クラブと地域の関係では，地域に理解される工夫をしている割合は6割弱であり，地域住民へのサービスでは，用具の貸し出しやクラブ会費の割引などの割合がかなり高くなっている。また，地域の活性化に貢献しようとする割合は7割を超え，地域との関係を持たないクラブは4分の1となっている。

(3) 他の組織との協力関係

　他のクラブとの関係では，同種目のクラブ間で情報交換，連絡会議などにおいて協力関係がみられるものの，異種目のクラブやスポーツ産業以外の団体との関係はほとんどない状況である。さらには日本体育協会や競技団体との関係，また，教育委員会や行政組織との関係も薄く，それぞれ市区町村レベルの団体・組織との関係が若干ある程度にとどまっている。

(4) スポーツ振興への展望

　これまで各団体が独自に認めてきた指導者資格の統一については，必要とするものが4割弱である。また，商業スポーツ団体に対する規制緩和では，必要が5割弱，税制の優遇措置については，必要が8割弱とかなり高い割合を示し，商業も含めたスポーツに関わるすべての団体を統括する組織の必要性では，必要が3割弱となっている。

(5) アンケート調査から抽出された課題

　商業スポーツクラブにおいては，スポーツクラブの名称を用いていてもメンバーシップ制をベースに運営されているクラブは限られ，構成比もそう高くない傾向，会員拡大はかなり重視されているがほとんどのクラブで頭打ちの状態である傾向，会費は年間の平均が11万円程度であり，半数ほどのクラブに会員相互の交流を促進する運営がみられたが，種目によってその対応は大きく異なっている傾向，地域の活性化に貢献しているとするクラブが多いが，地域のスポーツ団体・行政との関わりが弱い傾向，親会社を持たない小規模クラブのほうが，種目団体や地域との関わりが強い傾向などがみられた。

　また，特徴的な結果として，8割のクラブが他のクラブと競合状態にあるとしていること，指導者資格の統一については，はっきりとした意見を持っていないクラブが多いこと，統括団体の必要性については，3割弱が必要であるとしているが，はっきりとした意見を持っていないクラブが多いことなどがあげられる。こうしたことから，次のような課題が提起される。

❶地域のスポーツ振興に向けた商業スポーツ団体の位置づけ

　地域との関わりを重視するクラブが多い一方で，地域の体育・スポーツ団体との関係や地域行政・教育委員会などとの関係が弱い。

❷わが国における商業スポーツ団体の「クラブ化」の方策

　会費を払うだけでなく自治意識を持つ，会員各自が何らかの自発的な貢献をクラブにする，会員相互の交流が盛んである，あるいは所属意識が強く「私たちのクラブ」であるという意識を会員が共有するといった，本来的な意味での「クラブ化」が進んでいるクラブは，ごく一部の伝統的なクラブに限られている。大多数は会員の新陳代謝が早いコミュニティスクール型の展開をしている。

❸愛好者の組織的な基盤整備

　都道府県体育協会加盟競技団体は競技者の組織，日本体育協会未加盟中央競技団体は競技者と愛好者（楽しみ，健康・体力，社交志向）の組織，商業スポーツクラブは愛好者の組織として理解することができるが，商業スポーツクラブ組織がすべての愛好者の需要を満たしているとは思われない結果であった。都道府県体育協会加盟競技団体，日本体育協会未加盟中央競技団体においては内集団傾向とそれがもたらす排他性，硬直性が危惧される一方で，商業スポー

クラブでは自治意識を育まない施設提供的な色彩が濃い傾向がみられている。

4．商業スポーツ施設における組織化戦略の現状と課題

(1) 組織化戦略の現状と課題

　企業経営として営まれる商業スポーツクラブにとって，スポーツ愛好者を会員として組織することは，クラブの存亡に関わる基本的な課題であるが，その具体的な有り様は一様ではない。商業クラブの組織化戦略の実態は，クラブの立地条件，施設・設備などの規模，ターゲットとされる会員特性，さらに経営者のクラブコンセプトなどによって規定され，それぞれに個性的な姿をとっている。しかしながらそれは，おおむねメンバーシップの確立を重視する「会員定着化戦略」と不特定多数の愛好者の獲得をめざす「スクール会員化戦略」，それに会員資格を持つことが誇りとなるような「ステータス付与戦略」」の三つに分けることができる。

　会員定着化戦略は，住宅地を立地条件とする地域密着型のコンセプトを持つクラブに多くみられるもので，会員相互および地域との交流を深めることにより，クラブライフを家族生活や地域生活の一部に組み込もうとする戦略である。スクール会員化戦略は，ターミナルなどの人口移動地域拠点とするクラブで多くとられ，会員層を特定化する固定会員制を避け，不特定多数を対象に短期会員のローテーションをねらい，サービスや施設利用の簡便さを売り物に展開される戦略である。ステータス付与戦略は，歴史と伝統を持つ名門と呼ばれる高級クラブがとる戦略で，会員の量を制限するとともに会員資格取得用条件を厳しくすることで会員の高質を維持し，それにふさわしい高品位のサービスを展開する戦略である。会員のクラブアイデンティティや運営参加はステータス付与戦略が最も高く，会員定着化戦略型にもみられるが，スクール会員化戦略にはきわめて乏しい。

(2) 組織体制および運営の特徴と課題

　会員定着型戦略をとるクラブでは，会員相互の交流を促進し，クラブインクラブなどの自主的なグループの育成が奨励されており，会員の運営参加がイン

フォーマルな形で機能するような組織体制と運営がとられている。スクール会員化戦略をとるクラブでは，会員相互の交流は抑制され，仕事本位で確立された業務態勢の下で，スタッフと会員の交流も制約され，苦情処理以外に会員の声が運営に反映される可能性は乏しい。ステータス付与戦略のクラブでは，閉鎖的であるが深い会員交流が促進され，会員の運営参加がフォーマルに確立されており，最もクラブイメージに対応する運営がなされている。安定経営の意味からも会員定着型戦略の成長が期待されるが，現実的には会員志向はなお施設利用型が多く，ここに経営戦略とのギャップの存在がうかがえる。

(3) 総括・連合組織化に関する見解の特徴と課題

商業スポーツクラブの統括・連合組織に対する見解は基本的には消極的である。これは当該クラブ相互が競合関係にあるという認識が強いためと考えられるが，その見解は親企業の存在とチェーン店系列下にあるか，あるいは独立経営タイプかによって大きく異なってきている。前者は，税制優遇措置などの直接経営メリットの期待以外に統括・連合組織の必要性をあまり感じていないが，後者は公共施設の民間への圧迫の状況や資格認定問題などから何らかの統括・連合組織の必要性をかなり感じている。しかし現状では，多様な商業クラブの中でお互いの共通利益を確定し，競合関係を整理していく視点はなお未成熟である。国民スポーツの統合・連合組織化のためには，国民スポーツ振興の共通ビジョンを打ち立て，スポーツ界の共同戦線を確立することが必要と思われる。

5．近年の動向

バブル経済の破綻後しばらくは不況に見舞われていた商業スポーツ団体も複合型のフィットネスクラブを中心にしながら業界の再編などが進み，息を吹き返す傾向がみられる。特に複合型のフィットネスクラブでは従来「三種の神器」と呼ばれたスタジオ，マシンジム，プールにおけるプログラムの細分化が進むとともに，美容や健康を軸にした新たな施設や設備を付加したさまざまな顧客獲得のための戦略が展開されている。また，ゴルフやテニスにおいても歴史と伝統を持った一部のクラブに大きな変化はないが，ターミナル駅やショッピングモールなどに屋内施設を展開する団体や，ジュニア養成に特化したプログラ

ムを売りにする団体も増加してきている。さらには，従来協力関係があまりみられなかった医療機関，研究機関をはじめ，公立学校や公共スポーツ施設を含めた地域の組織や団体と協力関係を結びながら会員獲得をはかる活動も展開されるようになってきている。

　これらの変化の背景にはいくつかの要因が考えられるが，国民の健康に対する意識の変化，美容やリラクセーションという新たなニーズ，インターネットを使った情報の収集や提供という新たな手法により顧客のニーズを満たすプログラムを早いサイクルでコンパクトに展開することが可能となったことなどが考えられる。会員定着型の戦略，スクール会員化戦略いずれの場合においても従来の「立地」「施設」「料金」のバランスだけではなく，「プログラム」「プロモーション」「指導者」「他の組織や団体との協力関係」などの要素を複合的に絡めたより高度な戦略が求められるようになってきている。

(1) 立地および施設・設備

　複合型のフィットネスクラブは人口が40万人を超えるような比較的人口の多い地域に出店する傾向がみられる。フィットネスビジネス編集部（2003）の調査によると平成15年に新規に開業された41店舗の内訳は東京（7軒），神奈川（6軒），兵庫（5軒），大阪（4軒），埼玉（3軒）の順であった。また，出店エリアも郊外ではなくターミナル駅やショッピングモールなどの商業施設に隣接した施設が増加する傾向にある。特にテニスにおいては，外部施設は紫外線，雨，風，寒さ，暑さなどの影響が強く，屋外の施設は会員の獲得には不利な要素が多いため，商業施設に隣接し空調設備が完全に整備された室内施設が中心になってきている。さらには，従来のスタジオ，マシンジム，プールに加え，アリーナやマッサージ，エステティックなどリラクセーションサービスのための施設を付設した施設も増加してきている。

(2) 会員・プログラム

　プログラムは，「自分にあったプログラムを求める顧客」に対応するために多様化，細分化する傾向にある。プールプログラムをみると従来の技術レベルによる「初級，中級，上級コース」などに加え，「燃やせ脂肪」「プールで歩こう」「ひきしめ体操」など目的が明確で比較的時間の短いプログラムの増加が

目立つ。この傾向はテニスにおいてもみられ，「強くなるテニス」「健康とテニス」などテーマ別のプログラムが増加する傾向にある。

高齢者は比較的定着率が高く，生涯顧客価値が高いことから多くのクラブでその取り込みの戦略を展開している。高齢者を意識したプログラムとしては「健康」を軸にしたプログラムの展開が中心であり，特に研究機関（大学），健康関連企業（健康食品，健康増進機器），医療機関との連携を進め，エビデンスにもとづく指導を提供しようとするクラブが増加している。また，温泉地やリゾートなどと連携しながら，長期滞在型，出張サービス型のプログラムを提供する動きもみられる。さらには，近年の若年選手の活躍などを背景に，テニスやゴルフを中心にジュニアを積極的に取り込む動きもみられる。

表4　プールプログラム

プログラム名	時間（分）
アクアファイター	30／45
アクアサーキット	45
アクアリズム体操	30
アクアビクス	30
脂肪バイバイ	30
アクアウォーキング	30
アクアジョギング	30
腰痛ケアアクア	30

（コナミスポーツクラブ手稲のパンフレットより）

(3) プロモーション活動と会員の定着化

プロモーション活動では，従来どおりのダイレクトメールやポスティング，チラシに加え，インターネットや携帯電話を活用した取り組みも増加してきている。また，見学会や体験会，会員紹介などに力を入れるクラブも多くみられる。テニスでは，小学校と連携し（小学校に出向き）無料でテニスの体験レッスンを行っているクラブや市と連携しながら，同様に無料で「母と子のテニス体験レッスン」を展開している事例もある。

会員の定着化においては，リラクセーションスペースの確保，クリンリネス，混雑緩和策などを基本にしながら，オリエンテーションやカウンセリングなど人的なケアに力を入れるクラブも増えている。このような人的なサービスの重要性を示す傾向はテニスやゴルフにおいてもみられる。

「テニスにおける近年の特徴としては退会率が非常に低くなってきていることがあげられます。これはバブル期前後にファッション感覚でテニスに取り組んでいた時代から，テニスそのものに興味関心を持って取り組む会員が増えたということであり，プログラムの細分化とそれを支えるコーチの資質の向上が

原因であると分析しています。特にコーチの資質については10数年前とは隔世の感があり、『達人』が『伝達してやる』という態度であった従来の指導から、ニーズに細かく応え、『サービス』として指導に当たるという姿勢が強く打ち出されています。このような優秀な指導者を維持するためにはコーチの長期的な身分保障が必要であり、そのための昇格システムなどが整備されていないと『勝ち組』になることは困難であると思います。」（Aスポーツクラブテニス担当者へのインタビュー調査より）

ここにも示されているとおり、指導者の意識改革や資質の向上、それを支えるシステムの構築が会員の定着に重要な役割を果たすと考えられるのである。

6．まとめにかえて

　平成8年度の調査では、組織化の現状において、①地域のスポーツ振興に向けた商業スポーツ団体の位置づけ、②わが国における商業スポーツ団体の「クラブ化」の方策、③愛好者の組織的な基盤整備のあり方が、課題として抽出されるとともに、組織化の戦略として三つの戦略モデルが抱える現状と課題が整理された。近年の動向からは、歴史や伝統を有しステータス付与戦略を進める一部のゴルフやテニスのクラブでは大きな変化はみられないが、複合型の商業スポーツ団体を中心にスクール会員化戦略が重視される傾向がみられることが確認された。また、「社交やコミュニケーション」「人との出会いや触れ合い」なども商業スポーツ団体に求められるニーズとしていぜんとして大きな割合を占めており、近年、「地域密着」「住民主体」「クラブライフ」を謳う「総合型地域スポーツクラブ」との関わりのあり方を含め、そのようなニーズにどのように対応していくのかということも重要な課題となっている。

　商業スポーツ団体においては、自分にあったプログラムを求める傾向が強い顧客、住民による主体的な運営を理念とする「総合型地域スポーツクラブ」など商業スポーツ団体を取り巻く環境が大きく変化する中で、平成8年度の調査において整理された課題に加え、ニーズに応じた迅速なプログラムの開発、優秀な人材の育成や確保、医療機関や研究機関など新たな協力体制の構築などより高度な戦略が求められてきているのである。　　　　　　　　（山本理人）

【引用・参考文献】
1) 株式会社クラブビジネスジャパン，フィットネスビジネス編集部，2004．『日本のクラブ業界のトレンド2003版』．
2) 佐伯年詩雄，2004．『現代企業スポーツ論』，不昧堂出版．
3) ㈶産業研究所，2004．『平成16年度調査研究事業　北海道における健康サービス産業の振興に関する調査研究』．
4) 〈http://www.meti.go.jp/〉2005年6月21日
5) 〈http://www.cmnw.com/industry.htm〉2005年6月29日
6) 〈htpp://www.fia.or.jp/release/release3.html〉2005年6月29日
7) 〈http://www.konamisportsculub.jp/〉2005年7月21日
8) 〈http://www.central.co.jp/〉2005年7月21日
9) 〈http://www.tipness.co.jp/index.html〉2005年7月21日
10) 〈http://www.sp-j.net/〉2005年7月21日
11) 〈http://www.s-re.jp/〉2005年7月21日
12) 〈http://www.jss-group.co.jp/〉2005年7月21日
13) 〈http://www.princehotels.co.jp/golf/takanawa/school.html〉2005年7月21日
14) 〈http://www.bs-golf.com/junior/info/〉2005年7月21日
15) 〈http://www.win-net.ne.jp/jrogolf/〉2005年7月21日
16) 〈http://www.shishido.co.jp/shizuhills/junior/index.html〉2005年7月21日

第 4 章

多様なスポーツライフスタイルの構想

第1節

スポーツ組織論からみた総合型クラブモデルの現状と可能性

1. 生涯スポーツ振興のなかのスポーツ組織

　国内外を問わず生涯スポーツの理念は，個人の一生涯のライフステージとライフスタイルにあわせて運動・スポーツ活動を定期的・継続的に行えるような社会的配慮を含んで論じる。ここでいう社会的配慮とは，生涯を通して運動・スポーツ活動を行えるような願望的環境の総体でもある。それらの環境整備は，中央政府主導のものから地域のボランティアグループ主導のものまでさまざまな統括的・地域的組織が担っている。各スポーツ種目の中央統括組織から町内会や学校区単位の日常生活圏域の地域組織まで大小さまざまである。それらの大小組織に共通するスポーツ環境づくりには，エリアサービス，プログラムサービス，クラブサービスに大別する考え方がある。特にクラブサービスは学校や企業の母体組織のバックアップを受けてきたため，地域住民主体のクラブづくりに対する社会的配慮は立ち遅れていたといえよう。

　クラブサービスは，クラブやサークルの創設や活動を支援して運動・スポーツ活動の継続を促そうとする社会的配慮の総体である。1970年代のコミュニティスポーツの実践にみると，東京都三鷹市では「行政主導のスポーツ教室から参加者主導のスポーツクラブへ」の合言葉で表される通称「三鷹方式」が日常生活圏域のスポーツ組織づくりの代表的モデルであった。こうしたモデルは1976（昭和51）年の学校体育施設開放事業の契機をつくり，クラブやサークルなどの組織づくりを後押しする。さらに1987（昭和62）年には，既存のクラブやサークルをまとめて活動の幅を広げる「地域スポーツクラブクラブ連合育

成事業」が試行される。これらの地域スポーツクラブに期待される組織論には，地方自治体の体育・スポーツ政策に対して「下から」働きかけていく中核組織としての役割を担うことの必要性があった。そのためには，地域スポーツクラブが未組織的スポーツ享受者層を含めた幅広い運動・スポーツ享受者を対象にした組織構造と運営理念を持つことが必要であった。本論で取り上げる総合型地域スポーツクラブは，70年代以降の地域住民の実践を踏まえて現れた具体的な実践をめざすスポーツ組織論である。

2．総合型クラブモデル草創期の課題

わが国の公共政策は，60年代からの高度経済成長期と90年代までのバブル経済期の潤沢な公的資金の投入に支えられてきた。それは同時に公共政策における権限の中央集権化と行財政負担の肥大化を進めてきた。その反動が地方自治体の公共政策ビジョンの形骸化に連鎖し，中央政府への庇護体質と地方自治体間の横並び意識を助成させた。地方自治体は主体性を極端に制限してしまったのである。これは地方自治体の生涯スポーツ振興における公共政策にもいえることであった。ところが，バブル経済崩壊後の平成不況を抜け出しつつある今，過重な権限の中央集権化と行財政負担の肥大化を反省して，いわゆる「官から民へ」の合言葉に代表される地方分権・民主導の公共政策が打ち出されつつある。

総合型地域スポーツクラブは，文部省（現，文部科学省）が1995（平成7）年度から始めた育成モデル事業である。この育成事業は，「地域におけるスポーツ行政，スポーツ団体などのあり方を含め，これからの地域スポーツの振興のしくみの改革」[1]をめざす思い切った未来像を打ち出した。その背景には，先述した地方分権・民主導の公共政策への転換が，総合型地域スポーツクラブの育成と定着化を通じてその可能性を期待したからであった。総合型地域スポーツクラブ育成モデル事業とは，「地域住民が，地域スポーツセンター等を拠点とした複数の種目からなる総合型のスポーツクラブに参加し，学校開放施設や各種スポーツ施設等と連携を取りながら自主的，有機的に運営できるようその組織化・定着化を進め，コミュニティにおける住民参加のスポーツクラブの育成を目指すモデル事業」[2]である。また，総合型地域スポーツクラブの具体的

な設立・運営理念は次の6つで示されている。
①単一のスポーツ種目だけでなく，複数の種目が用意されている。
②障害者を含み子どもからお年寄りまで，また初心者からトップレベルの競技者まで，そして，楽しみ志向の人から競技志向の人まで，地域住民のだれもが集い，それぞれが年齢，興味・関心，体力，技術・技能レベルなどに応じて活動できる。
③活動拠点となるスポーツ施設を持ち，定期的・継続的にスポーツ活動を行うことができる。
④質の高い指導者がいて，個々のスポーツニーズに応じた指導が行われる。
⑤スポーツ活動だけではなく，できれば文化的活動も準備されている。
⑥地域住民が自主財源を確保して主体的に運営する。

　地方分権と民主導の公共政策への転換をめざす生涯スポーツ振興策は，地域住民の主体性にもとづいて組織された総合型地域スポーツクラブが，地方自治体の政策立案や計画の中核を担うことに期待が寄せられている。また，総合型地域スポーツクラブがコミュニティにおけるさまざまな生活課題に対して，地方行政への訴求力を持つことさえも期待されている。こうした理念をかかげた育成モデル事業は，全国の市区町村単位でモデル地区指定をして「補助対象経費の2分の1以内の額」[3]を地方スポーツ振興費補助金として交付していく。1995（平成7）年度から2000（平成12）年度の6ヵ年では，平成7年度が6市町，平成8年度が8市町村，平成9年度が2町，平成10年度が3町村，平成11年度が18市町村，平成12年度が27市区町村の35都道府県64市区町村がモデル指定を受けてきた。

　ところが，育成モデル事業の実施市町村では，総合型地域スポーツクラブの理念に対する理解に瞭然としたばらつきがあった。こうした理解不足は5ヵ年のうちに実施市町村においてさまざまな課題を残したが，それは次の二つに大別できる。一つは，補助金が実施市町村主導のスポーツ教室とスポーツイベントの開催経費などに大半が充てられていたこと。もう一つは，交付期間終了と同時に総合型地域スポーツクラブの実態が消滅していくことであった。前者は地方体育協会傘下の各種目団体に対してスポーツ教室の開催を依頼するケースが多く，その上，地方自治体からスポーツ教室開催を依頼しやすい個人や団体が選ばれる。各種目団体は普及活動として教室開催を位置づけられるし，経費

の持ち出しもない。各種目団体は教室開催を契機に用具などの必要備品の購入ができるためスポーツ教室開催の依頼を退ける強い理由はなくなるのである。こういう実態は，総合型地域スポーツクラブ育成モデル事業によって実施市町村内の既存の種目団体の普及実績をつくることになってしまった。そして，その実績が各種目団体の既得権の強弁につながって，総合型地域スポーツクラブの設立に求められる各種目団体間の連携や協力の障壁になっていった。スポーツ教室やスポーツイベントの各種目団体への依託のしくみは，地方自治体自らが種目団体の既得権に加担している構造をつくりあげることになったのである。その結果が，後者の交付期間終了と同時に総合型地域スポーツクラブの実態が消滅することにつながっていく必然性を生むのである。

3．総合型クラブモデルのプロモーション

1995（平成7）年度から2000（平成12）年度の6ヵ年間は，総合型地域スポーツクラブの理念や設立手順の情報が十分ではなかったため，暗中模索の状態がつづいた。ところが，2000（平成12）年度から総合型地域スポーツクラブの育成は，文部科学省や㈶日本体育協会のスポーツ振興の中核的な施策に位置づいていく。

文部科学省は2000（平成12）年9月，「スポーツ振興基本計画」を公表した。この計画では，政策目標に「できるかぎり早期に，成人の週1回以上のスポーツ実施率が2人に1人（50パーセント）となることを目指す」として「政策目標達成のため必要不可欠である施策」に総合型地域スポーツクラブの全国展開をあげたのである[4]。同時に，到達目標に「2010（平成22）年までに，全国の各市区町村において少なくとも一つは総合型地域スポーツクラブを育成する」ことが示された。

一方，㈶日本体育協会は2001（平成13）年1月，「21世紀の国民スポーツ振興方策」を公表した。この振興方策では，「単一種目等のスポーツクラブの育成や既存のスポーツクラブの連合化などに取り組むとともに，多種目，多志向，多年齢を包含した総合型スポーツクラブの育成について，本会のスポーツ少年団を核とした」育成事業の展開をあげたのである。さらに，スポーツクラブの定着と充実をはかるために，「スポーツクラブ登録制度の創設による全国的な

組織化を推進するとともに，学校の運動部活動や民間スポーツクラブとの連携」の必要性が示された。これを受けて㈶日本体育協会では，クラブ育成課を新設して2004（平成16）年度から文部科学省委嘱事業の「総合型地域スポーツクラブ育成推進事業」を推進している。

　また，㈶日本体育協会日本スポーツ少年団は2003（平成15）年3月，「21世紀にはばたくために〜スポーツ少年団のさらなる発展と地域スポーツクラブづくり〜」を公表した。これはスポーツ少年団指導者へ向けた指導指針として総合型地域スポーツクラブづくりとスポーツ少年団の関わりの基本的な考え方を示したものである。指針では「青少年層（とりわけ小学生）を視野に入れた総合型地域スポーツクラブづくりは，スポーツ少年団以外に核となりえる組織はない」とし，「これからのスポーツ少年団は，それぞれの地域に根ざした総合型地域スポーツクラブづくりのジュニアスポーツクラブ」として発展していくことに期待している。

　文部科学省や㈶日本体育協会は，わが国の生涯スポーツ振興のビジョンを提示する中央統括組織である。そうした統括組織が，総合型地域スポーツクラブの育成を生涯スポーツの充実・推進の中核的な施策に位置づけたことは，この施策が一国策であることを謳ったことになる。また，国策としてスポーツクラブの組織化と定着化を日本スポーツ界に求めたことははじめてである。このことは，日本スポーツ界の歴史上に記される転換期を迎えつつあることを意味していよう。

4．総合型クラブの現状

　総合型地域スポーツクラブ育成モデル事業は，1995（平成7）年度に文部省（現，文部科学省）が全国の6市町に対して振興費補助金を交付したのが最初である。それから6年が経過した2000（平成12）年度には，「スポーツ振興基本計画」が公表されて総合型地域スポーツクラブの全国展開が重点施策になった。さらに5年が経過した2005（平成17）年度は，総合型地域スポーツクラブづくりが始まってちょうど10年である。

　文部科学省生涯スポーツ課が2004（平成16）年7月に発表した総合型地域スポーツクラブ育成状況は表1のとおりである[5]。表中の「①創設済みクラブ

表1　総合型地域スポーツクラブ育成状況　　　(H. 16. 7. 1 現在，文部科学省生涯スポーツ課調べ)

No.	都道府県	市区町村数	①創設済みクラブ数	市区町村数	②創設準備中クラブ数	市区町村数	③(①+②)	市(区)町村数(重複除く)	文科省委嘱事業
1	北海道	212	21	15	11	11	32	26	6
2	青森	66	6	6	3	3	9	9	3
3	岩手	58	27	9	16	14	43	19	8
4	宮城	69	9	8	6	6	15	14	4
5	秋田	69	21	5	7	7	28	12	2
6	山形	44	12	7	17	14	29	18	8
7	福島	90	29	25	11	11	40	33	5
8	茨城	83	2	2	9	7	11	9	5
9	栃木	49	11	7	13	9	24	15	5
10	群馬	69	4	4	5	5	9	8	4
11	埼玉	90	4	4	15	9	19	13	11
12	千葉	79	17	13	17	15	34	20	8
13	東京	62	27	15	24	14	51	24	12
14	神奈川	37	7	5	11	7	18	9	8
15	新潟	98	13	11	9	8	22	19	3
16	富山	35	30	21	18	17	48	35	7
17	石川	39	8	5	8	6	16	10	3
18	福井	34	6	3	5	4	11	5	4
19	山梨	56	2	2	4	4	6	6	3
20	長野	117	15	11	8	8	23	18	6
21	岐阜	80	30	22	12	12	42	34	5
22	静岡	69	12	6	14	11	26	15	5
23	愛知	87	97	16	30	7	127	20	8
24	三重	66	23	18	24	15	47	31	6
25	滋賀	50	15	14	11	11	26	23	6
26	京都	39	12	9	7	5	19	12	6
27	大阪	44	15	10	14	9	29	14	6
28	兵庫	85	8	4	1	1	9	4	0
29	奈良	47	3	2	2	2	5	4	2
30	和歌山	50	2	2	8	6	10	7	8
31	鳥取	39	6	6	6	6	12	10	5
32	島根	59	7	4	11	8	18	9	5
33	岡山	78	16	8	6	6	22	14	4
34	広島	65	12	11	4	4	16	15	3
35	山口	53	17	12	4	4	21	15	4
36	徳島	50	8	8	8	7	16	15	3
37	香川	37	7	6	7	6	14	10	4
38	愛媛	62	12	10	14	11	26	19	9
39	高知	53	5	5	6	6	11	10	5
40	福岡	96	17	10	14	13	31	20	8
41	佐賀	49	3	3	9	6	12	7	6
42	長崎	71	4	4	6	4	10	7	4
43	熊本	87	11	7	15	10	26	16	9
44	大分	58	5	5	10	10	15	15	4
45	宮崎	44	1	1	8	8	9	8	3
46	鹿児島	96	14	11	7	7	21	17	3
47	沖縄	52	2	2	7	7	9	9	4
	計	3,122	635	394	482	380	1,117	702	243

数」は394実施市区町村の635クラブ,「②創設準備中クラブ数」は380実施市区町村の482クラブである。合計では実施市区町村が702,育成クラブ総数は1,117クラブである。このうち表中右の「文部科学省委嘱事業243クラブ」は㈶日本体育協会が文部科学省からの委嘱を受けて「創設」支援する総合型地域スポーツクラブ数である。この委嘱事業は,2005(平成17)年度で2年目である。

表2は2005(平成17)年5月に発表した㈶日本体育協会の総合型地域スポーツクラブ育成推進事業(創設事業)のクラブ数である。2004(平成16)年度の育成指定クラブは「平成17年度継続クラブ」193,2005(平成17)年度の育成指定クラブは「平成17年度新規クラブ」243,合計で436クラブ数である。2004(平成16)年7月の文部科学省調べの総数1,117クラブに2005(平成17)年の㈶日本体育協会の「平成17年度新規クラブ数」243クラブを合計すると1,360クラブである。

㈶日本体育協会の委嘱事業は「これから総合型地域スポーツクラブを創設しようとするクラブ」が対象である。一方,「すでに創設しているクラブ」に対する助成金事業では独立行政法人日本スポーツ振興センターのスポーツ振興くじ助成がある。スポーツ振興くじの売り上げに応じて配分・助成されるものである[6]。2005(平成17)年度の「総合型地域スポーツクラブ活動助成」では172件が交付されている(広域スポーツセンター指導者派遣等事業の15件は除外)。内訳は「創設支援事業」が9件,「活動支援事業」が154件,「活動事業」が54件である。「創設支援」と「活動支援」は,①市町村,②財団法人日本体育協会,③財団法人日本レクリエーション協会,④スポーツの競技を統括する団体が助成対象者であるが,「活動事業」は,①民法34条の規定による法人,②特定非営利活動促進法第2条第2項の規定による法人が助成対象者である。つまり,社団法人やNPO法人などの公益法人である。

全国の総合型地域スポーツクラブとスポーツNPOを支援する非営利組織の特定非営利活動法人クラブネッツによれば,定款の目的において示された内容が健康・スポーツに関わる非営利事業を行う特定非営利活動法人は,2005(平成17)年7月時点で1,713法人(内閣府認証分は除外)である。表3には,各都道府県の健康・スポーツ系NPO法人数と法人格を持つ総合型地域スポーツクラブ数をリストした。総合型地域スポーツクラブは健康・スポーツ系NPO法

表2 ㈶日本体育協会の総合型地域スポーツクラブ育成推進事業育成指定クラブ数

No	都道府県体育協会	平成17年度継続クラブ	平成17年度新規クラブ	計
	北海道・東北ブロック	27	34	61
1	（財）北海道体育協会	6	7	13
2	（財）青森県体育協会	2	1	3
3	（財）岩手県体育協会	4	5	9
4	（財）宮城県体育協会	2	1	3
5	（財）秋田県体育協会	1	5	6
6	（財）山形県体育協会	7	10	17
7	（財）福島県体育協会	5	5	10
	関東ブロック	45	57	102
8	（財）茨城県体育協会	5	9	14
9	（財）栃木県体育協会	3	9	12
10	（財）群馬県体育協会	4	4	8
11	（財）埼玉県体育協会	8	13	21
12	（財）千葉県体育協会	5	5	10
13	（財）東京都体育協会	12	4	16
14	（財）神奈川県体育協会	8	11	19
15	（財）山梨県体育協会	0	2	2
	北信越・東海ブロック	35	39	74
16	（財）長野県体育協会	6	4	10
17	（財）新潟県体育協会	2	2	4
18	（財）富山県体育協会	6	6	12
19	（財）石川県体育協会	2	3	5
20	（財）福井県体育協会	3	2	5
21	（財）静岡県体育協会	5	5	10
22	（財）愛知県体育協会	2	7	9
23	（財）三重県体育協会	4	6	10
24	（財）岐阜県体育協会	5	4	9
	近畿ブロック	18	37	55
25	（財）滋賀県体育協会	2	9	11
26	（財）京都府体育協会	3	8	11
27	（財）大阪体育協会	4	7	11
28	（財）兵庫県体育協会	0	0	*0
29	（財）奈良県体育協会	2	4	6
30	（社）和歌山県体育協会	7	9	16
	中国・四国ブロック	35	43	78
31	（財）鳥取県体育協会	5	9	14
32	（財）島根県体育協会	5	1	6
33	（財）岡山県体育協会	1	6	7
34	（財）広島県体育協会	2	8	10
35	（財）山口県体育協会	4	2	6
36	（財）香川県体育協会	4	5	9
37	（財）徳島県体育協会	2	3	5
38	（財）愛媛県体育協会	8	1	9
39	（財）高知県体育協会	4	8	12
	九州ブロック	33	33	66
40	（財）福岡県体育協会	5	3	8
41	（財）佐賀県体育協会	4	4	8
42	（財）長崎県体育協会	4	3	7
43	（財）熊本県体育協会	7	4	11
44	（財）大分県体育協会	3	4	7
45	（財）宮崎県体育協会	3	7	10
46	（財）鹿児島県体育協会	3	6	9
47	（財）沖縄県体育協会	4	2	6
	合計	193	243	436

(＊兵庫県は，地域スポーツ活動支援事業「スポーツクラブ21ひょうご」による地域スポーツクラブの設置を大規模に推進しているため，本事業への参画は見合わせている。)

表3　法人化した総合型地域スポーツクラブ数の都道府県ランキング

	都道府県	法人の総合型地域スポーツクラブ	健康・スポーツ系NPO法人の認証・申請数	総合型地域スポーツクラブの%		都道府県	法人の総合型地域スポーツクラブ	健康・スポーツ系NPO法人の認証・申請数	総合型地域スポーツクラブの%
1	東　京	42	336	12.5	12	栃　木	4	9	44.4
2	大　阪	22	192	11.5	12	滋　賀	4	7	57.1
2	兵　庫	22	87	25.3	13	広　島	3	33	9.1
3	神奈川	21	109	19.3	13	京　都	3	31	9.7
4	埼　玉	19	69	27.5	13	熊　本	3	21	14.3
5	千　葉	14	69	20.3	13	大　分	3	18	16.7
6	北海道	12	73	16.4	13	岩　手	3	15	20.0
6	福　岡	12	60	20.0	13	山　梨	3	14	21.4
6	宮　城	12	41	29.3	13	青　森	3	13	23.1
7	福　島	11	25	44.0	13	高　知	3	11	27.3
8	静　岡	10	57	17.5	14	鳥　取	2	14	14.3
8	岐　阜	10	26	38.5	14	愛　媛	2	14	14.3
8	新　潟	10	23	43.5	14	香　川	2	11	18.2
9	愛　知	9	51	17.6	14	秋　田	2	7	28.6
9	茨　城	9	22	40.9	14	石　川	2	7	28.6
10	三重県	8	26	30.8	15	群　馬	1	30	3.3
10	鹿児島	8	26	30.8	15	沖　縄	1	12	8.3
11	山　形	5	16	31.3	15	宮　崎	1	11	9.1
11	奈　良	5	11	45.5	15	福　井	1	8	12.5
11	山　口	5	10	50.0	16	長　崎	0	11	0.0
12	長　野	4	29	13.8	16	佐　賀	0	6	0.0
12	富　山	4	17	23.5	16	徳　島	0	5	0.0
12	和歌山	4	13	30.8	16	島　根	0	4	0.0
12	岡　山	4	13	30.8		全　体	328	1,713	19.1

※NPO法人クラブネッツの調査結果にもとづいて筆者がリストアップした。　平成17年7月1日時点

人の総数1,713に対して323クラブである。全体の19.1%の約2割弱が法人格を持った総合型地域スポーツクラブである。その数の上位は，東京都42，兵庫県22，大阪府22，神奈川県21，埼玉県19の関東圏・関西圏がランキングされる。一方で下位は，0の長崎県，佐賀県，徳島県，島根県である。また，健康・スポーツ系NPO法人の申請・認証数に対して総合型地域スポーツクラブの割合が高い都道府県は，滋賀県，奈良県，山口県，栃木県，福島県の順の上位5県である。

5．専門職とクラブ育成の課題

　総合型地域スポーツクラブづくりが始まって10年が経過した今，「スポーツ振興基本計画」の到達目標の達成に向けた推進策が「創設事業」として本格化していることが数値から読みとれる。今後，創設したクラブが財政的・組織的な運営基盤の安定をはかり，地域社会に定着していくことが重要な課題である。

こうした育成クラブの組織化と定着化のための推進役となる中央統括組織が，㈶日本体育協会である。㈶日本体育協会ではクラブ育成課を新設して総合型地域スポーツクラブ育成に向けたさまざまな推進事業を行っている。それらは，①総合型地域スポーツクラブ育成推進協議会などの開催，②総合型地域スポーツクラブ育成支援事業の実施，③総合型地域スポーツクラブ育成推進地域指導員の養成・派遣，④総合型地域スポーツクラブ育成情報提供事業の実施に大別される。

㈶日本体育協会では地方体育協会のネットワークを活かして都道府県体育協会にクラブ育成アドバイザーを配置・活用している。クラブ育成アドバイザーは総合型地域スポーツクラブの創設や運営全般について指導・助言を行う専門職の有給スタッフである。また，各クラブに配置されたクラブマネージャーの活動を支援している。こうしたクラブ育成のための専門職スタッフの配置は，㈶日本体育協会をはじめとした中央統括組織のスポーツ推進事業（プロモーション）にはこれまでなかったものである。総合型地域スポーツクラブの育成は，わが国スポーツ界の過渡期にある組織化施策でもある。したがって，クラブの専門職スタッフが直面する課題に対しては，蓄積された体系的な知識や理論にもとづいた解決策が備わっているわけではない。そういう背景から現在ではクラブ育成アドバイザーやクラブマネージャーには，さまざまな研修会や情報交換会などが盛んに行われている。㈶日本体育協会では地方ブロック別（表2の6ブロックに区分）開催と中央開催を合わせて年間に5～6回の集合研修会などが行われている。こうした研修会などでは，さまざまな課題が取り上げられて，議論の内容は㈶日本体育協会が独自に総合型地域スポーツクラブ支援のためのホームページ「SC（エスシー）ステーション」(http://www.japan-sports.or.jp/local/sc/index.html)において公開されて，だれでも情報共有が可能になっている。

　文部科学省では2004（平成16）年7月，総合型地域スポーツクラブ活動状況調査を全国の623クラブを対象に実施した[8]。623クラブが「クラブの現在の課題」をどのようにとらえているのか，19の課題について複数回答で答えてもらった結果が図1である。「財源の確保」が63.4％で最も高い。ついで「会員の確保（増大）」と「指導者の確保（養成）」が61.3％の同率でつづく。この上位3課題が，全19課題の数値を2倍以上上回って高い。これらの課題は，

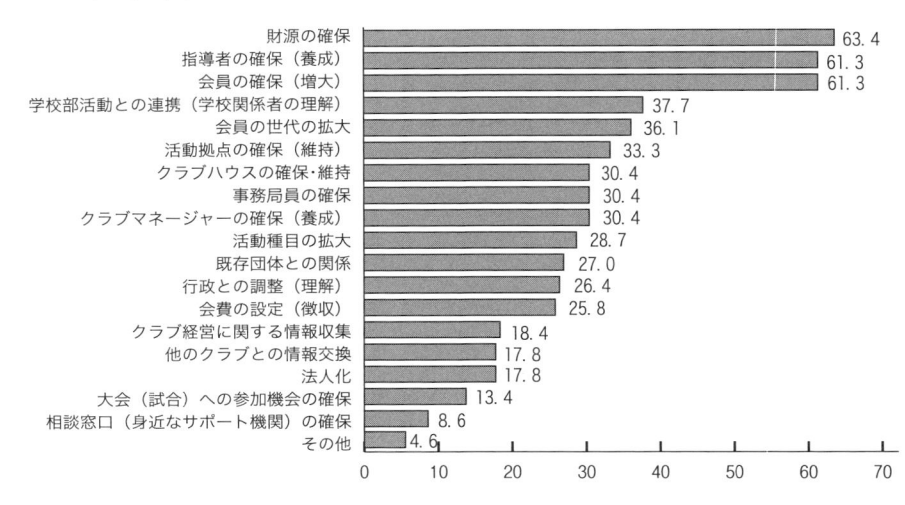

項目	%
財源の確保	63.4
指導者の確保（養成）	61.3
会員の確保（増大）	61.3
学校部活動との連携（学校関係者の理解）	37.7
会員の世代の拡大	36.1
活動拠点の確保（維持）	33.3
クラブハウスの確保・維持	30.4
事務局員の確保	30.4
クラブマネージャーの確保（養成）	30.4
活動種目の拡大	28.7
既存団体との関係	27.0
行政との調整（理解）	26.4
会費の設定（徴収）	25.8
クラブ経営に関する情報収集	18.4
他のクラブとの情報交換	17.8
法人化	17.8
大会（試合）への参加機会の確保	13.4
相談窓口（身近なサポート機関）の確保	8.6
その他	4.6

図1　クラブ育成の課題（文部科学省，2004年7月）

クラブ育成アドバイザーやクラブマネージャーの研修会などにおいて頻繁に話題になることである。特に，こうした課題は10年を経過した今，各クラブの組織化の程度や財源規模によって，緊急度や深刻度に大きなギャップがある。たとえば，「これから創設しようとするクラブ」と「創設して5年を経過したクラブ」のクラブマネージャーが一緒に研修会を開催しても共通の話題を持つことができない問題が起こっている。また，地域のスポーツ普及団体の歴史の違いがクラブマネージャー間の考え方に溝をつくっている。さらに，市町村の平成大合併とクラブ育成の時期が重なって地方自治体や地方体育協会の協力が十分に得られないケースも少なくはない。

　現在のわが国の公共政策は「官から民へ」や「小さな政府」の政策論に代表されるように権限の中央集権化と行財政負担の肥大化の反省から公共サービス分野の縮小と行財政の構造改革を進めている。それは次の二つのことに集約される。一つは，中央から地方へ権限を委譲して地方分権を進め，行財政の建て直しをはかること。もう一つは，財政の無駄をなくすためにこれまでの公共サービス分野を民間に委託することである。こうした構造改革の時流のなかで，総合型地域スポーツクラブ構想は位置づけられると考える。その意味ではわが国スポーツ界の過渡期を象徴するクラブ組織論の萌芽期でもあろう。そのためには複雑な課題に直面しているクラブ育成アドバイザーやクラブマネージャー

という専門職を育成できるような支援体制が産官学民の協力のもとで構築されることが必要である。

6. 総合型クラブの可能性

　総合型地域スポーツクラブは，構造的には複数の「チーム」の運営を組織化していくことであるともいえる。クラブは複数のチームの集合体である。わが国では学校運動部や企業運動部に代表されるように，母体組織のもとにチームが所属する組織構造であった。したがって，学校や企業の意向に依存した活動基盤を持つチームでしかなかったのである。こうした母体組織に左右されないチーム集合体の運営組織を総合型地域スポーツクラブは理念としている。その意義は総合型地域スポーツクラブが，地方自治体の体育・スポーツ政策に対して「下から」働きかけていく中核的役割を担うことにある。この役割を遂行できる可能性は，学校や企業に依存したチーム単位の組織論では望めない。図2は「チーム」と「クラブ」の違いを表した[9]。複数のチーム集合体はクラブの会員組織が大規模になる。こうした組織のスケールメリットは，財源や会員・指導者の確保につながるのではないか。また，大規模組織の運営には，会員から理解が得られるような将来ビジョンにもとづいた民主的な意思決定基盤が必要になる。地域社会においても総合型地域スポーツクラブの存在に求心力を求めるようになる。そうした運営基盤を整えるための資質や力量が，総合型地域スポーツクラブの会員や運営者に求められるのである。わが国のスポーツは組

学校運動部モデル・チーム型	地域密着モデル・クラブ型
同世代	多世代
単一種目	多種目
小集団	大集団
学校教師	スポーツ指導者
学校対抗戦	都市・地域対抗戦

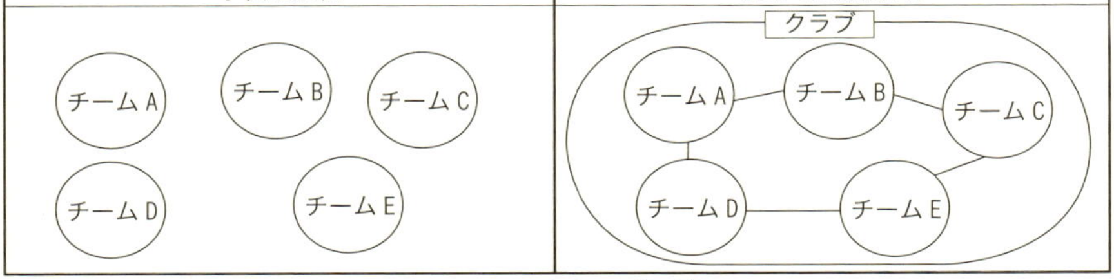

図2　チームとクラブの違い

織に求められる民主的な意思決定と創造文化を伝承する主体者を育てることを学校や企業などの母体組織に委ねてきたのではないか。総合型地域スポーツクラブの可能性は，スポーツ環境の量的・質的な向上と改善を求めるチームや個人がそれぞれの視点で民主的に要求できる主体者が育つことにある。同時に，スポーツ環境やスポーツ文化の伝承には，総合型地域スポーツクラブの会員の自助努力とクラブ間の相互扶助による取り組みが欠かせない。総合型地域スポーツクラブがスポーツに関わる公共政策を担うためには，地方自治体や各種スポーツ団体やさまざまな地域民間団体の「協働」の視点が重要である。そういう意味では総合型地域スポーツクラブの育成の過程では，地域活性化や産業創出・雇用創出などの副産的な成果への期待もあるといえよう。

(水上博司)

【引用・参考文献】
1) 文部科学省，2001．クラブづくりの4つのドア─「総合型地域スポーツクラブ」育成マニュアル─，p.78.
2) 文部科学省，2001．「総合型地域スポーツクラブ育成モデル事業」に係る地方スポーツ振興費補助金（体育・スポーツ振興事業）交付要綱，総合型地域スポーツクラブ育成モデル事業実施要領細目．
3) 文部科学省，2000．「総合型地域スポーツクラブ育成モデル事業」に係る地方スポーツ振興費補助金（体育・スポーツ振興事業）交付要綱．
4) 文部科学省，2000．『スポーツ振興基本計画』．
5) ㈶日本体育協会，2005．「第2回生涯スポーツ推進専門委員会資料」，〈http://www.japan-sports.or.jp/〉
6) 独立行政法人日本スポーツ振興センター，〈http://www.naash.go.jp/toto/〉
7) 特定非営利活動法人クラブネッツ，2005．「第4回総合型地域スポーツクラブ育成状況に関する調査報告書」，この報告書では全国で1,845クラブが創設・創設準備中であることが報告されている。〈http://clubnetz.or.jp〉
8) 文部科学省，2005．「総合型地域スポーツクラブに関する実態調査結果概要」．図1は本調査結果のデータをもとに再分析して作図した。
9) 水上博司，2005．「地域スポーツクラブの機能と役割」，㈶日本体育協会『公認スポーツ指導者養成テキスト（共通科目Ⅰ）』，p.52-156.

第2節

若者のスポーツライフの視点から

1. オールタナティブな若者スポーツとしてのスケートボーディング

　1995年に東京都と大阪府の高校生およそ3,000人を対象とした調査によると[注1]，高校生の学校内外のスポーツクラブへの加入率は，男子47%，女子33%となっており，組織的スポーツ集団への参加率は5割以下となっている。また，スポーツをするのが好きであると答えた者は76%であり，このスポーツをするのが好きと答えた者における組織的スポーツ集団への参加率は，男子50%，女子40%にとどまっている。このように，スポーツが好きであっても，組織的なスポーツ集団へ参加する者の割合は大きいとはいえない。高校時期における組織的スポーツ集団に加入していない者のスポーツ享受の問題は，こうした統計的調査が示すように，量的にも看過できないものであろう。

　日本のスポーツ享受モデルは，歴史的に学校運動部によって作られてきた。それは，単一種目専攻型，非シーズン性，強固な凝集的集団性，没入型参加，競技成績重視などを特徴とする[注2]。伝統的な運動部活モデルのスポーツに関わることを好まない若者が少なからず存在することは，上で示した統計的な数字からも明らかであろう。こうした若者のスポーツ状況にあって，ストリートスポーツであるスケートボーディングは，伝統的・支配的なスポーツ享受とは異なるオールタナティブなスポーツとして若者を中心に行われている。

　若者スポーツとしてのスケートボーディングを扱った先行研究に，ビール（Beal，1995，1999）のものがある。彼女は，スケートボーダーがアマチュアコンテストや権威的にコントロールされたスポーツに抵抗することなどを示し，スケートボーディングの下位文化が，資本主義社会に抵抗するポピュラー文化

であるとしている。日本では，田中がスケートボーダーについて精力的な研究を行っている。彼は，抵抗の図式では語りきれないスケートボーダーの実践から「支配的なもの」の圧力を無効化する巧みさを描いたり（田中，2003），若年労働者の文化活動として彼らの活動をとらえたりしている（田中，2004）。こうした先行研究は，若者たちのスケートボーディングを下位文化の視点からとらえているものである。

ここでは，オールタナティブな若者スポーツとしてのスケートボーディングを検討するために，ひとつの事例としてX県の10代の少年たちによって結成された「スケボー・コート設置を求める会」の活動を取り上げる。2000年1月11日，彼らは要望書と1,254人分の署名を地元の町長に，要望書を地元の町議会と県議会に提出した[注3]。本研究では，このスケボー集団の中心的な少年であるAさん（当時大学1年），Bさん，また，この署名活動に深く関わった県会議員Cさんにインタビュー調査を実施するとともに，県の保健体育課社会体育係や町の生涯学習課の担当職員にもこれについて話を聞くなどして，署名活動に至る経緯とその後の状況について明らかにするとともに，前述の先行研究にならって下位文化として少年たちのスポーツ享受スタイルを記述する。そして，伝統的な主流スポーツとは異なるスケートボーディングを楽しみ，社会とのつながりを持ちたがらない彼らを，署名活動へと突き動かしたものは何であり，彼らのエネルギーはどのように説明できるのかを，加藤（1994，1997，1999a，1999b）が提示する「公共性」の理論，および，そこから菊（2001a，2001b）が演繹したスポーツの「公共性」についてのアイディアを参考にしながら検討する。

2．アレントと加藤の公共性概念

この項では，アレント（1994：43-131）の公共性論を批判的に検討した加藤（1997：225-275，1999a：139-249，1999b：223-375）の考えを概説し，それを本研究で扱う事例を説明・検討するための視点としたい。アレントは，人間存在の本質は，自分の考えが他人に見聞きされ，また自分が他人の考えを見聞きする，つまり他の人間との関係に生きることにあるとし，それを可能にする空間が公的な領域だとする。そして，公共性という考えを近代原理ではなく，古代ギリ

シアから取り出してくる。古代ギリシアにおける公的空間であるポリスに身を置くということは，支配もしなければ支配もされないということであり，そこは言葉と説得によってすべてが決定される政治の世界だった（アレント，1994：47, 53-54）。古代の公共性の考え方を支えているのは，人間の複数性（公的領域の原理）と人間の共通の本性（私的領域）という二元論であったが，この両者の差異は時代を経るにつれて徐々に弱まってくる。中世になると，ポリスが消滅し，その代わりの公的なものとしてキリスト教世界が生まれ，人びとをつなぐものは現世の公的なものではなく，来世の宗教的なものになった。また，世俗空間にはギルドや職業組合が生まれ，ここに貫徹されているのは家政の原理であり，城塞都市がそのまま家的自然共同体の性質を持っていた（アレント，1994：55-56）。

さらに，近代になると，産業化が起こり，私的利害を第一義とする市民社会が生まれる。かつての公的領域全体がオイコス（私的空間である家）の原理に覆われてしまい，近代になって「公的なもの」は「社会的なもの」に駆逐され，われわれは中途半端な公的なもの（社会的なもの）に囲まれることになる。こうした状況に対して，アレントは，近代社会において公共性を復権するためには，古代ギリシアに見られたポリス的な政治的空間を再びうち立てていくことを主張する。

アレントは，ヒトは公民（政治的動物）となってはじめて人間となると考え，私利私欲は，最も否定すべき人間の共通の本性（人を動物のヒトとさせているもの）の近代における核心部分とみなした。それに対して，加藤は「……自己の欲望，そして個人の私利私欲としてあることのうちに，すでに，相手からの承認を媒介として相互主観性ともいうべきものを織り込んでおり，そこに他者との関係が前提として繰り入れられている以上，これに徹することでここから他者への道，つまり公共性へといたる道がありうる」（加藤，1999b：333）と述べ，ルソー，ロック，ヘーゲル，マルクスを引きながら，私利私欲を足場として現代社会において公共性が構築されると主張する。また，加藤は「人は公共性への回路をその内部の根元に持っている。私たちはそれをドストエフスキーにならい，浅く受けとられてはならないという自戒をこめて，私利私欲と呼んでいるのである」（1999b：375）という。このように，アレントは「活動」と「言論」によって自分の卓越性を示しうる古典ギリシアのポリスを公的領域のモデルと

して示したのに対して，加藤は人間に内在する動物的欲望が承認されることによって，他者と関係を持ち，世界を引き受けることができるようになるのであり（加藤，1998），これを通して公共性が構築されるというのである．

3．署名活動と県への陳情

さて，本研究で取り上げる少年たちは，スケボーコート設置の署名活動を行う1年ほど前から，地元のJRのF駅前や町営ホールの駐車場（収容台数170台，午後10時に消灯）で，主に夜間にスケートボーディングをしていた．しかし，その地域に住んでいる人に怒られたり，警察に注意されたりして，場所を転々と変えた．「スケボーなんかスポーツじゃない，おまえらは不良だ」といわれたり，マンションの上からビール缶を投げつけられたりしたこともあった．一番の問題は，ボードの音や話し声などの騒音である．彼らは，通常夜11時過ぎまでスケボーをし，時には朝まですることもある．署名活動を始めたころ，F駅のロータリーに「道路・歩道でのスケートボード等の危険な遊びは禁止します．○○警察署・○○町」という標識が設置され，彼らは隣町のJRの駅裏で滑っていた．

満足な活動場所のない彼らは，地元の社民党県会議員Cさんに，署名を集め，要望書を添えて町と県に提出することを勧められた．彼ら10人がそれぞれの友達を頼って，高校や大学で署名を集め，また街頭でも署名活動をした．街頭での署名活動はナンパと間違えられることもあったという．

2000年1月11日，約10人の少年たちは県議Cさんと一緒に要望書を県議会に提出した後，県教育委員会保健体育課の課長補佐と社会体育係長と話し合った．そこで県教委保健体育課は，スケートボードは日本体育協会に加盟しているスポーツではなく，スケートボード協会を作るなどきちんと組織化され，社会的に認知されれば，所管の体育施設の駐車場の一部を提供することも考えなくはないとの回答を示した．

この件に関してK議員は県議会で2度質問をした．1回目は，2000年2月の定例議会で，少年たちの健全なスポーツとして県としてもスケートボードのコートを作ることを検討すべきではないかとの質問に対し，知事は熱中するスポーツがあることは心身の健全育成のためには望ましいが，スケートボード

についてはルールもないし，県内でも団体として組織化されていないが，地元の市町村で検討する場合には相談に乗ると答弁した。2回目の質問は2001年9月の定例議会で，第7次交通安全計画の「子どもの遊び場等の確保」という項目に路上遊戯などによる事故防止と記されているが，これにスケボーが含まれるのかというCさんの質問に対して，知事はスケートボード競技の大会場所の確保を想定したのもではないとの回答をした。これらの答弁の原稿は県の保健体育課で作成されたものであり，担当職員は，「中央に協会があり，県に受け皿があるというのが一般的。一本化できないという問題点がある」[注4]「彼らのいっていることには一貫性がないし，正直いって迷惑している。全国スケボー協会が日本体育協会に加盟しようとしていないのに，県の体協に入れるわけがない」[注5]という。

　スケートボードに関する全国的な組織として，全日本スケートボード協会があり，1995年よりサーキットを開催し，ランキングを公表している。この協会は，会員企業（25企業）や会員店舗（約140店舗）の年会費や協賛金で運営されている。松尾は，公益法人「スポーツ振興事業団」の過度の行政依存を批判し，その原因を「公私」関係に着目して説明している（松尾，2000）。彼によると，行政依存の背景には，私なるものは民間であり市場を基盤とし，それに対して公なるものは行政によるという対立図式があり，また，日本の場合，民衆はつねに「公」に従属すべきだという観念が，行政側，住民側共通に醸成されてきた。知事の答弁や担当職員のコメントから，社会的なものとして組織化されていなければ，それは公的なものとはいえないという考え方がうかがえる。

4．町[注6]との交渉と頓挫

　2000年1月11日に提出されたスケートボードコートの設置を求める陳情書と署名簿は，町議会事務局が受け付け，総務常任委員会で話し合われた。そして，「①スケートボード競技の特異な音響発生がおよぼす住民への迷惑回避を願っての陳情趣旨は理解できる。②町営グランドの駐車場などを対象として，活用方法について検討されることが望ましい。③活用にあたっては陳情者との話し合いを深めるなかで，施設の維持管理，環境保全等に必要な規則，秩序ある使用条件を定めるなどの配慮を尽くされること」という検討結果が総務常任

委員会から2月24日付けで出され，町の教育委員会生涯学習課が対応することとなった。

2000年3月に，生涯学習課からAさんに連絡があり，少年たちは県会議員Cさんと一緒に話し合いに出向いた。町では，町営グランド駐車場，河川敷の広場，町営ホール駐車場の三つの候補地について，その利点・欠点を検討した。町営グランド駐車場では，利点として「①周辺に民家が少なく，ボードの音による迷惑をかけることが少ない。②平成12年に舗装することから，利用が可能になる」，欠点として「①グランド使用者がほとんど毎日駐車場を利用しており，車両とのトラブルが懸念される。②隣接する中学校の部活動，その他生徒も多く駐車場に出入りしており，接触等の危険性が考えられる」があげられていた。河川敷の広場では，利点として「自転車道として舗装し整備されている」，欠点として「①自転車道の利用者とのトラブル，苦情が考えられる。②橋桁に照明をつける必要がある。③民家が堤塘敷をはさんで連立しており，周辺住民からの苦情が考えられる」があげられていた。町営ホール駐車場では，利点として「休館日のみに制限し，スケートボードのみに限定して利用させることが可能。②周辺に民家が少ない」，欠点として「駐車場への出入り口の施錠等の管理上の問題がある」があげられていた。

生涯学習課は，こうした町内でスケートボード可能な場所についての検討をし，その結果町営グランド駐車場の提供が少年たちに打診された。実際に，2000年4月にはそれまで砂利敷きだった駐車場が舗装された。その申し出に対して，少年たちは，自動車の出入りがあるため危険であり，また駐車している車を傷つけるかもしれないという理由で，Aさんたちは町からの申し出を断った。

しかし，その後2000年11月6日にAさんたちは，その町営グランド駐車場を貸してほしいと町に申し入れた。しかし，生涯学習課は，地元住民から苦情があるという理由でAさんたちの申し出を断った。その後，町会議員を通じて，そのような地元住民の苦情はないことが明らかとなり，町の助役がその使用を認めることとなった。こうした経緯で，その駐車場の使用方法についての話し合いが再会することとなった。

2000年11月21日に町営グランド駐車場で話し合いが持たれた。生涯学習課から使用が許可された場所は，長さ77m・幅15mの町営グランド駐車場の

うち，幅2.7mの部分だった。その日の話し合いでは互いに歩み寄ることはできず，改めてAさんたちのほうから，使用日時，使用規則，使用場所（面積）について書類で原案を出すとともに，生涯学習課のほうからも町内の関係部署と連絡と調整を計った上で，案を出すということになった。だが，この時点から，話し合いはまったく進んでおらず，結果的に少年たちの町との交渉は頓挫した[注7)]。

町との交渉が滞ってから，約10人いたメンバーは数名に減った。昼間の活動場所は車で20分ほどの浄化センターとなり，そこは街灯がないので，夜は隣町のスーパーの駐車場で滑っていた。このスーパーの駐車場は一晩中電灯がついている。ベンチほどの大きさがあるスケボー用の障害台を常時この駐車場の隅に置いたままにし，店の閉店は午後11時だが，客の少なくなる午後10時30分から12時過ぎまで滑っていた。しかし，2002年1月24日，ついにスーパーの店長からの苦情によって，そこで滑れなくなった。その後，夜は自動車で40分ほどかけて私鉄のZ駅まで行って滑ることとなった。

5．少年たちのスポーツ享受スタイル

Aさんがスケボーにのめり込んだのは，署名活動をする1年半ほど前の高校3年生の時だった。少年たちは，JRのF駅の南口のロータリーや北口の商店街でスケボーをして知り合った。メンバーはおよそ10人で，高校生が中心だった。

 Aさん「……自然にみんな集まって来たみたいな感じで。」
 筆者「そこでやっている人たちの中で，何か役割とかは？」
 Aさん「いや，そういうのはもう全然ありません。ただ，だからもう，ほんまにストリートで集まって，言うたらもう外国，アメリカみたいな感じで，したかったらするみたいな感じになっている思うんです。」
 筆者「でも，いちおう練習時間というか，だいたいこのくらいに，ここに集まろうっていう情報はどうやって？」
 Aさん「いちおう，僕らの場合はF駅でだれかがスケボーを始めるんですよ。1人で。ほんならここにいてるんちゃうかとか，あとは携帯電話でやり取り。どこおんのとか，そういう感じでいつのまにか集まって，夕方くらいになったら一回家帰ってご飯食べて，ほんな夜いつものとこで一みたいな感じでやるみた

いな。あと，車持ってるもんとかやったら，今日，明日休みやし大阪のほうへ行こかぁとかやって，連れで行ったりはしてますけど。」

筆者「何か規約みたいなものがあるんですか，その集団に？」

Aさん「いや，もう全然。やっぱし自由にですね。基本的にそんなんしたら，できないと思うんで。」

筆者「じゃあ，会費とかもないんですね。」

Aさん「全然ないということで。……いちおうタイヤが4つと，タイヤの中に入れるベアリングが8つと，板ですね。あとはシャフトの部分なんですよ。それだけつけたら3万くらいするんですよ。それだけ買ったら，さあ，始めろみたいな感じですね。」

……

筆者「大会があって，それに向けて練習しているのですか？」

Aさん「そういうプラス志向の子もいるんですけど。俺はほんまにプロになりたいとか言うてる子もいますけど，ある程度，言うたら僕らで，趣味のスポーツみたいな感じになってる子もいますね。でも僕らはいちおうスポーツとしてやってるつもりなんです。」

筆者「その，皆さんの中でスケボーっていうスポーツの魅力っていうか。」

Aさん「できない技をやっていくっていう。一個一個。やっぱ，いろんな技があるんですよ。スケートボードでも。板を回転させたりとか，そういうことをしていって。それができる……，メイクって言うんですけど。技がきまったらメイクって言うんですよ。メイクしたとか言うんですけど。スケートボードでたとえば，普通にスケボーの板乗ってジャンプすることをオオリって言うんですけど。オオリをできたら，オオリ，メイクしたとか。」

筆者「オオリ？」

Aさん「オオリって言うんですよ。ジャンプ普通にすることを。……オオリができたら，オオリをメイクしたとか，フリップをメイクしたとか。そういうふうに言うんですけど。やっぱそういうのに，そういう魅力に，技をきめる魅力に取り付かれたみたいなんです。」

筆者「何とも言えない，実生活では味わえないような身体的な感覚を味わうのですね。」

Aさん「そうです。やっぱし，緊張感出てきます。怖いとこやったら，人の手摺りのとこあるじゃないですか。スケートボードのビデオとかあるんですよ，外国の。ほな手摺りとか，階段になって手摺り付いてるじゃないですか。ああいうとこも，ガーって板の真ん中で滑って降りたりするんですよ，滑らして。もうほんま，ちょっとしたら死ぬようなとこ，したりして。そんなんがきまった優越感とかがたぶんすごいかなって僕ら思うんですけど。」

筆者「やっぱり1人じゃしなくて，仲間と一緒にしたり。」

Aさん「そうですね。仲間と競い合ったり，やっぱそういうことできると思うんですよ，僕らにしたら。競い合ったりとか，皆で。うまい子に聞いたら，ここが悪いでーとか，ほんなら技が一個一個進歩していくじゃないですか。そういうことで，スケボーがスポーツとしての楽しさっていうのを，自分らではそういうふうになってるとは思うんですけど。」

筆者「もともと，ストリートスポーツということなんですけども，そのストリートスポーツっていうのは，やっぱり，通行人の人がオーディエンスになる，そういう意識もあるんですか？」

Aさん「そうですね。やっぱストリートは。もう，人から見たらめちゃめちゃ怖いらしいんですよ。僕らがやってることが。危ないとか，当たったらどうしようとか。他のスポーツももともとストリートから始まったって思うんですよ。サッカーかって，ブラジルとかでストリートでボール蹴りから始まったりしてるじゃないですか。野球とかでもたぶん道端でキャッチボールとかしとってやってるから。だから，もともとは，ストリートスポーツっていうのが初めやと思ってるんですよ。」
……

仲間の何人かは腕の骨を折ったり，足の靱帯を伸ばしたりしたことがあり，Aさんも足首の靱帯を伸ばしたことがある。ケガをすることがよくあるので，ヘルメットやプロテクターを付けるべきだと自覚しているが，彼らは見た目を気にして付けない。彼らは，プロをめざしたり試合に出ることを目的にしたりしているわけではないが，スケボーは子どもの遊びではなく，ハードなスポーツだという。

6．スケートボード協会

県会議員Cさんは，スケボー・コート設置要望に対する県の回答を受けて，スケートボード協会を作るべきだと，Aさんたちにアドバイスした。

Aさん「……Cさんのほうがとりあえず自分らで，個人で，○県スケートボード協会みたいなん作ってみろやとか言うてるんですけど，それ作ったら，逆に何でいちいち俺らは入ってまでそんなことしやなあかんねんって言うもんが，やっぱしでてくると思うんですよ。そんなん，いちいち。もしお金とか取ろうとしたら，何で俺がお金払わなあかんねんって。別にそんなんせんでもスポーツやねん，できるやんけーって言うような人が絶対おると思うんですよ。ほな，

そんなん協会作ってもおかしいじゃないですか。そういうので矛盾っていうのが起こってくるから，僕らにしたらCさんのその意見はあんまり，ちょっと受け入れられへんみたいな感じなんですよ。そういう何でも協会作らなあかんのかっていうイメージなんですよ。協会とか作ったら認めてくれるっていうね，そういうのが僕らにとったら，もうおかしいんで。……」
……

筆者「協会を作ればそれなりに社会的に認められるけれども，協会は作りたくない？」

Aさん「もう，ほんまにそれは，僕にしたら矛盾にしか思えない。まあ，これは子どもの考えかもしれないんですけど，何ガキが言うとんねんみたいな感じで言われるかもしれないですけど。何で協会できな認められへんのやっていうイメージが僕には大きいんですよ。これちょっと，おっちゃんも一回乗ってみぃって言いたいんですよ，僕は。どんだけバランスとって，どんだけすごい体力使ってやってるもんかって。こんだけ動いとったらスポーツちゃうかって。ゲートボールでもスポーツになるんですよ。ボウリングでもスポーツになるんですよ。……僕らのイメージで，スケボーとしてイメージでとらえたら，これもスポーツで認めてくれへんのかなっていうのはありますね。とりあえず，僕らにしたら，協会とかそういうのがもう辛い状態ですね。その，僕的には自然な形で協会とかできてきてくれたら，一番嬉しいんですけど。……イメージとして，自分の考えですね，日本の場合やったら，先に協会作って，認めて，やっていくって感じなんですね。外国やったら，そういうのじゃなくて，普通にそういうのを見かけて，どんどん増えていって，最後に着いたみないな感じのイメージあるんで。まあ，こういうふうにできへんかなぁっとかいう，僕らの考えなんですけどね。そこでもう，やっぱし，大人と子どもの食い違いやと思うんですけど。大人が子どもやというても，僕らもある程度していけますしね。高校とか卒業したりしてるんで，ある程度のことはわかっているとは思うんですよ，アホはアホなりに。だから，ちょっと僕らの，やっぱしね，もう大人と話したことあるじゃないですか。そういう現場立ち寄ったら，僕らを子どもとしか，何言うとんねん，このガキはみたいな感じでしか認められてないんですよ。だから，それやったらあかんなぁみたいな感じです」[注8]

このようにAさんは，協会という組織を作ることに対しては否定的で，協会を作らなくても自分たちの活動はスポーツであり，それを認めてほしいと訴える。また「協会を作ったら，練習場所はここだと決められてしまう」[注9]という。スケボー。・コート設置を要求する一方で，協会が作られ制度化が進むと，今までのようにストリートスポーツとしてのスケボーができなくなり，練習場

所を一定の場所に制限されて囲い込まれるのではないかと危惧しているのだ。このことは，少年たちのスポーツ享受のあり方が，本来的に協会作りという組織化になじまないことを示しているのである。

さらにいえば，この事例は，少年たちのスポーツ享受のあり方が，学校運動部モデルあるいはパブリックスクール・モデルの枠の中に収まりきらないということをも示している。規律・訓練を主眼とし，身体を鍛えて健全な精神を培うことによって，まっとうな大人（社会人）を育成する場としてのスポーツではなく，ここで報告したようなスケボー少年たちのカオス的な遊の空間をも，公共性を有したスポーツ享受の場として社会的に認知・保証することが，今後生涯スポーツを振興する上で求められる。おそらくそこでは，従来の「協会第一主義」とは異なるスポーツ享受のあり方が模索されなくてはならないだろう。

7．スケボー欲求から公共性へ

この一連の出来事から，私たちは何を読み取ることができるだろうか。自由気ままに，気の合う仲間とスケボーを楽しむ。これが彼らのスポーツ享受スタイルであり，さらにいえば，彼らは内面的な倫理規範が希薄化しており，自分の個体的な欲求充足を越えて，他者との一定の共同性や倫理を形成できていない面も見受けられた（川田，1990：175-181）。町や県との交渉が頓挫した原因は，地域スポーツ行政の「協会第一主義」にあるかもしれないが，一方で頓挫の原因は，少年たちの本来的に社会的なものを引き受けたがらないという「わがまま」，社会的なものによる囲い込みの拒絶にあるともいえる。彼らに内在するものは，ただスケボーがしたいのだという人間の根元的なプレイ欲求，いわばそうした「私利私欲」である。

しかしながら，いくらＣ県議の働きかけがあったとはいえ[注10]，少年たちを署名運動に駆り立て，町との交渉に向かわせたエネルギーは，その同じ「私利私欲」，つまり，どうしようもなくスケボーがしたいという欲望から生じたものだったのではないだろうか。私情あるいは本源的な私性にもとづく内在性を関係性へと転轍したものは（菊，2001b：58-59），スケボーしたいという欲望であり，これを起点として，彼らははじめて世界を引き受けるところまで進むことができたのだ。彼らは署名活動によって第三者に働きかけ，町の行政当局と

の交渉では，何とか合意が形成されるよう話し合いの場に臨んだ。ここで紹介した一連の出来事から，少年たちのスケボー欲求という私利私欲を足場として，スポーツの公共性が築き上げられようとした（結果的に頓挫したが）状況を読み取ることができるかもしれない（菊，2001a）。スポーツの根源的欲求であるプレイ欲求は，社会的なものを拒否する一方で，公的なものを構築する契機にもなり得ることが示唆されるのである[注11]。

通常，道端や駐車場でする彼らのスケートボーディングは，私的なものであり，公的なものだと見なされない。彼らが町に練習場の設置を要求するとき，彼らのスケートボーディングは公共性を有するという理由で正当化される必要に迫られる。国や地方自治体が公権力を発揮するには，公共性の理論で正当化されなくてはならないからである。これまでの公権力による地域スポーツ活動の振興・支援は，もっぱらスポーツが「公共の福祉」に寄与するという点において（アレントのいう社会的なもの）のみ，その正当性が認められた。実際，彼らの活動を支援したＣ県議でさえ，県議会では青少年の健全育成を理由に練習場の設置を求めた。しかしながら，もはや青少年の健全育成や公共の福祉の理論によって，学校運動部モデルからはみ出した若者のスポーツ享受を正当化することもプロモーションすることもできないことは明らかである。

この事例は，単にスケートボーディングという従来の主流スポーツとは異なるオールタナティブなストリートスポーツとスポーツ行政とのコンフリクトを示しているだけではなく，スポーツの公共性やスポーツプロモーションを再考する材料を私たちに提供しているように思われる。少年たちを署名活動や町との交渉という公的な場に引き上げたエネルギーは，彼ら自身の内にあるスケボー欲求だった点に，私たちは注目する必要がある。つまり，彼らに内在するスポーツ欲求こそが，スポーツの公共性の土台と成り得るのである。そして，もしも彼らのスポーツをプロモーションするならば，青少年健全育成の理論を振りかざすのではなく，彼らの無邪気なまでに純粋なスポーツ欲求を無条件に肯定することがその基本姿勢となる。この基本姿勢はオールタナティブな若者スポーツだけでなく，すべての青少年スポーツのプロモーションにあてはまるのではないだろうか。

（高橋豪仁）

【注】

1) 平成7年度日本体育協会スポーツ医・科学研究報告「No. Ⅶ 青少年のスポーツ参加に関する研究—第3報」p.4
　　また，2001年に実施された奈良県学校運動部活動に関する調査によると，運動部活動を「行う」生徒と「行わない」生徒の二極化現象が生じており，行う生徒のなかにも競技志向と楽しみ志向の二極化現象が現れているという指摘がなされている（奈良県スポーツ振興審議会「学校運動部活動の活性化と今後のあり方について（建議）」平成15年1月，pp.2-5）。

2) 平成11年度日本体育協会スポーツ医・科学研究報告「No.Ⅵ 生涯スポーツの振興方策に関する調査研究」p.107

3) 朝日新聞，2000年1月12日朝刊，27頁，13版，地方欄／朝日新聞，2000年2月4日朝刊，26頁，13版，地方欄
　　少年たちのスケートボーディングや署名活動の経緯などについてのインタビューは，2000年5月19日Aさんに対してAさんの通う大学のラウンジで約1時間，2001年12月12日AさんとBさんに対して筆者の研究室において約1時間，そして2002年1月10日C県会議員に対してAさんも交えてC県議員の事務所において約1時間実施した。2000年5月19日と2001年12月12日のインタビューは，Aさんらの許可を得て，その内容を録音した。それ以降，2002年1月26日と2月2日にAさんに電話で補足的な質問をした。

4) 2002年1月16日，電話でのインタビューによる。

5) 2002年1月23日，庁舎内でのインタビューによる。

6) この町の世帯数は10,097戸，人口28,528人（2001年12月1日）であり，東西が4.4km，南北が6.4kmで，町の南には東西に川が流れ，北は丘陵地となっている。なお，この項で用いた一次資料は，2002年1月17日にこの町の教育委員会生涯学習課の担当者に対するインタビューとそこで提供された資料による。

7) Aさんたちは，使用規則についての書類を提出したといっていたが，2002年1月17日のインタビューで生涯学習課の担当者は提出されていないといった。

8) 5.と6.のここまでの引用は2000年5月19日のインタビューによる。

9) 2001年12月12日のインタビューによる。

10) C県議会議員の少年たちへの働きかけは，彼らの署名活動や町との交渉には不可欠であった。もちろん，C県議が政治的手法や政治的権力を有していたということもあるが，C県議は「俺には関係ないよ，何しようがかってだろ，放っておいてくれ」というノン・モラルな少年たちのイノセンスを無条件に肯定したのだ。そのことによって，彼らのイノセンスが承認され，それが世界を引き受ける基部となったのだろう（加藤，1998）。

11) 加藤はマルクスの言葉を引きながら，「私利私欲はたしかにこのままでは公共世界を否定しかねない放恣さを秘めている。でもそのことをもってヘーゲルのようにこれを公共性の場所から否定したら，ありうるべき公共性を作る可能性はなくなるだろう。なぜなら，近代以降の公共性は，自分を作る構成元素としては，これ以外を

持っていないからである。ではどうするのか。公共性は，むろん私利私欲をそのまま肯定しはしない。しかし，これをけっして否定することもない。公共性は，私利私欲に対し，『自分の存立の基礎に対するように，つまり何かそれ以上基礎づけられない前提，したがって自分の自然的土台に対するように，ふるまう』のだ」という（1999a：221）。

【引用・参考文献】

1) アレント著：志水速雄訳，1994，『人間の条件』，筑摩書房．
2) 加藤典洋，1994．『日本という身体』，講談社．
3) 加藤典洋，1997．『敗戦後論』，講談社．
4) 加藤典洋，1998．『戦後を戦後以後，考える―ノン・モラルからの出発とは何か』，岩波ブックレット No.452，岩波書店．
5) 加藤典洋，1999a．『日本人の無思想』，平凡社．
6) 加藤典洋，1999b．『戦後的思考』，講談社．
7) 川田稔，1990．『意味への地平』，未来社．
8) 菊幸一，2001a．「体育社会学から見た体育・スポーツの『公共性』をめぐるビジョン」，『体育の科学』Vol.51, No.1, pp.25-29. 杏林書院．
9) 菊幸一，2001b．「公／私を分かち，紡ぐ身体から見た戦後的知の構造」，小路田泰直編『戦後的知と私利私欲―加藤典洋的問いをめぐって』，pp.49-90，柏書房．
10) 田中研之輔，2003．「都市空間と若者の『族』文化―スケートボーダーの日常的実践から」，日本スポーツ社会学会編『スポーツ社会学研究』11, pp.46-61．
11) 田中研之輔，2004．「若年労働と下位文化―スケートボードをする若者の日常」，伊藤守 編『文化の実践，文化の研究―増殖するカルチュラル・スタディーズ』，pp.58-67，せりか書房．
12) 松尾哲矢，2000．「公益法人『スポーツ振興事業団』の課題と可能性〜スポーツの公共性とその生成」，『体育の科学』Vol.50, No.3, pp.203-208，杏林書院．
13) Beal, B., 1995. "Disqualifying the Official: An Exploration of Social Resistance through the Subculture of Skateboarding", *Sociology of Sport Journal*, Vol.12, pp. 252-267.
14) Beal, B., 1999. "Skateboarding-An Alternative to Mainstream Sports, " *Inside Sports*, ed. by Coakley, J. and Donnelly, P., pp.139-145. London : Routledge.

第3節

バリアフリーの視点から

1．はじめに

　1964年，東京パラリンピックのとき，日本選手団の多くは施設から試合会場に向かった。外国人選手の多くが仕事を持ち，地域で自立していた事実と比較すると身体的，精神的自律の点で大きな差があったことがわかる（大野，1988：142）。

　当時，障害者はあくまで病人と理解された。スポーツを行ったとしてもそれはリハビリテーションの一環であり，障害者にスポーツライフなどなかったといっても過言ではない。

　東京パラリンピック以降，各種医療機関でリハビリテーションの手段としてスポーツが取り入れられた。そこでの経験者を中心として障害者スポーツは少しずつ普及し，各種障害別あるいは競技種目別大会が開催されるようになる。また，㈶日本身体障害者スポーツ協会（現㈶日本障害者スポーツ協会）を中心として日本の障害者スポーツの組織的基礎がつくられ，普及と強化に手がつけられるようになった。

　そして，今日では多くの障害ある選手が海外遠征をし，国際大会でも活躍している。アテネ・パラリンピックには163人の日本人選手が参加し，金メダル17個を含む52個のメダルを獲得した。また，1998年の長野冬季パラリンピック以降，障害者スポーツもスポーツとして認識され始めた。新聞をはじめとしたメディアでもスポーツ欄，スポーツコーナーで障害者スポーツが扱われることが多くなった。

　このことだけを見ると障害のない人のスポーツと同じようなレベルまで障害

者スポーツは発展してきているようにみえる。しかし，必ずしもそうではない。スポーツへの参加率をみると身体障害者の場合，障害のない人の約9分の1程度である（障害者福祉協会，2003）。さらに，障害者スポーツの発展とはいわば近代スポーツ化と同義であり，近代スポーツの持つ限界や矛盾をも引き継ぐ形で発展してきた（藤田紀昭，2004）。つまり，近代化，産業化にともなう社会の発展，そして，その中で福祉的視点が萌芽することにより障害者のスポーツも一般スポーツを後追いするように発展してきたにすぎない。「21世紀の新しい生き方，暮らし方に対応したスポーツの質」（佐伯，2000）を問うなかで障害者のスポーツも発展の方向性を見い出さなくてはならない。

そこで本節では障害者のスポーツ参加実態をもとにその課題を明らかにし，障害のある人のスポーツライフスタイルを構想していくことを目的とする。

2．障害者のスポーツ享受の実態

(1) 障害者スポーツの統計調査結果から

ここではわが国の障害のある人のスポーツ享受の実態について既存の調査資料をもとに報告し，今後の課題についてふれる。

表1は第31回全国身体障害者スポーツ大会参加者に対して行った調査（黒須・高橋・藤田：1996，以降調査Aと称す），および障害者スポーツ競技協会登録者を対象にした調査（財団法人日本障害者スポーツ協会：1998，以降調査Bと称す）の調査対象者の特徴を一覧にしたものである。調査母集団が異なること，また調査項目が異なることを考慮しなくてはならないが，障害のない人のスポーツ参加実態にくらべると，女性の参加率が低いことがわかる。障害のない人の場合，女性の参加率は男性の約6割から8割にのぼるが（笹川スポーツ財団：1996），両調査の場合いずれも半数以下となっている。障害別でみると，脳性マヒの人の参加率が相対的に低い[注1]。前者の場合は，障害者であることと，女性であることの二つの要素がスポーツ参加の阻害要因となっていると考えられる。また，後者の場合は障害の持つ身体的特性から，行える種目が少ないこと，社会的にスティグマタイズされやすいことがスポーツ参加の低さの原因と推察される。

表1 調査対象者の特徴（調査AおよびBより作成）

属　性	項　目	調査A（%）	調査B（%）
性　別	男性	69.9 (n=791)	77.5 (n=2882)
	女性	30.1	22.5
年　齢	10代	21.4 (n=788)	2.4 (n=2882、10代以下含む)
	20代	26.9	16.9
	30代	20.6	22.0
	40代	15.5	28.5
	50代	15.6	19.8
	60代以上		10.4
障害区分	視覚障害	21.7 (n=787)	30.0 (n=2825)
	聴覚障害	27.8	2.8
	脳性マヒ	12.5	8.5
	脊髄損傷	37.9	22.9
	機能障害		17.5
	切断		10.6
	その他の肢体不自由		12.3
	その他		1.8
障害等級	1級	27.7 (n=777)	44.4 (n=2819)
	2級	40.2	23.2
	3級	12.5	13.3
	4級	10.7	10.9
	5級	5.8	5.7
	6級	3.2	2.5
障害発生年齢	0歳	34.8 (n=758)	27.3 (n=2831)
	1〜9歳	27.2	23.9
	10代	15.6	20.2
	20代	22.4	16.8
	30代		6.8
	40代		3.2
	50代		1.4
	60代		0.4
職　業	学生・生徒	27.5 (n=749)	4.3 (n=2811)
	会社員	72.5	28.7
	自営業		49.6
	公務員		10.0
	専業主婦		5.8
	作業所等		3.5
	団体職員		3.2
	学校教職員		2.4
	農林漁業		0.9
	その他		8.4
	無職		13.2

障害の重さ別にみてみると，両調査結果が示している数字は，障害の重さがスポーツ参与の阻害要因とはなっていないように読み取れる。逆に障害の重い人ほどスポーツ参加率が高いという結果になっている[注2]。

しかし，三つの理由からこの数字を額面どおりに受け取ることはできない。第一の理由は，障害等級1級に分類される人の障害の重さが非常に多様であることだ。脊髄損傷者で下半身不随ながら，車いす上ではバランスよく座位姿勢がとれ，両上肢には障害がなく，発汗機能がある人も，脊髄損傷レベルが高く，四肢に機能障害がみられ，座位バランスも悪く，排泄機能，発汗機能にも障害のある人も，いずれも障害等級では1級に分類される。調査Bにおける電動車いす利用者は2.7％しかおらず，1級の中でもより障害の重い人のスポーツに参加率は低いといわざるをえない。二つ目の理由は，より障害の軽い，障害等級の低い人はいわゆる障害者スポーツではなく，障害のない人のスポーツに統合されている可能性が大きいということである。最後は，障害の種類によってスポーツ参加率が違うという理由である。たとえば，先述のように脳性マヒの人たちの場合，参加可能なスポーツが少ないことなどからスポーツ参加がむずかしい。これらの理由を勘案すると調査結果とは逆に，重度の障害を持つ人ほど，スポーツへの参加率は低いと判断するのが妥当であろう。

障害者のスポーツ享受パターンをみていくとき，障害発生年齢を考慮することは非常に重要である。なぜなら，それによって，リハビリテーションの方法，教育機会，スポーツへの社会化などが大きく左右されるからである。一般的に先天的に障害を持っている人は学校や療育施設でスポーツに出会うことが多く，中途障害の人は病院やリハビリテーションセンター，障害者スポーツセンターなどでスポーツに出会うことが多い。それぞれに違ったコンテクストで運動やスポーツが行われており，個々人のスポーツキャリア，スポーツに対する態度の違いが障害発生年齢の違いに起因するところが大きいと考えられる。

スポーツ参加者の職業についてみてみると，自営業，および無職の割合が多いことがわかる。このことはスポーツ参加者に限らず，障害のある人全般に当てはまることである。雇用の機会が少なく，自営で仕事をするほかなかったり，障害者年金や労災のみで生活するということがあるからだ。全般に収入は低く，こうした生活経済基盤の脆弱さがスポーツ参加の阻害要因となっていることが考えられる。

図1　スポーツ活動の頻度 (n=2271, 調査Bより作成)

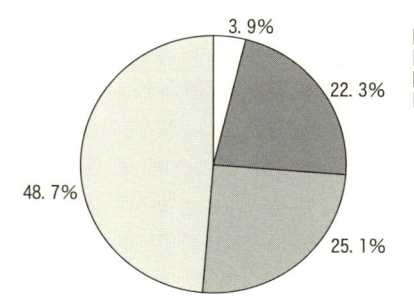

凡例：
- まったくしなかった　3.9%
- 年1回以上週1回未満　22.3%
- 週1回以上2回未満　25.1%
- 週2回以上　48.7%

　次にスポーツ活動の頻度についてみてみる（図1参照）。調査Bが何らかの障害者スポーツ種目協会登録者を対象とした調査であったために、ほぼ半数が週2回以上の活動を行っていると答えており、活動頻度は非常に高い。また、このうち半数以上の27.5%が1回の活動が30分以上のややきつい活動をしていると答えており、この層に競技スポーツを志向した人びとが多いと考えられる。また、週に1回以上2回未満と答えた人が25.1%おり、週2回以上の人と合わせて約4分の3の人たちが毎週定期的にスポーツ活動を行っていることになる。

　これを障害区分別にみてみると、切断、機能障害、脊髄損傷者に活動頻度の高い人が多く、脳性麻痺や視覚障害者に活動頻度の低い人が多いことがわかる。自動車などの運転が可能で活動場所までのアクセス条件のよい人、身体機能のよりすぐれている人に活動頻度が高い人が多いといえる。

　活動場所に注目してみると、ちょうど半数の人が障害者スポーツセンターを利用していると答えており、障害者にとって障害者スポーツセンターの果たす役割の重要性が理解できる。一方、一般の公共スポーツ施設を利用している人は約3割、民間スポーツ施設を利用している人が約1割と少ない。障害者スポーツセンターのない地域の人びと、またそこへ通うことが困難な人びと（遠隔地に住んでいるため、あるいは障害のためなど）にとっては近隣の地域スポーツ施設がスポーツ参加の重要な要因となるにちがいない（図2参照）。

　スポーツを始めるに際して最も影響を受けた人についてみてみる。最も多かったのは友人であり、なかでも障害のある友人の影響を受けたと答えた人が全体の約3割あった。身体的により近い条件のある人がロールモデルとなり、

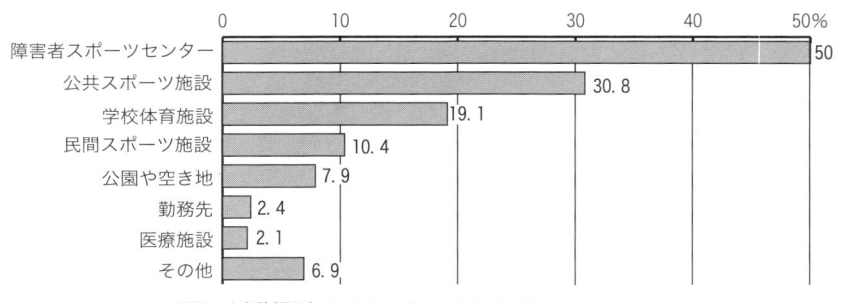

図2 活動場所（n=2760，調査Bより作成）

- 障害者スポーツセンター 50
- 公共スポーツ施設 30.8
- 学校体育施設 19.1
- 民間スポーツ施設 10.4
- 公園や空き地 7.9
- 勤務先 2.4
- 医療施設 2.1
- その他 6.9

障害のある人のスポーツ参加を促進させていると考えられる。特に，学校卒業後に障害を持った人はその傾向が強い。スポーツに関する情報を広報紙などから一方的に受けてもスポーツ参加につながることは少ない。自分にもできるという認識ができ，しかも活動場所へのアクセス方法がわかり，活動に対する身体的不安などが除かれなくては障害のある人の場合スポーツ行動に結びつかないのである（表2参照）。

表2 障害者スポーツを始めるのに最も影響を受けた人（重要な他者）　(n=673　調査Aより作成)

重要な他者	%	内訳	%
友人	34.9	障害のある友人 障害のない友人	28.4 6.5
学校の教員	19.5	学校の教員	19.5
家族	14.7	父親 母親 父母 兄弟姉妹 配偶者	4.8 3.9 0.5 3.0 2.4
施設等の指導者	8.5	福祉施設の指導者 スポーツ施設の指導者	5.8 2.7
有名スポーツ選手	5.9	障害のある有名選手 障害のない有名選手	3.0 3.0
医療関係者	4.5	医師 理学療法士 作業療法士	2.7 1.3 0.4
その他	12.0		12.0

スポーツ参加者がスポーツをやってよかったと思うことについて示しているのが図3である。社会的なメリット（友人が増えた，周囲の理解が得られた，スポーツ参加を契機として行動の範囲が広がった，スポーツ以外の外出が多くなった）という点を最も評価している人が約半数（48.6%）ある。スポーツ以外にもさまざまな人間関係を持ち，社会参加の機会に恵まれている障害のない人にくらべ，家に閉じこもりがちになる障害者の場合，スポーツを通じて社会とのパイプができ，社会的存在としての自分を実感できることが，スポーツ参加の大きなメリットになっていることがわかる。なかでも友人ができたことを最も評価

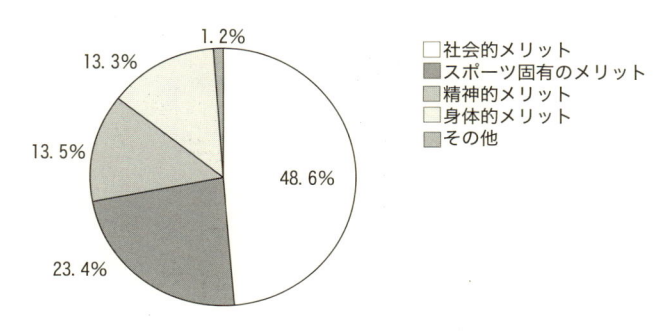

第3節　バリアフリーの視点から　*177*

図3　スポーツをやって一番よかったこと（n=743, 調査Aより作成）

- 社会的メリット 48.6%
- スポーツ固有のメリット 23.4%
- 精神的メリット 13.5%
- 身体的メリット 13.3%
- その他 1.2%

した人は全体の約3分の1（33.6%）にのぼる。調査Aの調査対象の76.9%は全国身体障害者スポーツ大会にはじめて参加した人びとであり，スポーツをやり始めてまもないことが推察される。その意味で「スポーツを始めて最もよかったこと」が「友人ができた」など社会的な側面に集中している一つの原因と考えられる。

　社会的メリットについで多いのがスポーツ固有のメリットである。これには「とにかく体を動かすことがいい」「勝利や記録の向上」といったものが含まれる。ある程度スポーツを継続して行うことによって得られるメリットだと考えられる。障害者スポーツでも，勝利志向が強い人びとが多くいる。これは障害のない人のスポーツでも同じことである。勝敗あるいは競争はスポーツにとってつねに重要な要素なのである。しかしながら，勝利のみを追求していくことは，より重度の障害を持つ人や，初心者を切り捨てていくことにつながる。勝つことがすべて，勝つことによってのみ喜びが得られるという勝利至上主義ではなく，競争や勝利をスポーツ活動継続の動機づけとし，スポーツを行う個人の自己実現や成長のための手段として考えるパラダイムの変換が障害者のスポーツ参加を促進させ，継続させるために必要だと考えられる。

　スポーツを継続的に行うためには，こうした考え方をとることに加え，物理的な障害を取り除いていくことも必要である。スポーツを行う際に最も困っていることとして，「利用できる施設の少なさ」をあげた人が26.8%あった。この問題を解消していくことが障害者のスポーツ参加を促すための大きな課題といえる。障害者スポーツセンターに参加者の活動場所が集中しているということは，他の施設でのスポーツ活動が困難なことの裏返しともいえる。また，経

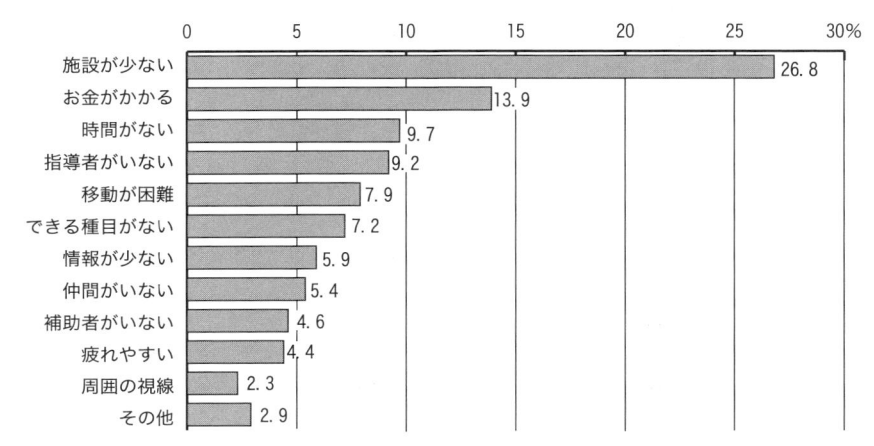

```
                     0      5     10    15    20    25    30%
施設が少ない                                              26.8
お金がかかる          13.9
時間がない            9.7
指導者がいない        9.2
移動が困難            7.9
できる種目がない      7.2
情報が少ない          5.9
仲間がいない          5.4
補助者がいない        4.6
疲れやすい            4.4
周囲の視線            2.3
その他                2.9
```

図4　スポーツを行う際に一番困ること（n=756，調査Aより作成）

済的な困難が第2位にあげられている。障害者の雇用問題，福祉制度，受益者負担の問題との兼ね合いもあり，スポーツ分野のみでこれに対する答えを見い出すことは不可能である。他領域にまたがる問題としてとらえ，解決策を見い出していかなくてはならない（図4参照）。

ここまでみてきた障害者のスポーツ享受の実態についてまとめてみる。

①女性，より重度の障害者，障害者スポーツセンターのない地域やそこから遠隔地に居住している人，脳性マヒなど特定の障害を持つ人がスポーツ享受しにくい状況にある。

②施設の整備などハードや指導者養成など制度面に関するバリアフリー化はもちろん必要だが，競争や勝利をスポーツ活動の最終目標とするのではなく，スポーツ活動継続の動機づけとし，スポーツを行う個人の自己実現や成長のための手段として考えるパラダイムの変換が障害者のスポーツ参加を促進させ，継続させるために必要だと考えられる。

③先天的障害者と中途障害者ではスポーツへの社会化のされ方に違いがみられるが，彼らをスポーツ行動へと導くためには，スポーツ実施にともなう身体的な不安を除いたり，活動場所までの細かなアクセス方法を提供するなど，障害のない人以上のサポートが必要である。そのためには，同じような障害のある人がロールモデルとなり，メッセンジャーとなることが望まれる。

④スポーツを行うことのメリットとして特に初心者では社会的メリットを評価する人が多い。ついで，スポーツ固有のメリット，精神的メリット，身体的

メリットとつづく。

⑤行政の施策面などにおいてこれまでは，スポーツ全体の中での障害者スポーツを位置づけるという視点に欠け，別のものとして扱われてきた。しかしながら，障害のない人との交流や情報交流などによって，参加するということ以外のスポーツ享受の方法が生まれてくる可能性がある。

(2) 障害者のスポーツライフスタイル事例

次に実際に障害のある人のスポーツ参与の事例をみていく。ここでの事例Fは障害者プロレスを実践している47歳，男性。既婚者であり14歳の男の子が1人いる。なお，インタビューは，2000年6月3日（土）の午後2時から4時30分に行われた。

Fはスポーツに直接参与および間接的に参与している。直接参与の内容は，平均週3〜4回程度のトレーニング，ウエイトトレーニングが中心。また，年6〜7回程度プロレスの興行があり，選手として参加している。間接的参与の内容は観る（格闘技系），視る（格闘技系，プロ野球など），賭ける（競馬）である。組織化されたプロレス団体に所属しているが，毎日のトレーニングは個人で行っている。

トレーニングは時間がある限りほぼ毎日（週平均3〜4日），仕事が終わってから1時間半〜2時間程度，自宅から徒歩3分ほどのスポーツクラブで行っている。ここのクラブ員となり月13,000円を納めている。個人利用の場合，1回700円なので月20回以上行けばもとが取れるという。

プロレス団体では週1回，興行に向けての準備をしている。興行はおおよそ2ヶ月に1度のペースで年に6〜7回。興行前には2から3回程度スパーリング練習をしている。この団体自体はいわゆる障害者のためのボランティア団体という認識ではなく，プロレス団体として活動している。1回の興行で200人から400人の観客を集める。入場料は3,500円。ファイトマネーは出ない。興行場所を借りるのに30〜40万円，団体の運営費を出すと利益はほとんどない。

間接的参与としてFは格闘技系（プロレス，プライドなど）種目を年間7〜8回程度観戦している。また，格闘技系番組，プロ野球などをテレビでよく見る。月に1回くらいは競馬もする。

現在は障害者年金，および給料で生計を立てる。仕事は週に5日。土日は休み。

10時から6時の勤務だが冬場はもう少し短くなる。仕事が終わってからトレーニングに通う毎日。毎週土曜日午後7時から所属団体の集まりに顔を出す。

　プロレスは危ないとか，障害が重くなったらどうする，などといわれるが，実際はその逆。以前は腰が痛かったり，すぐにお腹をこわしたり，腕があがらなくなったりしていたが，プロレスをするようになってからそういうことがなくなり体調がよくなった。食欲も出てきたし，トレーニングしていることで体が楽になってきた。年齢が上がるにつれ体力も上がっているように感じている。気持ちも若くなった。やっていなければただのしょぼくれたおじさん障害者，あるいは粗大ゴミになっていたと思う。外出の機会も増えたし，人付き合いも下手だったからやっていなければ人付き合いもなかったと思う。

　自分にとってプロレスの仲間は相手に障害があろうとなかろうと，いなくてはならない自分の一部分になっている。

　健常者社会の中でハンディなしにやってきたわけだけど……ここまで自分で突っ張らないとやってこられなかった。東京に出てきた時点ではだれも頼れなかったし。ただ自分の中に突っ張って行こうとする部分と，ともすれば倒れそうになる（弱い）部分があって，プロレスはそういう気持ちを発散して，自分をもう一度突っ張る気持ちにもどすのに必要だと感じている。

　プロレスでの大きな目標がある。そのためには，相当の努力が必要だと感じている。自分は体が小さいし，年齢のこともある。そういう状態で相手の技をすべて受けて，なおかつ勝利していきたい。

　スポーツに直接参与していながらこれまで体育，スポーツの世界ではあまり取り上げられることのなかった障害者。また，そのダーティーなイメージから「本当のスポーツではない」と認識されてきたプロレス，いわば二重のハンディを背負った障害者プロレスラー。ここで取り上げたFのスポーツ参与の目的は自己実現，自己表現に特化されている。1回の試合のなかでの勝利を追求するというよりは，長い時間をかけて満足のいく内容の試合をつくり上げていく。勝敗という価値の重要性が相対的に低いスポーツ参与のあり方は，いわゆる近代スポーツに対するオルタナティブとして注目すべきものであろう。

　Fにとってスポーツは，不自由な身体で社会と向き合って生きていくためのエネルギーの源泉であり，健常者中心の社会からつぶされまいとする心の緩衝材でもある。

3．障害者がスポーツ参加していくための環境改善

　障害者のスポーツ享受の実態をみてくるなかで，いくつかの課題が明らかになってきた。その第一は，地域での障害者の受け入れ，この場合スポーツの場の確保である。この「場」にはバリアフリー化された施設，障害者を指導できるスポーツ指導者，制度面の配慮が含まれる。

　バリアフリー化された施設は改めて説明するまでもない。障害者にとって使いやすい施設は，高齢者や子どもにとっても使いやすい施設となる。ハード面が100％バリアフリー化されていればよいが，予算措置などでむずかしい面もある。施設改善に向けての努力は必要だが，足りない部分についてはマンパワーに頼らざるを得ないであろう。ハード面を人が補うことは，意識面のバリアフリー化と共生社会の萌芽といえよう。

　スポーツセンターや体育館，プールに常駐する指導者は障害者のスポーツ指導もできることが望ましい。そのためにも体育系学部，専門学校を含む種々のスポーツ指導者養成コースには，障害者スポーツのカリキュラムが準備されるべきである。また，障害者のおかれている社会的状況に配慮し，スポーツ施設の使用料の減免など経済面での配慮も必要である。

　障害者が居住地の近くでスポーツを行うことのできる環境の整備は，移動に問題のある障害者，重度障害者，障害者スポーツセンターから遠い所に住む障害者に対してスポーツへのアクセスをよくすることになる。また，地域でスポーツ実践している障害者は，スポーツ実践者として近隣に住む同じような障害を持つ人たちのロールモデルともなる。障害のない人たちの目にも触れることで障害者スポーツの理解が進み，同時に意識面でのバリアフリー化も進展するであろう。

　こうした状況を整備していくためには，行政の施策面などにおいてスポーツ全体のなかでの障害者スポーツを位置づけるという視点が必要である。生まれながらに障害があろうと，また，中途で障害を持つことになってもいつでも障害者スポーツにアクセスすることができるようなシステム。一般のスポーツと障害者スポーツのラインが並走しており，いつでも乗り換え可能な環境，いわばパラスポーツシステムがつくられるべきである。たとえば，バドミントンを

やっていた人が障害を持つ。最初は障害者スポーツセンターなどで専門的な指導を受ける。専門的な指導者が出張してくるような形も考えられる。その後，もといた地元のバドミントンクラブに帰って以前と同様にスポーツライフを楽しむことができるようなシステムである。

先の事例Fは，日頃は一般のスポーツクラブに通い，プロレスは障害者プロレス団体で実践する。これも一つのパラスポーツシステムのあり方といえる。

こうした2本立てのスポーツシステムを可能にするためには，障害者スポーツの専門的な指導者の養成も必要だが，すべてのスポーツ指導者が一定程度の障害者スポーツに関する知識を身につけることが必要である。先述したとおり，すべてのスポーツ指導者の養成カリキュラムに障害者スポーツに関わる内容が含まれることが望ましい。

4．障害者のスポーツライフスタイル

上述のようなパラスポーツシステムが実現すれば，障害があろうと，なかろうと，またいつ障害を持とうと，どのライフステージにおいてもスポーツを楽しむことが可能である。このとき，競争や勝利をスポーツ活動の最終目標とするのではなく，スポーツ活動継続の動機づけとし，スポーツを行う個人の自己実現や成長のための手段として考えるパラダイムの変換が必要である。なぜなら，勝ち負け，優劣のみにこだわれば，身体条件の不利な障害者はつねに「劣」とラベリングされ，さらにそのなかでもより重度の障害のある人は下位にランクされてしまうからである。

重度障害があり，身体の自由がほとんどないような人にとっても「フィジカルハッピネス（身体的幸福）の経験を通じたフィジカルフリーダム（身体的自由）」（佐伯, 2000:109）の探求は可能である。たとえば，言語による意思疎通が困難で，自ら動くことができず，発達年齢が1歳に満たない，重症心身障害のある人。この人の身体を上下，左右に揺らす。風を感じさせてあげる。音にあわせて身体をたたいたり，さすったりしてあげる。そうすると，とても心地よさそうな顔をしたり，笑顔がこぼれたりすることがある。それらがこの人にとっては拘束された身体からの解放であり，生きていることの証であり喜びである。眼球しか動かせない人。その眼球の動きに合わせて10数人がダンスをする。これ

はこの人の身体表現の一つの様式であり，自己表現の手段である。フィジカルハッピネスの経験を通じたフィジカルフリーダムの探求といってよいだろう。

身体が不自由であることや発達年齢が遅れていることは身体的幸福の阻害要因ではない。そうした人が運動のチャンス，スポーツの機会を奪われることが阻害要因である。

佐伯（2000：110）が言うように，スポーツライフモデルの開発が「それぞれのライフステージにおける人間性開発の可能性と生活課題対応させてデザインすることによって求められる」とすれば，どのような障害があろうとも成長は死ぬまで可能であり，その可能性はすべての人にあることが前提条件となる。このことが認識され，パラスポーツシステムが実現されることで，障害のある人の各ライフステージにおけるスポーツを通じての人間的成長が可能となり，スポーツによるライフデザインが可能となるのである。　　　　（藤田紀昭）

【注】
1) 調査Bの場合，聴覚障害者のスポーツ種目協会が調査対象となっていないため聴覚障害者の参加率が非常に低くなっている。
2) 聴覚障害には1級がなく一番重い等級が2級である。そのため，聴覚障害者が調査対象者に27.8％いる調査Aでは障害等級2級が多くなっている。

【引用・参考文献】
1) 大野智也，1988．『障害者は，いま』，岩波書店．
2) 障害者福祉協会編，2003．『わが国の身体障害児・者の現状―平成13年身体障害児・者実態調査結果報告―』，中央法規出版．
3) 藤田紀昭，2004．「オルタナティブな存在としての障害者スポーツ」，飯田貴子・井谷惠子編著『スポーツジェンダー学への招待』，281-289，明石書店．
4) 佐伯聰夫，2000．「21世紀における生涯スポーツのビジョン」，佐伯聰夫編『平成11年度日本体育協会スポーツ医・科学研究報告 No.Ⅵ生涯スポーツの振興方策に関する調査研究』，p.7-10，㈶日本体育協会．
5) 黒須充・高橋豪仁・藤田紀昭，1996．『第31回全国身体障害者スポーツ大会調査報告書』，私家版．
6) ㈶日本身体障害者スポーツ協会，1998．「障害者のスポーツ活動の実態に関する調査」．
7) 笹川スポーツ財団，1996．『スポーツ白書』．

第4節

「みるスポーツ」とスポーツプロモーション

　スポーツプロモーションは，多くの人びとにスポーツを普及させるとともに，アスリートの競技力向上をはかってきた。今日，人びととスポーツとの関わりは，とても多様なものになっている。高度化されたスポーツは，多くの人びとの関心を集めるようになり，「みるスポーツ」としてのコンテンツを生み出した。スポーツプロモーションは，大衆化と高度化という二つの軸をもとに，する，みる，支えるスポーツ[1]，さらに読む，語る，出会うスポーツ[2]など，人びとに多様なスポーツ参加の機会を提供してきたのである。

　本節では，「みるスポーツ」の現状を概括し，スポーツプロモーションに果たす「みるスポーツ」の役割について考察する。

1．広がる「みるスポーツ」

(1) ライブスポーツ観戦の現状

　スタジアムやアリーナなどの競技施設において直接，観戦する「みるスポーツ」（以下，ライブスポーツ観戦）は，年々，盛んになってきている（表1）。今日，成人の37.1%が少なくとも年に1回以上ライブスポーツを観戦し，その観戦人口（成人）は3,744万人[3]と推計されている（表1）。性別では，男性のほうが観戦率の高い傾向がみられ（表2），種目別では「プロ野球」のライブスポーツ観戦人口が最も多く，ついで，「プロ以外の野球」「マラソン・駅伝」「競馬」「Jリーグ」となっている（表3）。

　ライブスポーツの市場規模[4]は918億円（2004年）と報告され，その規模

表1 ライブスポーツ観戦率の推移（成人）

	1996	2000	2004
観戦率（%）	30.6	32.4	37.1

SSFスポーツライフデータ2004

表2 ライブスポーツとテレビスポーツの観戦率

	全体	男性	女性	20歳代	30歳代	40歳代	50歳代	60歳代	70歳代以上
ライブスポーツ観戦率（%）	37.1	44.3	30.2	37.7	39.2	45.2	36.2	39.7	21.8
テレビスポーツ観戦率（%）	92.8	97.0	88.7	92.5	90.4	94.5	94.4	93.2	91.3

SSFスポーツライフデータ2004

表3 種目別にみたライブスポーツ観戦率・推定人口・観戦頻度

	観戦率（%）	推計観戦人口（万人）	観戦頻度（回／年）
プロ野球	18.9	1,921	2.28
野球（プロ野球以外）	7.2	732	3.81
マラソン・駅伝	5.6	573	1.29
競馬	4.3	441	4.07
Jリーグ	4.3	437	2.05
サッカー（プロサッカー以外）	2.9	298	4.83
大相撲	2.8	286	1.19
バレーボール	2.2	222	2.80
プロゴルフ	2.1	215	1.28
陸上競技	1.9	188	1.75
競艇	1.4	147	5.25
K-1など格闘技	1.2	120	1.31
サッカー日本代表（五輪代表含む）	1.1	113	1.58
ラグビー	1.0	101	2.18
テニス（硬式テニス）	0.8	81	1.33

※推計観戦人口は，成人人口の101,730,947人（平成15年3月31日現在の住民基本台帳人口）に観戦率を乗じて算出．

SSFスポーツライフデータ2004

はここ数年，2002年（サッカー・ワールドカップ日韓大会開催年）を除き，ほぼ900億円前後で推移している．

(2) テレビスポーツ観戦の現状

テレビの中継を介して「みるスポーツ」を楽しむこと（以下，テレビスポーツ観戦）も広く普及し，成人の 92.8%（2004 年）は何らかのスポーツをテレビで楽しんでいる。テレビスポーツ観戦人口（成人）は 9,441 万人[5]と推定されている。性別，年齢については，男性の観戦率が高い傾向がみられるが，年齢による大きな特徴はみられない。これは，ライブスポーツ観戦とは異なる傾向である（表2）。

種目別にみると「プロ野球」(82.7%)の観戦率が特に高く，第 2 グループの「マラソン・駅伝」「大相撲」「サッカー日本代表の試合」を大きく引き離していた。年齢別では，年齢が上がるにつれて「大相撲」のテレビスポーツ観戦率が高くなり，「サッカー日本代表試合」「K-1 など格闘技」のそれが低くなる傾向や，「ゴルフ」「マラソン・駅伝」は 50 歳代および 60 歳代における観戦率が高い傾向がみられた（表4，図1）。

2．みるスポーツの役割

(1) 娯楽としての「みるスポーツ」

「みるスポーツ」は，多くの人びとに娯楽としての機能を提供してきた。とりわけ，スポーツ参加が，学校期やスポーツエリートに限られていた時代においては，多くの人びとにとってスポーツとの関わりは「みるスポーツ」を介してのものであった。

今日では多くの人びとに，する，みる，支えるなどの多様なスポーツ参加の機会が，生涯にわたって提供されるようになってきた。

すでに多くの人びとが，身近な娯楽としてテレビによるスポーツ観戦を楽しんでいるが，その背景で，スポーツを放送する側（以下，メディア）の工夫も重要な役割を果たしてきた。メディアは，広告料収入の基礎となる視聴率を確保するために，スポーツに関わりの少なかった人びとの興味を喚起するよう放送の仕方を工夫[6]し，テレビによるスポーツ観戦をより身近なものにしてきたのである。

第4節　「みるスポーツ」とスポーツプロモーション　**187**

表4　テレビスポーツ観戦率

	プロ野球	マラソン・駅伝	大相撲	サッカー日本代表試合	Jリーグ	K-1など格闘技	アメリカ大リーグ	プロゴルフ	F1など自動車レース	バレーボール	海外のプロサッカー	プロバスケットボール
全体	82.7	66.0	64.2	60.3	43.4	40.4	40.2	33.9	21.3	17.9	15.8	10.9
20歳代	78.2	44.6	39.4	71.7	48.5	60.9	35.8	21.5	30.0	17.6	29.3	13.0
30歳代	78.4	57.1	47.5	66.1	45.9	53.8	40.7	29.2	32.0	21.6	19.4	11.7
40歳代	84.6	71.1	58.4	70.2	54.8	45.7	48.2	34.2	29.5	24.8	19.6	11.3
50歳代	88.0	78.7	74.8	60.8	46.8	39.7	45.3	43.6	17.6	17.2	13.2	8.6
60歳代	88.4	75.4	80.0	50.4	38.5	26.6	40.5	41.8	12.2	12.9	8.9	12.2
70歳以上	75.5	62.4	83.0	40.8	21.6	14.2	26.2	27.7	5.7	12.8	5.3	8.9

SSFスポーツライフデータ2004

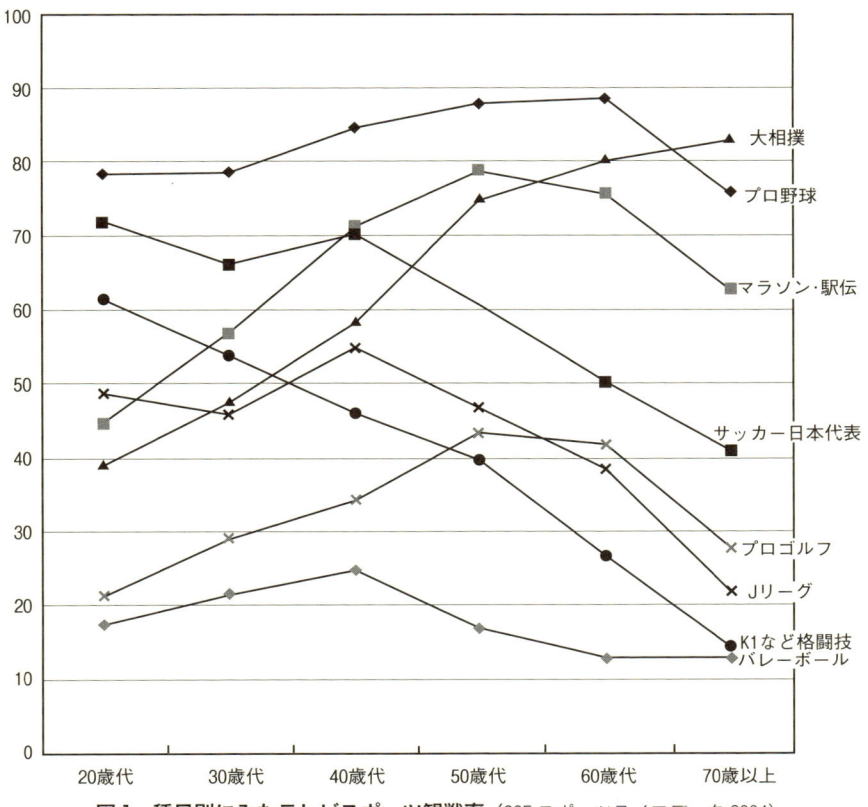

図1　種目別にみたテレビスポーツ観戦率（SSFスポーツライフデータ2004）

図2　サッカーファンの少女たち（コンサドーレ札幌）
撮影：僧都儀尚

スタジアムなどに足を運んでのライブスポーツ観戦も，大衆化された娯楽（図2）として，観戦者人口（成人）が3,774万人[7]，年間918億円[8]ともいわれる大きな市場を形成するようになった。ライブスポーツ観戦の動機を扱った研究は，娯楽性に関わる動機をもとにした観戦行動が多くみられることを指摘[9]している。飲食サービスの充実やスポーツ前後のイベント，サロン的な社交空間を提供することによって，スポーツ観戦をより身近な娯楽となるような工夫も試みられている。

(2) コミュニティ形成を担うものとしての「みるスポーツ」

「みるスポーツ」が開催される地域や社会にとっては，「みるスポーツ」がコミュニティ形成の機能を果たす場合[10]がある。「みるスポーツ」が地域や社会の人びとの共通の関心事となり，そこから世代間の交流が促進されたり[11]，その開催に関わる住民の支援活動が自治的活動を活性化させ，地域や社会のコミュニティとしての機能を高めたりすることなどが報告[12]されている。また，（Jリーグのホームタウン活動にみられるような）「みるスポーツ」の主催機構による公共性の維持や公益性の発揮に向けた取り組み，すなわち「社会志向のマーケティング」[13]も，市民のささえる意識（図3）を喚起する働きかけとなっている。

このように「みるスポーツ」は，その開催をささえ，可能にしている地域住民の「コミュニティへの帰属意識(Community Identity)」[14]を高め，地域住民に「地域の誇り(Community Pride)」[15]を提供する可能性を持っており，「みるスポーツ」は娯楽や気晴らしの提供といった個人的な機能に加えて，地域形成といった社

第4節 「みるスポーツ」とスポーツプロモーション **189**

**図3 リーグ運営を支える
　　ボランティア（ベルマーレ
　　湘南）**

会的な機能も発揮しているのである。

(3) スポーツ文化としての「みるスポーツ」

「みるスポーツ」をよりよく楽しむためには，対応する享受能力が求められる。享受能力とは，「みるスポーツ」の文化を理解し，継承し，創造する力である。さまざまな学習や情報収集，観戦経験から獲得した知識やスポーツをみる目は，「みるスポーツ」の知的な楽しみ方を可能にする。スポーツ文化としての「みるスポーツ」は，関わる人びとに，享受能力を開発するための「主体的な取り組み」を求めるものであるが，それは，感性的・情緒的な楽しみ方にとどまらず，「みるスポーツ」の多様な，そして奥深い楽しみ方を提供するものでもある。スタジアム内外で熱心に応援するサポーターたちの活動も，文化としての構成要素から成り立っている。彼らは，サポーターとしての価値観（自らの応援活動を社会や集団に対して意味づける論理）を共有し，応援における道徳的あるいは法的な「規範」，応援のスタイルを特徴づける応援「技術」やウエアや応援旗などの「物的事物」をもとに，「みるスポーツ」の文化に関わっているのである[16]。

(4) 多様化するスポーツの文化的統合を担う「みるスポーツ」

スポーツの楽しみ方の多様化と個性化が進むなか，人びとのスポーツへの取り組みは，ややもすると拡散しがちである。

佐伯（1996）は「みるスポーツ」のプロモーションに関する先駆的な文献[17]の中で，スポーツが一定の普及をみせ，参加の形態が多様化する過程で，「高

度化されたスポーツ」と「大衆化されたスポーツ」の空洞化現象および二極分化現象が進行すること，そして，その両者を統合するものとしての「みるスポーツ」の役割について論じている。

図4に示されたように，大衆化されたスポーツを享受する多くの人びとは，「みるスポーツ」の時空間をトップアスリートと共有するなかで，そのアスリートの挑戦に感動し，評価を与え，さらに，望ましいスポーツのモデルを発見し，モデルの学習をとおして自らのスポーツをよりよいものとすることが期待されているのである。

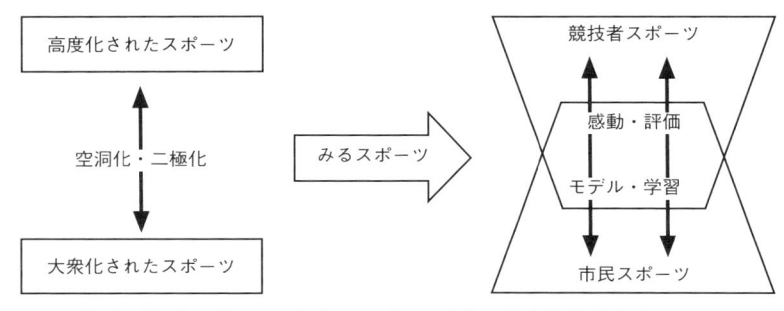

図4　「みるスポーツ」によるスポーツ文化の統合的発展 [18]（佐伯）

3．「みるスポーツ」とスポーツプロモーション

ここでは「みるスポーツ」の現状とその役割をふまえ，「みるスポーツ」を提供する立場から，スポーツプロモーションへの課題についてまとめる。

(1)「みるスポーツ」のプロモーション

人びとのスポーツライフをより豊かにするために，また人びとのスポーツライフの統合的機能を果たすために，今後も「みるスポーツ」のいっそうの普及をはかっていくことが重要である。ライブスポーツ（スタジアム観戦など）であれ，メディアスポーツ（テレビ観戦など）であれ，より多くの人びとに「みるスポーツ」の文化に接する機会を提供する工夫が求められている。その際，前述のような娯楽性を高める施策がとられることが一般的であるが，そうした働きかけにより，より多くの人びとに「みるスポーツ」を楽しむ機会を提供す

る一方で，よりよく楽しむ力（享受能力）を育んでいくことも，「みるスポーツ」の文化を育む意味から重要となる。「みるスポーツ」の文化の理解者を育て，その文化の担い手を育てていくためには，「みるスポーツ」を提供する側からの啓発的な活動や学習支援的な働きかけが重要となる。

(2) 公共性・公益性に配慮した「みるスポーツ」

「みるスポーツ」を提供する組織や機関は，コンテンツとなる「アスリート」，そのコンテンツを享受する「観戦者」や「視聴者」，運営のための資金調達に関わる「協賛企業」などの直接的な利害関係者の満足度を高めるという課題がある。

そうした一義的な課題への対応に加え，「みるスポーツ」を提供する組織や機関には，地域や社会に貢献する公益的な活動の充実が求められている。前述のとおり「みるスポーツ」は地域形成の機能を発揮する場合があるが，「みるスポーツ」を提供する組織や機関が，地域や社会のスポーツ文化，地域形成などに積極的に貢献することは，住民のボランティア意識を喚起させ，行政の施策的支援を可能にし，さらに，その「みるスポーツ」が一定の社会的評価を得ることにより，直接的な利害関係者の満足をより高めることが期待できるのである。

(3) ロールモデルとしてのアスリート

「みるスポーツ」が社会の注目を集めるにつれ，トップアスリートの社会的な影響力はしだいに大きなものになってきた。

空洞化・二極分化しがちな「高度化されたスポーツ」と「大衆化されたスポーツ」をつなぐものとして「みるスポーツ」をとらえるならば，メディアを賑わすアスリート，憧れのアスリートが，スポーツをどのように理解し，どのように取り組んでいるのかということが，スポーツ文化の統合やその発展の行方に大きな影響を与えていく。フェアプレイやヒューマニティ，努力，パートナーシップなど，社会において共有することが望まれる価値を表現し，社会に浸透させる力をトップアスリートは持っているのである。

また，スポーツ界への影響にとどまらず，社会においてもスポーツが正当にその価値を評価されるために，トップアスリートの社会的役割の遂行が重要に

なっている。スポーツの価値を社会に訴求し，社会からの理解を得，社会的支援を集めることができるのは，トップアスリートである。

こうした役割を遂行すること，すなわちロールモデルとしてうまく機能するためには，ロールモデルとしての社会的役割を理解することが重要である。思想・信条の問題まで立ち入ることは避けても，モラルや思いやり，信頼と尊敬など，私たちの社会で共有すべき価値を，積極的に伝えていく役割を担っていくことが求められている。

そして，自己の経験や考えを適切に表現するコミュニケーション・スキルを開発することも必要となる。なかでも，自らの競技哲学や競技経験を言語化するトレーニングなども重要となる。

「みるスポーツ」を提供する側にも，ロールモデルとして役割遂行のためのプログラムをアスリートに提供したり，彼らの社会的役割を遂行する機会を設けたりすることが必要[19]である。　　　　　　　　　　　　　　　（仲澤　眞）

【注および参考文献】
1) 文部省（旧），2000．「スポーツにおけるボランティア活動の実態等に関する調査研究報告書」，文部省体育局競技スポーツ課（旧）．
2) (財)余暇開発センター，1998．「スポーツライフ白書　する・観る・視る・読む・支える・話す」，ぎょうせい．
3) (財)SSF笹川スポーツ財団，2004．「スポーツライフデータ2004」．
4) ぴあ総研，2005．「エンタテイメント白書2005」，ぴあ総合研究所．
5) 前掲3)
6) メディアの要求によるルールの改正，競技開始時刻の決定など，スポーツとメディアの関係の弊害が指摘される場合もあるが，メディアによる工夫や努力も「みるスポーツ」のプロモーションに大きく貢献してきた。たとえば，正月好例の箱根駅伝（東京箱根間往復大学駅伝競走）は多くの人びとの注目を集め，各局で正月特別番組が編成されるなか，その平均視聴率（約14時間）はコンスタントに25%を超えるようになった。その内容の分析（2002）は，走者が走っているシーンは全放送時間の56.0%にとどまったこと，伝統を伝える映像や（早期に感情移入を促すために負の情報を含む）練習の様子などの資料ビデオが7.3%(61分40秒)，正月の箱根路の風物詩的な映像が6.1%(51分32秒)となっていたことを伝えている。視聴者の多様なニーズに応えながら，コンテンツの価値を高めようとする試みの一端である。
7) 前掲3)

8) 前掲4)
9) たとえば，Mahony, D., Nakazawa, M., Funk, D., James, J. & Gladden, J. "Motivational Factors Impacting the Behavior of J. League Spectators: Implications for League Marketing Efforts." *Sport Management Review*, 5 (1)．1-24, 2002．など．
10) 佐伯聰夫編著，2000．「スポーツイベントの展開と地域社会形成」，不昧堂出版．
11) ㈳スポーツ産業団体連合会編，1995．「地域スポーツ活動による地域活性化についての調査研究」，㈳スポーツ産業団体連合会．
12) たとえば，文献3)の「スポーツライフデータ2004」のために全国規模で収集されたデータは，プロサッカーのホームタウンに居住する住民は，ボランティアへの参加率が有意に高いことを示している．
13) 仲澤眞，2005．スポーツの産業化と発展，財団法人日本体育協会（編）「公認スポーツ指導者養成テキスト―共通科目Ⅱ―」，財団法人日本体育協会．
14) 文部省競技スポーツ研究会，1996．「みるスポーツ」の振興，ベースボール・マガジン社．
15) たとえば，Funk D., Mahony D., Nakazawa M., 2000. *Survey of Women's World Cup Spectators*. Report Prepared for the 1999 FIFA Women's World Cup Organizing Committee. pp.1-25．；Funk, D., Mahony, D., Nakazawa, M., Hirakawa, S. 2000. *Spectator Motives: Differentiating among Objects of Attraction in Professional Football*. European Journal for Sport Management, 7, p.51-67．など．
16) 仲澤眞，2002．サポーターズ・カルチャー，みんなのスポーツ全国研究会編「Change! みんなのスポーツ」，不昧堂出版．
17) 前掲13)
18) 前掲13), p.18.
19) たとえば，サッカー女子のアメリカ代表選手は，アメリカサッカー協会と契約し，生活費・強化関連経費などの支給を受けるが，その契約の条項には，スポーツにおけるジェンダー・イクイティーを実現するためのスポークス・パーソンとしての役割が明記されており，その条件を受諾しないと代表チームでプレイできないしくみになっている．アメリカサッカー協会の側もメディア・トレーニングを含むロールモデル教育のプログラムを提供し，その社会的な課題に対応している．

終　章

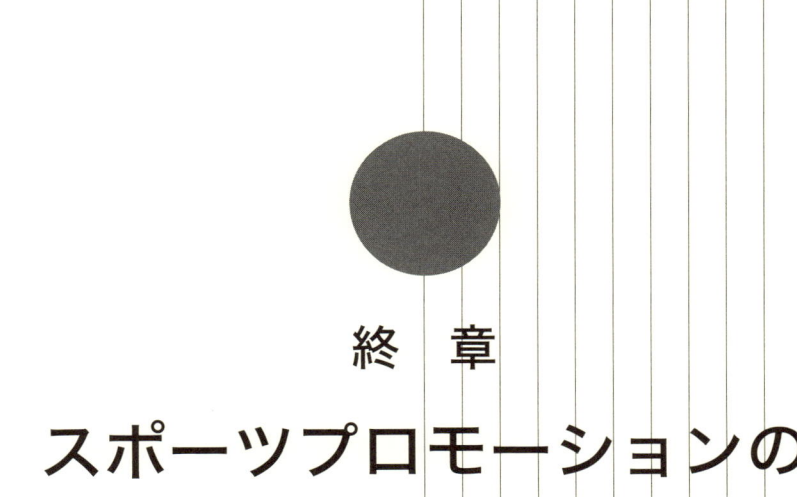

スポーツプロモーションの
ビジョンと課題

1. スポーツ享受の現状とモデル開発の課題

　わが国におけるスポーツは，戦後めざましい発展を遂げたが，特に1960〜80年代にかけてのスポーツの大衆化には著しいものが見られた。それは，すでに指摘してきたように，わが国経済の驚異的な発展に裏づけられた可処分所得の増大や生活水準の向上，あるいは労働時間の短縮や都市的ライフスタイルの浸透によるところが大きく，その意味では，きわめて自然成長的な発展であった。もちろん，国や日本体育協会をはじめとするスポーツ関係諸団体の真摯なプロモーション施策の尽力によるところも少なくないが，こうした施策やその成果も，基本的にはわが国産業社会の発展にともなうものであったといえる。しかし，20世紀の末に生じた，いわゆるバブルの破綻を契機とする経済成長の停滞は，社会生活のさまざまな分野に大きな影を落としているが，それにともなう広範囲な社会生活における諸変化は，これまでのスポーツの自然成長的発展を支えてきた諸条件を大きく変容させ，その結果，スポーツの発展にも大きな陰りが見られるようになっている。

　たとえば，調査データによる多少の相違はあるものの，日常生活で規則的にスポーツを行う積極的スポーツ人口は，いぜんとして男性5割，女性4割の水準にとどまり，クラブ参加率も2割弱にすぎないままである。年間スポーツ直接消費額も5兆円を越えることはなく，微少ではあるが減少の傾向すら見られる。つまりこの15年間を見れば，直接スポーツ消費が約6兆円に達した平成4年をピークにして，スポーツの発展は，勝ち組／負け組の相違はあるものの，総体として明らかに停滞期に入っているのである。

　しかしこうした状況の中で，スポーツ享受の多様化はいっそう進展しており，またある意味でのセグメント化も生じている。たとえば，スポーツを行うこととは別に，「見る・聞く・読む・表す」，あるいは「交わる・支える・関わる」といったスポーツ参与の新しいスタイルが顕著に現れており，また少年・少女層と高齢者層というライフステージの初期と終期に，スポーツ熱中型と離反型という，典型的な二極分化などが顕著に見られるからである。

　こうしたスポーツ享受状況を見るとき，たしかに全人口の7割にのぼる人びとがスポーツ参加者として上げられているわけであるが，それは決してわが国

における「スポーツの成熟」を意味するものではなく，それがむしろこれからの課題であることを示している。つまり，わが国におけるスポーツ享受は，80年代に到達した大衆化の初期的段階―量的な発展から，今，その多様化にいくぶんかの萌芽が見られるスポーツ享受の豊かさ―質的な発展に向けて，成熟への新しいステージに立っているのである。

考えてみれば，これまでのわが国のスポーツ享受モデルは歴史的に学校運動部によってつくられてきた。したがって，単一種目専攻型，非シーズン制，強固な凝集的集団性，没入型参加，競技成績重視などがその特徴となってきたのである。わが国におけるスポーツ享受の現状，そしてその停滞は，この学校運動部モデルのスポーツ界におけるヘゲモニーと分かちがたく結びついているのである。したがって，新しい成熟のステージにおけるスポーツ享受モデルは，新しい視点から構想されねばならないということができよう。

それゆえ，この新しいステージにおけるスポーツ享受とは，決して年間スポーツ参加回数を増加するとか，クラブ参加率・組織率を上げるとかの，従来型視点からのみとらえられ，構想されるものではない。これまで重ねて検討してきたように，21世紀の市民生活におけるスポーツの文化的可能性はきわめて大きく，それゆえ，その豊かな可能性を，だれもが生涯を通じて享受するスポーツライフを実現することが求められるからである。

グローバルな生活課題をグローバルに共有しなければならないこれからの市民生活―循環型・共生的生活の構築において，またこれからの成熟型人生―人間的可能性を探求するライフスタイルの創造において，21世紀スポーツが担うべき役割はますます重要となっている。したがってスポーツには，そのような市民生活に内在する期待と希望とに応えるために，その豊かな文化的可能性を開発するよう，不断の自己改革をすることが望まれるのである。近代スポーツの神話を遺産にして，コマーシャリズムで盛り上げる手法の限界はすでに露呈している。その可能性と限界を真摯に検討しながら，新しいステージにおけるスポーツの文化的享受に向けた理念に立つビジョンが望まれる（図1参照）。

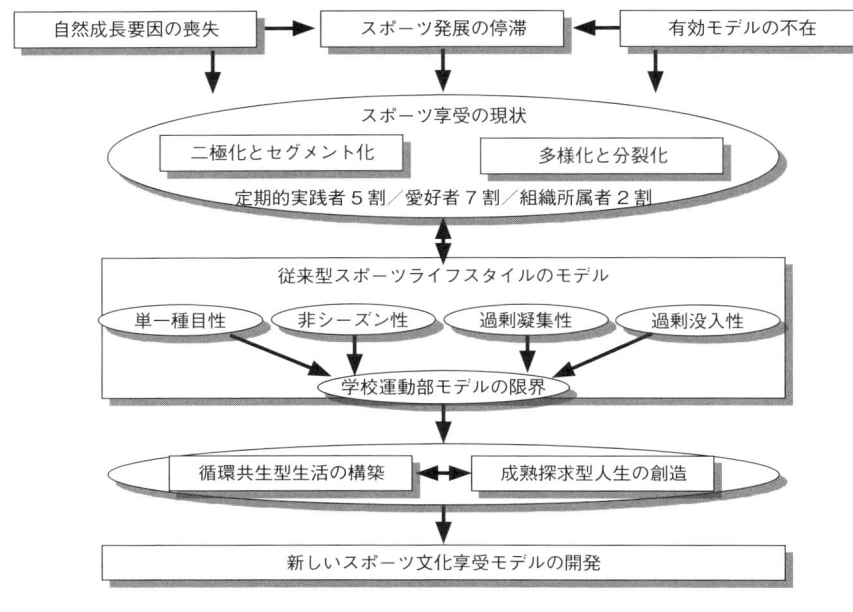

図1　スポーツ享受の現状と課題

2．スポーツプロモーション施策構想の課題

　このように分析・検討してみると，これまでのようにわが国スポーツの発展を支えてきた自然成長的な要因が喪失した今日こそ，スポーツプロモーション施策の本当の力量が問われることになる。しかし，これまでのわが国におけるさまざまなスポーツプロモーション施策の構想と立案を見る限り，そこには，それが自然成長的要因を背景にしてつくられてきたことから，解決すべき重要ないくつかの課題がある。これからのスポーツプロモーション施策がその成果を上げるためには，新しい時代，新しい社会，新しい人生を自ら切り開く，スポーツ発展の豊かな展望を不可欠とするからである。

　すでに指摘したように，これまでのわが国における各種スポーツプロモーション施策の多くは，きわめて短期的・非統合的であった。たとえ長期的なビジョンに立つものであったとしても，それが産業社会型のモデルであるにもかかわらず，西欧的スポーツライフを理想化し，その実現を性急に求めることもあ

った。したがって，プロモーション施策の中心はスポーツ施設の整備となり，それも大規模競技大会用のものが重視された。しかも地価のきわめて高いわが国では，こうしたスポーツ施設が中心部を離れた利便性の悪いところにつくられることが多く，その利用条件などとも関連して，有効活用のきわめてしにくいものとなっていた。

　地域的公共性が問われるにもかかわらず，宗教的祭祀が衰退した現代社会において，スポーツこそが「公共空間」を創造する豊かな機能を持っていることを考えるとき，この「スポーツ施設はコミュニティのはずれにつくればよい」とするスポーツのとらえ方こそが，スポーツをライフスタイルの外に置き，スポーツを公共的な世界の周辺に位置づけるスポーツ観の貧困さを示しており，それゆえに，こうしたプロモーション施策の限界を示しているのである。

　また，これまでのスポーツプロモーション施策構想の根拠は，実態調査による直接的な需要把握にもとづくものも多かった。したがって，施策の立案は，「プールが欲しい，体育館が欲しい，指導者が足りない」などの情緒的需要の量を手がかりにし，その大きな声に応える形でなされてきたのである。それは，直接的スポーツ要求であるがゆえに，無視しにくい即時的なものであり，それゆえ，これまでのスポーツプロモーション施策の多くは，過去の需要調査の結果を「後追いする施策」となり，したがってまた「短期的」なもの，そして個別要求に対応する「非統合的」なものにならざるをえなかったのである。その意味で，これまでのスポーツプロモーション施策の多くでは，スポーツをライフスタイルづくりの中に位置づけられなかったことはもちろん，スポーツからのライフスタイル創造という視点は皆無であったというべきであろう。

　こうした「需要対応型」政策は，成熟型社会ではもはや時代遅れとなっている。産業社会における基本的なインフラ整備のような本源的な需要であれば，それは安定しており，またその査定の基準を定めることも容易であるから，需要対応でも有効な政策展開は可能であった。しかし，成熟社会型のスポーツのような文化的・選択的な需要は，しばしば流行的な要素に支配される不安定さを持ち，その査定の基準を定めることも容易ではないから，需要対応型政策の有効性は著しく低下するのである。また，需要調査にもとづく施策は，調査―計画立案―施策決定―施策展開までに数年の時間を要するのが普通であり，この変化の激しい時代には，しばしば現実の需要変化に対応できず，時代遅れと

なる可能性も少なくない。

　したがって，これからの諸政策構想がビジョンによってリードされねばならないように，これからのスポーツプロモーション施策も，望まれる市民生活におけるスポーツビジョンを提示し，そこから政策課題を設定し，その課題解決の戦略的展開を見通す長期的・総合的なものとして構想・立案されねばならないのである。このような長期的・総合的な施策によって，はじめて施策効果が市民生活の中にストックされ，その有効性が相互にネットワークされる。そのときスポーツは，しっかりと人びとの暮らしに根づき，市民生活のライフスタイルの一部となり，やがてスポーツからの生き方，暮らし方をデザインする「スポーツライフスタイルの創造」が可能となるのである。

　21世紀の社会を展望するとき，スポーツはもはや市民生活の周辺にとどまるものではない。なぜなら，スポーツこそが人びとを集わせ，共通の話題を提供し，共有体験を創造し，集い・話題・交流・共感の最も重要な公共空間創造のメディアとなるからである。また，21世紀の人生を眺望するとき，スポーツはもはや人生の脇道ではない。スポーツは自己の人間的可能性の開発に向かう成熟型人生において，少なくとも生涯自己開発時間の3分の1，約7万時間のシェアを有し，だれもが願う幸福な暮らし―健やかな生・豊かな交流・伸びやかな自己開発―の必須の内容・条件となるからである。

　だからスポーツは，21世紀市民生活のきわめて重要な柱となる。しかもそれは，スポーツが単なる強力な社会的勢力を持つということではない。21世紀スポーツは，その有り様が市民生活と人生の質，つまり人びとが暮らすに値する生活，生きるに値する人生を創り出せるかを左右するものとなる。したがって，これからのスポーツプロモーション施策の構想・立案は，21世紀における暮らしと人生の理想を担う崇高なスポーツ論，それにもとづくスポーツ享受モデル，そしてその具体的な展開をイメージするスポーツライフスタイル・モデルからなるスポーツビジョンにもとづくことが望まれ，それゆえに，このようなビジョン開発が最も重要な課題となるのである。

　こうしてみると，これからのスポーツプロモーション施策は，これまでの「スポーツのある暮らし」から離陸し，「スポーツによる暮らし」へのスポーツライフスタイルの発展を展望し，それに値するスポーツビジョンの構想によって基礎づけられねばならない。

3. スポーツライフスタイル・モデル開発の課題

　したがって，これからのスポーツプロモーション施策の具体的な立案にとって，スポーツライフスタイルのモデル開発こそがきわめて重要な課題となる。スポーツライフスタイル・モデルは，市民社会の生活課題―循環・共生型生活の創造―と人間的可能性の探求に志向する人生―成熟型人生―の創造を，スポーツ発展の見通しの中に位置づけたスポーツ享受モデルを基盤にして，それをライフステージという時間軸とライフスペースという空間軸に対応してデザインすることによって開発される。この場合，こうした構想とデザインの中核になるものは，生涯にわたる人間的可能性の探求という新しいライフスタイル創造におけるスポーツ理念である。そしてこのスポーツ理念は，フィジカルハッピネス（身体的幸福）の経験を通じたフィジカルフリーダム（身体的自由）の探求に求められる。

　人間は，これまでの歴史において，人間的自由を発展させるための二つの大きなルネサンスを経過してきた。最初の中世期ルネサンスは，人間的知性を宗教の桎梏から解放し，学問・科学という知的可能性の無限の発展の礎をつくった。次の近代期ルネサンスでは，やはり宗教に枠づけされていた人間的感性が解放され，芸術という感性的可能性の永遠の発展を導いたのである。そして21世紀，驚異的なテクノロジーの発展を背景にして，これまでの人間解放の歴史において，それがまさしく生産の基盤であり富の産出の根本的資源とされてきたがゆえに，文化的に抑圧され疎外されてきた身体性の解放が，はじめてその可能性を予感させているのである。

　この身体性の解放―身体的自由―を求める第三のルネサンスを導くものこそ現代スポーツ論のビジョンに他ならない。知的解放，感性的解放，そしてこれらの人間的可能性の探求を統合化するものとしての身体性の解放，そこに21世紀スポーツが担うべきスポーツ理念―フィジカルフリーダムの理念が存在する。なぜなら，この身体性の解放は人間性解放の最終段階であるばかりでなく，身体性こそが存在の基盤として知性と感性とを統合するメディアであるとともに，それを人間的実践の最も具体的なものとして顕わにするからである。

　したがって21世紀スポーツは，ただ単に筋肉が汗をかく喜びに終始しては

ならない。それは自在な運動の喜び—フィジカルハッピネスの体験による身体的享受であるとともに、知的・感性的享受でもあることが求められる。それなくして、真のフィジカルフリーダムの探求は不可能であり、また、それなくしてトータルな人間的成熟もないからである。

こうしてみると、スポーツライフスタイルのモデル開発は、まず第一に、このスポーツ理念を中軸にしたスポーツ享受モデルを、幼児期、児童期、少年期、青年期、成人期、実年期、熟年期のそれぞれのライフステージにおける人間性開発の可能性とそれぞれのライフステージにおける生活課題に対応させてデザインすることによって求められる。そしてさらにこのモデルが、新たな21世紀的遊牧生活を連想させる「都市・地域・自然」というライフスペースの三次元におけるスポーツ実践としてデザインされるとき、これからのスポーツライフスタイル・モデルが具体的に構想されるのである。高速交通体系の整備、高度情報化の進展、コミュニティライフ、テクノライフ、エコライフの生涯バランスを見通すならば、21世紀型ライフスタイルモデルは、定点・定住型からかつての遊牧生活への回帰を構想させよう。

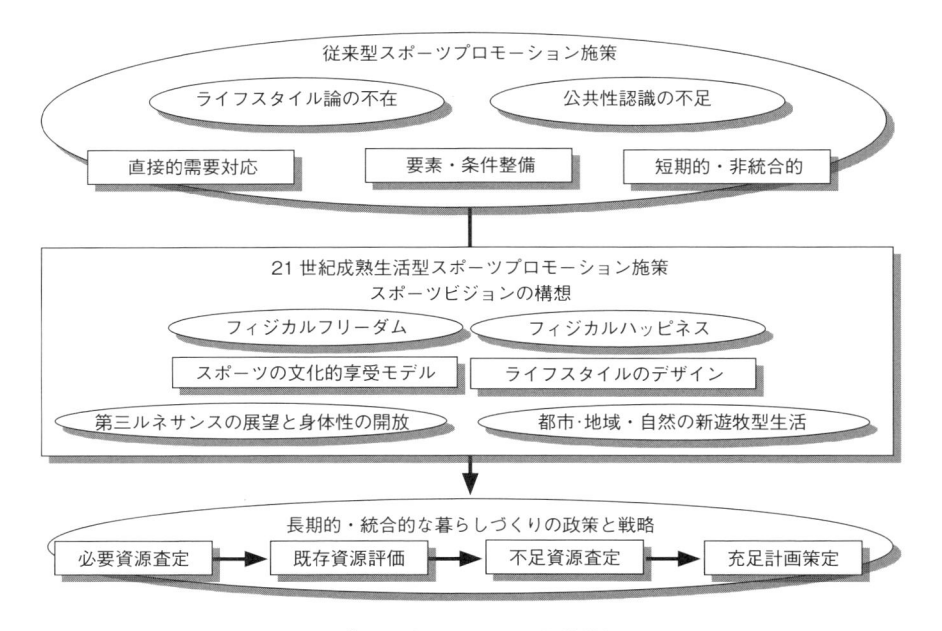

図2 スポーツプロモーション施策構想の展開

こうしてみると，21世紀におけるスポーツプロモーション施策は，これまでの産業社会の延長線上に構想することはできない。その意味で世界中に完全な先行モデルもない。それは，社会変化とスポーツの発展の適切な見通しに立ちながら，どのようなスポーツによってどのような人生と暮らしを創造したいかという，それ自体が人間的実践の創造的な課題なのである。少なくとも21世紀という時代を，ここ数年の事柄としてではなく，数十年の単位でとらえようとするならば，そこにおけるスポーツプロモーション施策は，まさしく今の延長からの発想によってではなく，未来の声を聞き，未来の風を受けるスポーツビジョンによって先導されることが求められるのである（図2参照）。

（佐伯年詩雄）

[監修者]
佐伯年詩雄（さえき　としお）
[編　者]
菊　幸一（きく　こういち）・仲澤　眞（なかざわ　まこと）
[執筆者]
佐伯年詩雄　　　（タイケン学園スーパーバイザー）……　第1章・第1節／終章
菊　幸一　　　　（筑波大学）………………………………　第1章・第2節
矢島ますみ　　　（明海大学）…………　第1章・第3節／第2章・第2節
黒須　充　　　　（福島大学）………………………………　第2章・第1節
木村和彦　　　　（早稲田大学）……………………………　第2章・第3節
鈴木　守　　　　（上智大学）………………………………　第3章・第1節
杉浦善次郎　　　（新潟経営大学）……………………………　第3章・第2節
山本理人　　　　（北海道教育大学）…………………………　第3章・第3節
水上博司　　　　（日本大学）………………………………　第4章・第1節
高橋豪仁　　　　（奈良教育大学）……………………………　第4章・第2節
藤田紀昭　　　　（同志社大学）………………………………　第4章・第3節
仲澤　眞　　　　（筑波大学）………………………………　第4章・第4節
　　　　　　　　　（執筆順）

スポーツプロモーション論
Ⓒ Saeki Toshio 2006

初版発行　──── 2006 年 4 月 20 日
四版発行　──── 2016 年 5 月 1 日

監修者　──── 佐伯年詩雄
発行者　──── 和田義智
発行所　──── 株式会社 明和出版
　　　　　〒174-0064　東京都板橋区中台 3-27-F-709
　　　　　電話　03-5921-0557　E-mail: meiwa@zak.att.ne.jp
　　　　　振替　00120-3-25221

装　丁 ──── 下田浩一
印刷・製本 ──── 壮光舎印刷株式会社

ISBN978-4-901933-12-4　　　　　　　　　Printed in Japan
Ⓡ 本書の全部または一部を無断で複写複製（コピー）することは、著作権法上
　での例外を除き禁じられています。